小田急線沿線の1世紀

監修　生方良雄
構成・文　鎌田達也

小田急線沿線の1世紀 目次

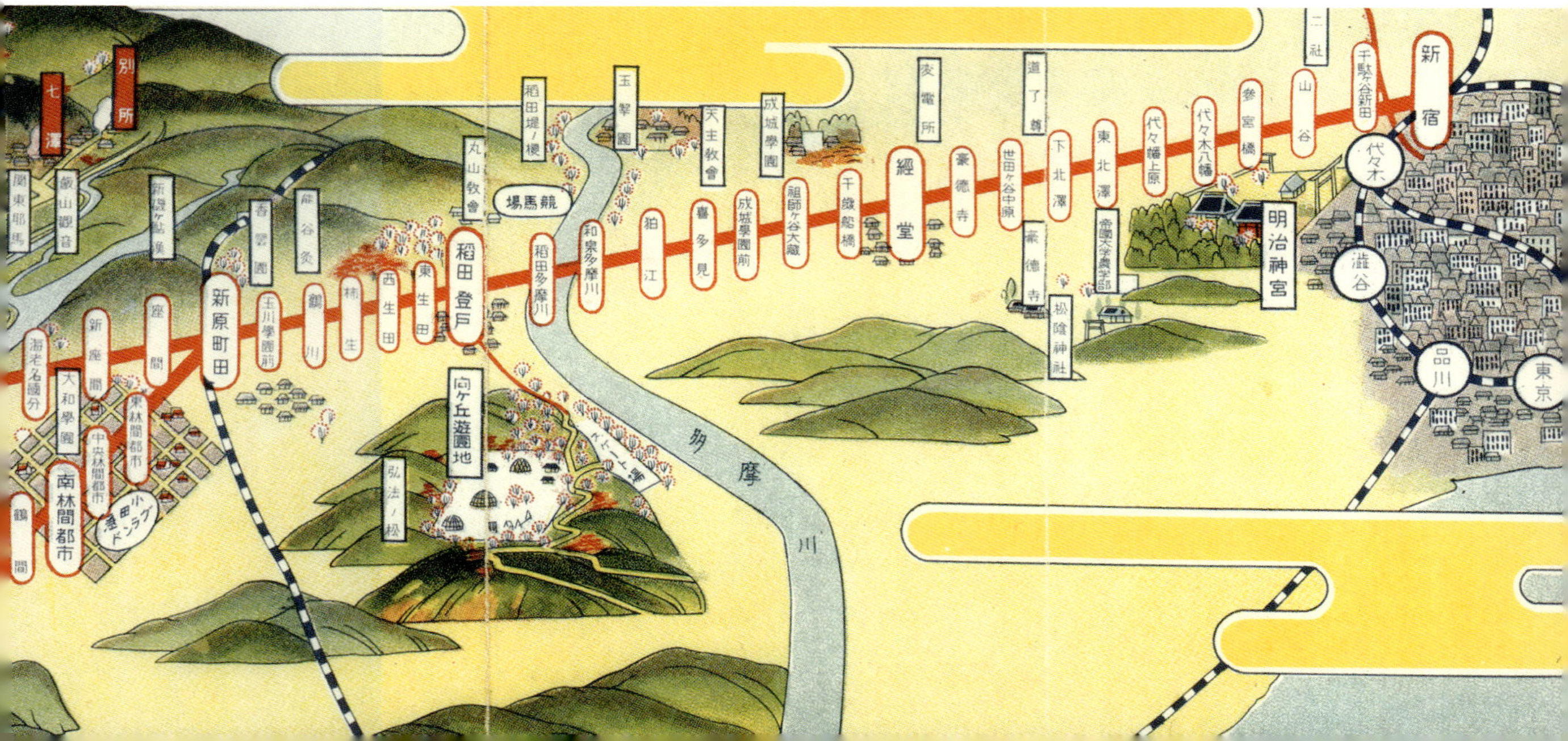

Contents

小田原
湯本
塔ノ澤
宮ノ下
底倉
小涌谷
強羅
早雲山
大涌谷
蘆ノ湯
宮城野
明星岳
明神岳
箱根町
元箱根
関所跡
二子山
駒ヶ岳
神山
湖尻
仙石
姥子
上湯
下湯
木賀
長尾峠
乙女峠
御殿場
登山口
大雄山
足柄
富水
栢山
新松田
大秦野
渋沢
伊勢原
鶴巻温泉
愛甲石田
弘法山
四十八瀬川
不動尻
酒匂川
相模川

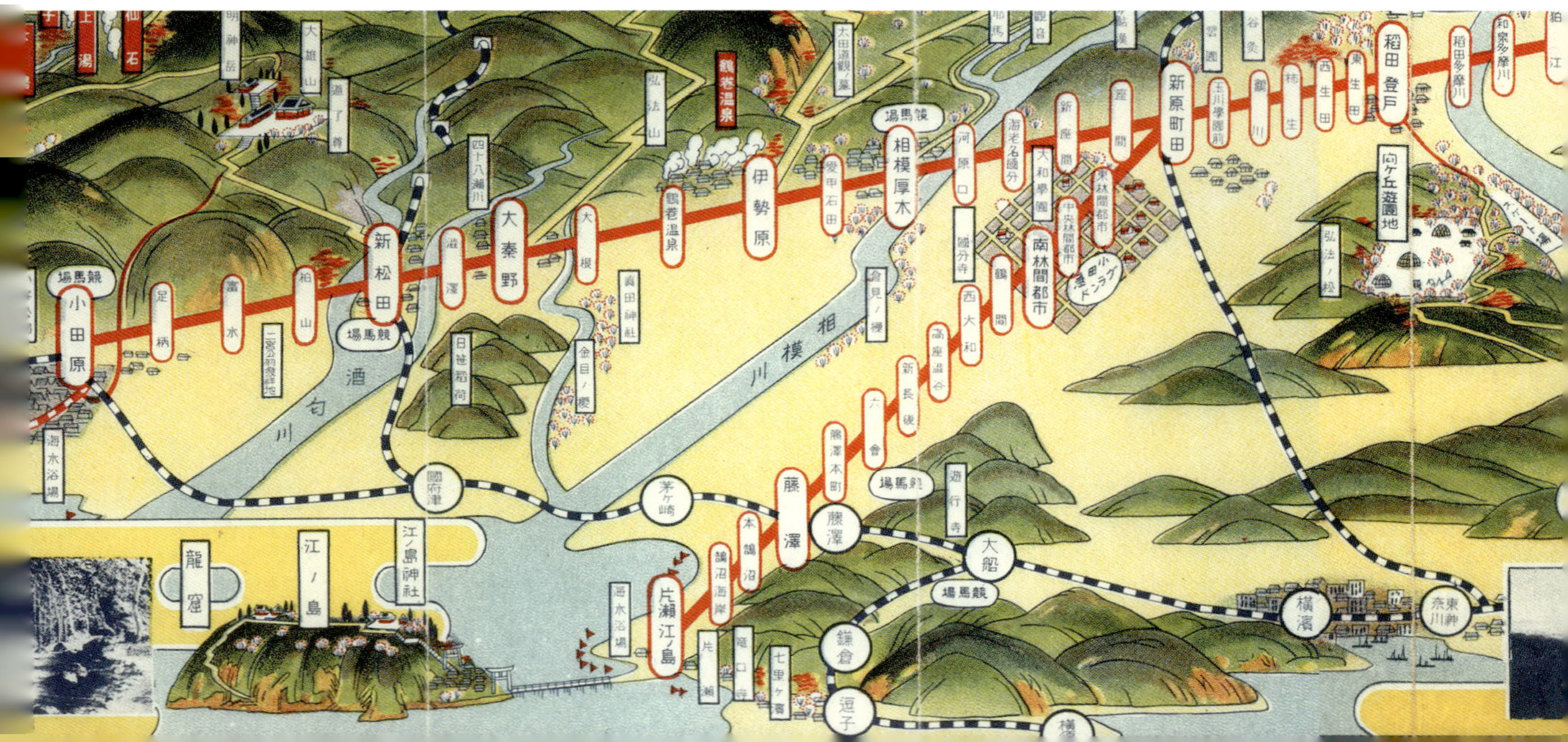

小田原
新松田
大秦野
伊勢原
相模厚木
南林間都市
新原町田
稲田登戸
藤澤
片瀬江ノ島
江ノ島
大船
鎌倉
横濱
逗子

写真提供・取材協力

新宿歴史博物館
小田急電鉄
生方良雄
荻原二郎
赤石定次
町田市広報広聴課
秦野市市史編纂室
飯田孝
国土地理院
伊勢丹
紀伊國屋書店
新宿中村屋
新宿高野
土屋恂
東京国立近代美術館
白根記念渋谷区郷土博物館・文学館
世田谷区立郷土資料館
北杜夫
世田谷文学館
都立梅ヶ丘病院
原田洸
東京農業大学図書館
日本近代文学館
円谷プロダクション
六郎工房
東宝
成城学園教育研究所
世田谷区立次大夫堀公園民家園
木下和信
井上城治
狛江市教育委員会
奥原徳太郎
向ヶ丘遊園の緑を守り、市民いこいの場を求める会
登戸ドレスメーカー学院

細山郷土資料館
川崎市広報室
関田克孝
武相荘
玉川学園キャンパスインフォメーションセンター
横浜開港資料館
相模原市広報課
角屋食堂
座間市市史編さん係
池田武治
高橋武二
海老名市教育委員会
厚木市郷土資料館
神奈川中央交通
清水哲郎
青木猛
東海大学学園史資料センター
小田原市立図書館
伊勢治書店
櫻木達夫
五十嵐写真館
神奈川県立歴史博物館
高野肇
箱根登山鉄道
下田組
大石武朗
多摩市文化振興財団
大和学園 聖セシリア
相模鉄道
羽根澤屋本店
藤沢市文書館
片野写真館

本書に掲載した地図は、国土地理院長の承認を得て、同院発行の旧版1万分の1、旧版2万5000分の1、2万5000分の1地形図を複製したものである

扉写真　昭和30年頃の稲田登戸（現・向ヶ丘遊園）駅　撮影／奥原徳太郎
目次沿線案内図　所蔵／生方良雄・飯田孝

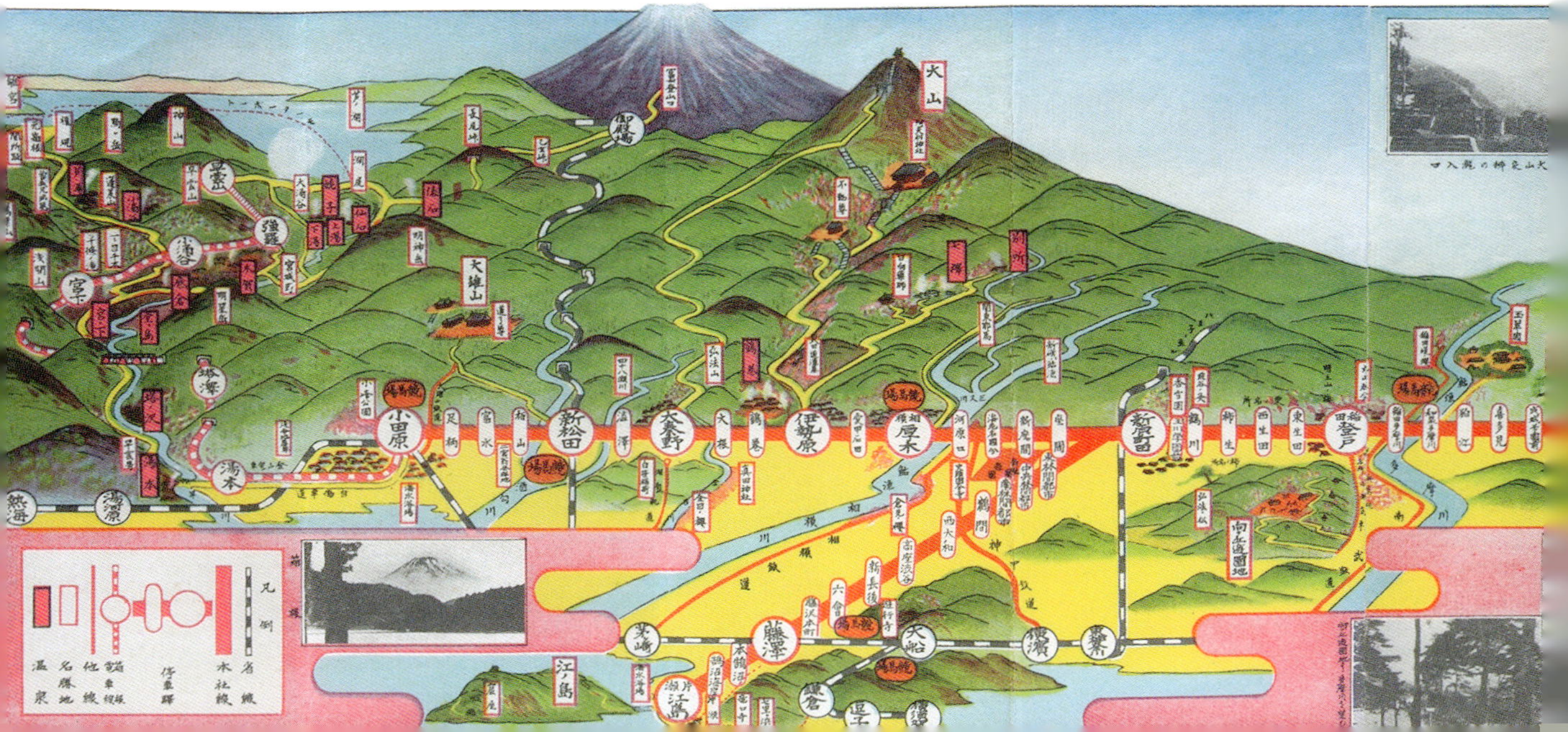

小田急線ストーリー

Odakyu Electric Railway Story

東京市地下鉄計画に始まった
創業者の見果てぬ夢。
人々の度肝を抜いた
昭和二年の全線開通、
大人も子どもも心ときめいた
ロマンスカーの華麗な変遷、
片瀬江ノ島への直通、
そして箱根への乗り入れ……。
野放図と言われた青写真が
一歩一歩現実のものになっていく。
東京市街鉄道から
複々線化の進む現在まで、
小田急の歩んできた
長い道のりを振り返る。

豪徳寺駅を発車する1100形（昭和31年）　撮影／荻原二郎

1107
12

夢の始まりは東京市の地下鉄網

開通への準備が進む経堂駅　所蔵／世田谷区立郷土資料館

建設中の大秦野駅（大正 15 年）　写真提供／小田急電鉄

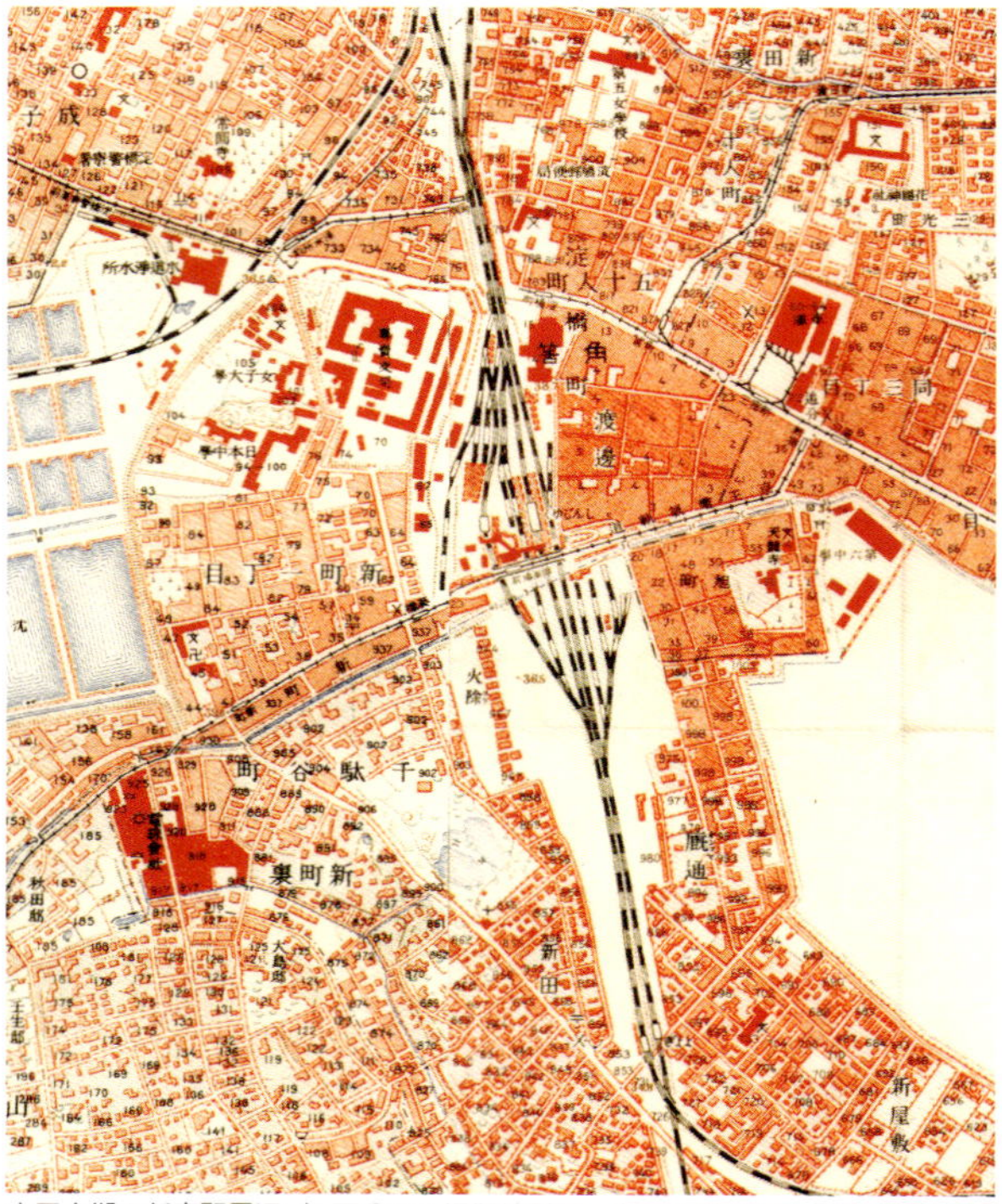
大正末期の新宿駅周辺（1 万分の 1 旧版地形図　大正 14 年修正）。左に淀橋浄水場があり、引き込み線が見える。右の大きな白地は新宿御苑

新宿駅午前九時。

満杯の温泉観光客を乗せて、VSE五〇〇〇〇形のシルキーホワイトの美しい流線形がそろりと動き出す。展望車に陣取るのは家族連れ。随分前から予約を入れ、この日を待ちわびていたのだろう。溢れんばかりの期待感がガラス越しに伝わってくる。小田原到着の予定時刻は一〇時一〇分。七〇分間ノンストップの旅が始まる。

小田急電鉄には積年の夢がある。それは「新宿〜小田原六〇分」。カーブの多い地形、超過密ダイヤ、そして何より安全運行……。多くの壁を前にしながら、夢への探求は今もなお続く。

小田原急行鉄道小田原線は、昭和二（一九二七）年四月一日に開業した。昭和元年といえばわずか七日の間。小田急線は実質的に昭和・平成と移る日本の歴史と同じ時を刻む。

開通記念に発行された特別乗車券と優待乗車券　所蔵／小田急電鉄

他社の多くの路線がそうだったように、開業までには様々な紆余曲折があった。

創業者の野望

鉄道会社の創業者の中で、小田急の利光鶴松《としみつつるまつ》は異色な存在である。

大分県の農家に生まれ、十五歳で父を亡くして家業の柱となるも、向学の志やまず、二十歳で上京した。明治法律学校（現・明治大学）に学び、自由民権の感化を受けて代言人（弁護士）事務所を開設。東京市会議員に当選すると、持ち前の行動力で交通機関拡充を図り、三十四歳で衆院議員に躍進。党幹事、市議、弁護士の職務をこなす一方、実業界にも足を踏み入れる。明治三十二年、後の東京都電の母体のひとつとなる東京市街鉄道を設立し、次々と市電路線を開いた。さらに水力発電に将来性

開業当時の沿線案内（吉田初三郎筆）　所蔵／生方良雄

開業直前の試運転に興味津々（渋沢駅）
所蔵／荻原二郎

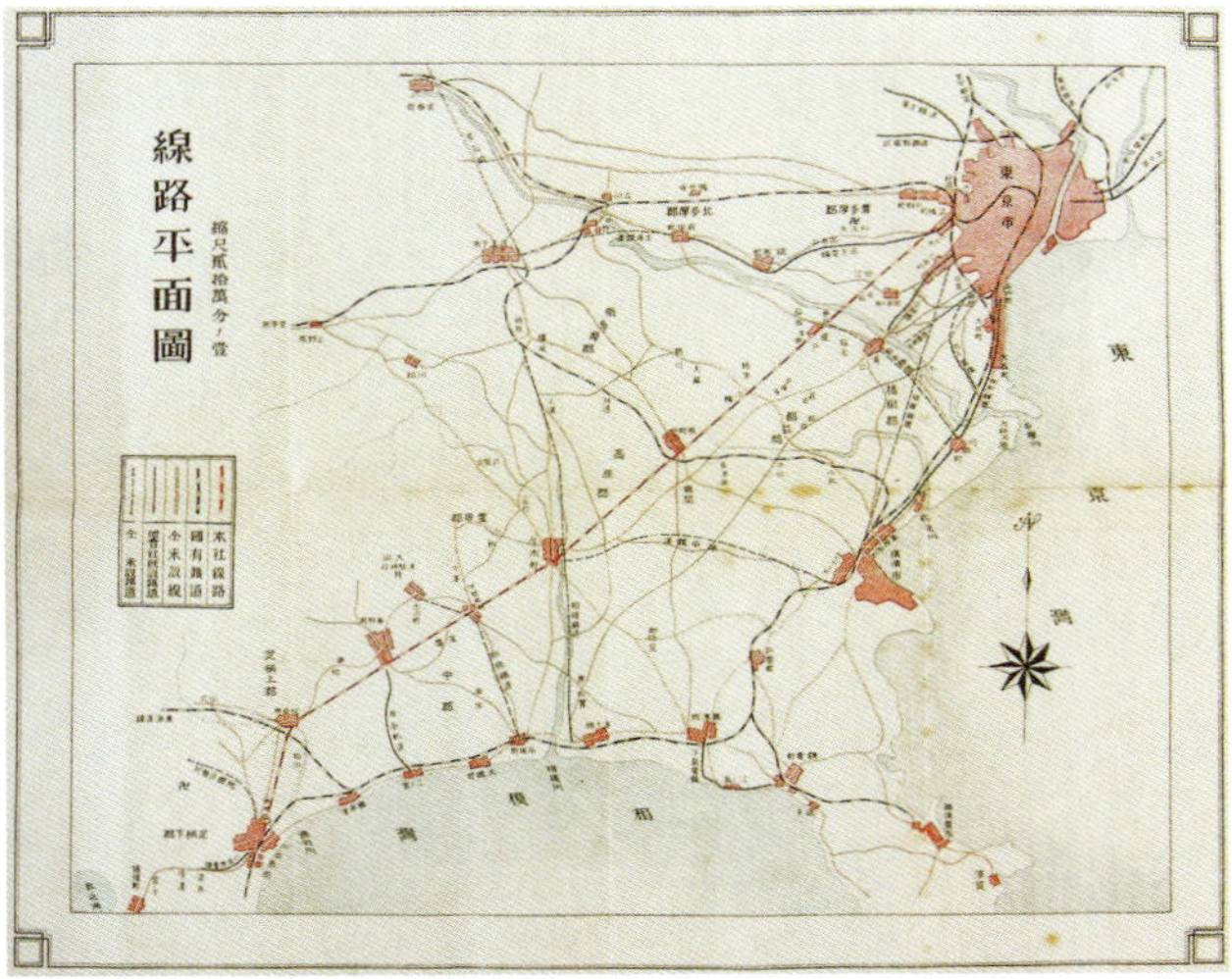

小田原急行起業目論見書に綴じ込まれた線路平面図（大正12年発行）
所蔵／飯田孝

開業前の小田原駅　所蔵／荻原二郎

開業当時の新宿駅
写真提供／小田急電鉄

現・小田急電鉄創業者の利光鶴松
写真提供／小田急電鉄

を見て立ち上げたのが鬼怒川水力電気。現在の小田急電鉄の前身である。

「規格外」「野放図」「大風呂敷」。利光鶴松の人となりを伝える史料には、こうした言葉が並ぶ。しかし、小田急の発展の礎を築いたのは、「総理大臣も夢ではなかった」と言われたほどの、利光の並外れた決断力と行動力に他ならなかった。

小田原急行鉄道開業

利光鶴松がまず思い描いたのは、市電がすでに行き詰まり状態にあった東京に、まだ日本の誰も見たことのない地下鉄の路線網を巡らせることだった。大風呂敷の一枚目である。

東京高速鉄道を新たに立ち上げ、すでに文久三（一八六三）年に地下鉄を開業させているロンドンなどに側近を派遣。日比谷〜渋谷、日比谷〜池袋、日比谷〜上野、霞ヶ関〜新宿追分の四幹線と一支線という雄大な計画を練り上げる。しかしこの時代、地下鉄に注目していたのは利光だけではなかった。四社の競願となり、曲折の末に免許は下りたものの、新宿〜日比谷〜大塚の一路線のみ。しかも第一次大戦後の恐慌により、それも暗礁に乗り上げた。

しかし利光鶴松の夢はとどまらない。目を向けたのは郊外である。もともと利光には東京市内と郊外を結ぶ路線と沿線の住宅開発が念頭にあった。浮上したのは、明治末に武相中央鉄道という会社が免許を失効した小田原への路線である。箱根の玄関口と東京を結び、沿線の相模野の台地に一大住宅地を造る……。利光は意を決した。平河町から渋谷、三軒茶屋を経由する小田原へのルートを、小田原急行鉄道の名前で出願する。

鉄道会社の名称は「東京急行」や「京王電鉄」などのように、起点となる大都市名を冠するのが普通である。起点よりも終着点や途中の沿線をより重視した利光鶴松の目線が、ここにも表れていると言えよう。

一徹な半面、利光は建設的な意見には真摯に耳を傾けた。「新宿がこれからの東京の中心となる」有識者のこの助言を受けて即刻、内藤新宿起点と変更。そして省線との度重なる折衝の末、新宿駅乗り入れの申請書を提出する。大正十二年三月、関東大震災の半年前のことである。

関東大震災は小田原急行鉄道に思わぬ転機をもたらした。壊滅状態となった東京市中から、人々は西に向かって大移動を始め、それをきっかけに新宿は新都心への道を歩み始めた。人が移動すれば、自ずと電鉄企業への関心も高まる。「新宿と郊外を結ぶ新しい路線」の響きは資金調達をも容易にした。新宿を起点としたことが、こうしてこの上ない意味を持つことになったのである。

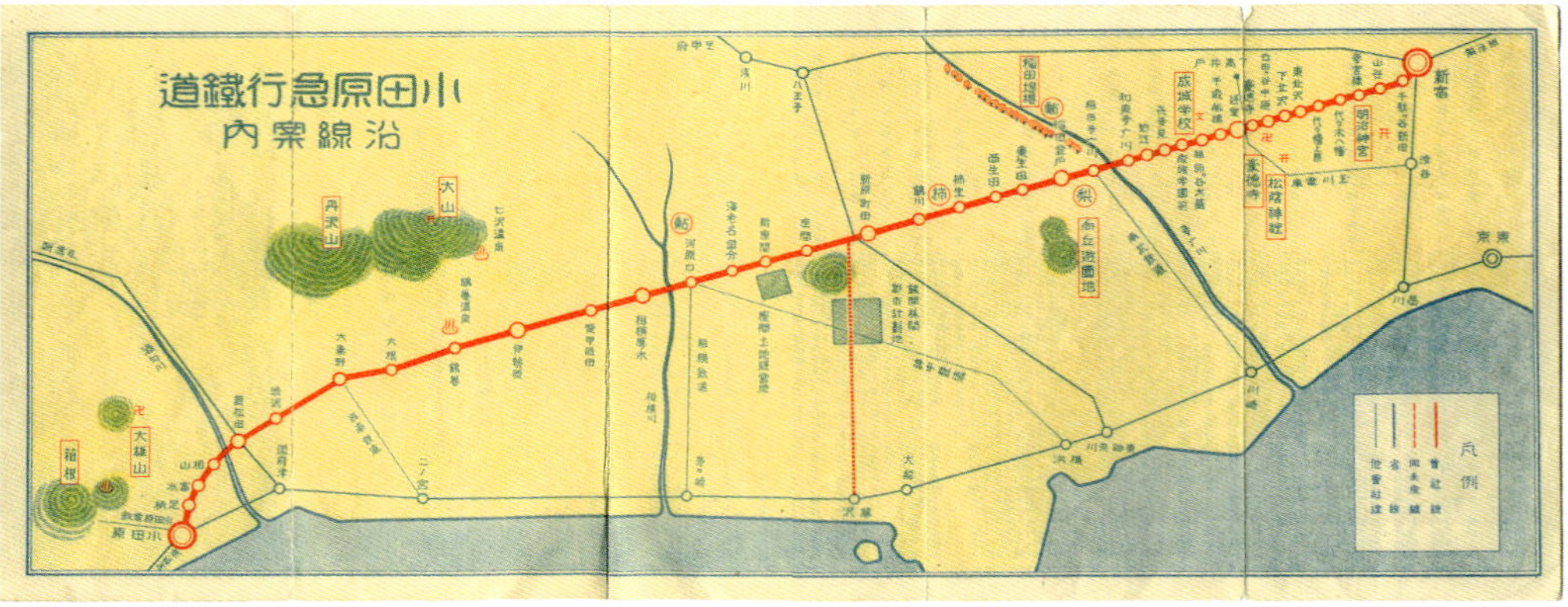

開業当時の沿線案内パンフレット。予定路線として江ノ島線が点線で記されている。座間駅付近には実現しなかった座間遊園が見える　所蔵／赤石定次

開業用の車両として活躍したモハ１形
所蔵／生方良雄

鳴り物入りの開業 流行歌にも登場

火花を散らした誘致合戦

新宿〜小田原間八二キロ余り。鉄道敷設計画が明らかになり、沿線となる地域は大騒動となった。

駅ができれば、その地域の将来は約束されたようなもの。用地無償提供の申し出が相次いだ。その結果、静かな農村に紛争の火種を持ち込むことにもなる。生田村では駅誘致を巡って地元がまっぷたつに割れる事態となった。

郊外の新天地に未来を託した学校もある。東京牛込で震災の被害にあった成城小・中学校は、大正十四年に人家もまばらな沿線の町はずれに移転。高等学校も開いて総合学園の礎を築いた。周囲の山林を宅地化して分譲し、得た資金で学舎を建てるという一大構想。もちろん駅名に学園名を冠する約束も取り付けた。

移転を推進した主事の小原國芳《おばらくによし》は、続いて玉川学園をも創設した。

突貫工事

利光鶴松の二枚目の大風呂敷は、その後何年も語り草となった。

大正十四年十一月、上野精養軒で行われた起工式。投資家や関係者、マスコミ七〇〇人余りを前に宣言したのが、一年半後の新宿〜小田原間の全線開通である。

部分開通後、問題を修正しながら延伸するというのが、それまでの鉄道敷設の常識だった。東京〜京都間を結ぶ日本の大動脈でさえも、当初は中山道経由で着工したものの、碓氷や木曾の壁に阻まれて東海道経由に変更したという経緯がある。

沿線には丹沢山麓の起伏がある上、多摩川、相模川、酒匂川の三大河川が行く手を阻む。計画はあまりに「無謀」「不可能」と目された。しかし、先に周囲に知らしめ、とにかくそれを実行していくのが利光流である。

しかも、当初の予定では多摩川以西を単線としていたが、着工後、全線複線に変更した。当時は相模野に人家もまばらな時代。しかし遠からず複線を要する時代が来ると利光は見ていた。

東京朝日新聞社がまいた航空ビラ
所蔵／赤石定次

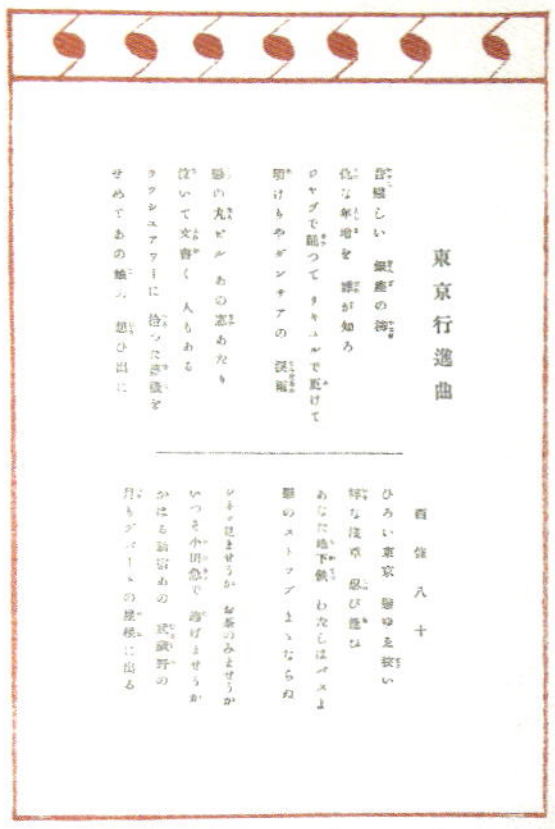

竹久夢二の絵が表紙を飾る『東京行進曲』の楽譜（昭和４年）所蔵／飯田孝

開通を祝して座間では大凧が揚げられた（昭和２年） 写真提供／小田急電鉄

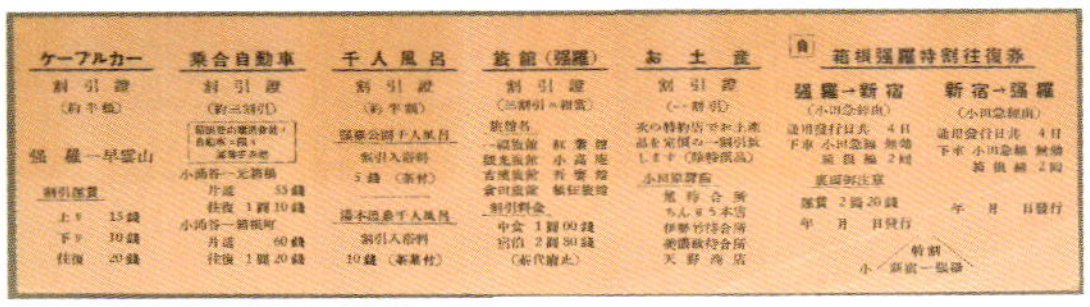

昭和初期の恐慌による業績不振を打開すべく、あの手この手の割引券が企画された。強羅千人風呂をはじめ、宿泊やお土産まで割り引いて箱根へと誘った 資料提供／小田急電鉄

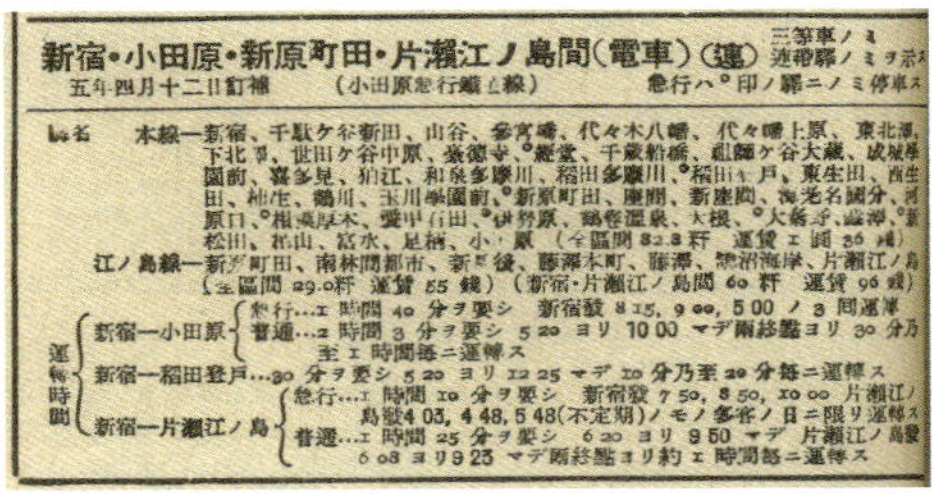

新宿・小田原・新原町田・片瀬江ノ島間（電車）（連） 三等車ノミ 連帶驛ノミヲ示ス
五年四月十二日訂補 （小田原急行鐵道線） 急行ハ°印ノ驛ニノミ停車ス

驛名 本線―新宿、千駄ケ谷新田、山谷、参宮橋、代々木八幡、代々幡上原、東北澤、下北澤、世田ケ谷中原、豪徳寺、°經堂、千歳船橋、祖師ケ谷大藏、成城學園前、喜多見、狛江、和泉多摩川、稻田多摩川、°稻田登戸、東生田、西生田、柿生、鶴川、玉川學園前、°新原町田、座間、新座間、海老名國分、河原口、°相模厚木、愛甲石田、°伊勢原、鶴巻温泉、大根、°大秦野、澁沢、°新松田、栢山、富水、足柄、小田原（全區間 82.8 粁 運賃1圓36錢）
江ノ島線―新原町田、南林間都市、新長後、藤澤本町、藤澤、鵠沼海岸、片瀬江ノ島（全區間 29.0粁 運賃55錢）（新宿・片瀬江ノ島間 60粁 運賃96錢）

運轉時間
新宿―小田原 急行…1時間40分ヲ要シ 新宿發 8 15, 9 00, 5 00 ノ3回運轉
普通…2時間3分ヲ要シ 5 20 ヨリ 10 00 マデ兩終點ヨリ30分乃至1時間每ニ運轉ス
新宿―稻田登戸…30分ヲ要シ 5 20 ヨリ 12 25 マデ 10分乃至20分每ニ運轉ス
新宿―片瀬江ノ島 急行…1時間10分ヲ要シ 新宿發 7 50, 8 50, 10 00 片瀬江ノ島發4 03, 4 48, 5 48（不定期）ノモノ多客ノ日ニ限リ運轉ス
普通…1時間25分ヲ要シ 6 20 ヨリ 9 50 マデ 片瀬江ノ島發 6 08 ヨリ9 23 マデ兩終點ヨリ約1時間每ニ運轉ス

昭和５年４月の時刻表。新宿～小田原間の急行は「1時間40分ヲ要シ　新宿發 8:15 9:00 5:00 ノ３回運轉」とある

全社員不眠不休の突貫工事が続いた。監督省庁の監査員も社員の熱意に圧倒されて共に寝泊まりをしたという逸話も残る。監査終了後、開業許可が下りたのは昭和二年三月三十一日。開業日前日のことだった。

散々だった開業初日

昭和二年四月一日、小田原急行鉄道小田原線開業。新聞社は空からビラをまいて祝い、沿線各地では祝賀行事が催された。相模川河畔の空には大凧が舞った。朝から祝賀一色の目出たい一日になるはずだった。

ところが人々が押しかけた沿線各駅では、待てど暮らせど肝心の電車が来ない。大秦野付近で起きた追突事故を皮切りにトラブルが続発。路盤が沈み、パンタグラフが外れるという信じられないような事故も発生し、各地で電車が立ち往生した。新宿を出て八時間後に小田原到着という列車もあったという。乗客にも電鉄側にも散々な一日となった。

翌朝の各紙が酷評したことは言うまでもない。開業前後の小田急は、良きにつけ、悪しきにつけ、話題に事欠かない電鉄会社ではあった。

世は歌につれ

昭和初期の世界恐慌の波は容赦なく電鉄各社にも襲いかかった。華々しくスタートしたものの、苦しい経営状態が続く小田原急行鉄道に思わぬプレゼントが用意された。

♪※昔恋しい　銀座の柳
仇な年増を　誰が知ろ
ジャヅで踊つて　リキュルで更けて
明けりやダンサアの　涙雨（第一節）
♪シネマ見ませうか　お茶のみませうか
いつそ小田急で　逃げませうか
かはる新宿あの　武蔵野の
月もデパートの　屋根に出る（第四節）

昭和四年に発表された西條八十作詞、中山晋平作曲の『東京行進曲』は空前の大ヒットを記録。全国津々浦々に佐藤千夜子の歌声が響いた。

第四節は当初「♪長い髪してマルクスボーイ　今日も抱える赤い恋」となる予定だった。官憲からの横槍を懸念したビクターが急きょ歌詞を変更。そこで小田急が登場することになったのである。

当の小田原急行鉄道では、あだ名でしかも駆け落ちの手段とされたことが物議を醸す。名誉毀損で訴えることも社内的に検討されたという。しかし、皮肉なことにこれが絶大なPR効果を生むことになる。東京の新しい顔、新宿との結び付きも強く印象づけた。

当時、小田原急行鉄道には「小田急」や「小田鉄」の略称があった。創業から「高速」と呼ぶ人もいた。歌謡

※ JASRAC 出 1710954-701

大秦野駅のマンサード屋根（昭和 30 年代）
所蔵／秦野市

開業当時の 38 駅が載った旅客運賃表（単位・銭）。千駄ヶ谷新田、山谷などの名前が見える。当時はかけそば 1 杯がおよそ 10 銭。初乗り 5 銭は当時の豆腐の値段とほぼ同じ　資料提供／小田急電鉄

新宿	5	5	5	6	7	8	9	11	13	15	18	20	22	24	27	29	30	34	36	44	48	58	70	78	83	85	91	98	105	107	116	123	135	136	136	136	136
千駄ヶ谷新田		5	5	5	6	7	8	10	12	14	16	19	21	23	26	28	29	33	35	43	46	57	69	77	82	84	90	97	104	106	115	122	134	136	136	136	136
山谷			5	5	5	6	8	9	12	14	16	18	20	22	26	27	28	32	34	42	46	57	68	76	81	84	90	96	103	105	114	121	133	136	136	136	136
参宮橋				5	5	6	7	8	11	13	15	18	19	21	25	26	27	31	33	42	45	56	67	75	81	83	89	96	102	104	113	120	132	136	136	136	136
代々木八幡					5	5	5	6	8	10	12	15	17	19	22	24	25	29	31	39	42	53	65	73	78	80	86	93	100	102	111	118	130	136	136	136	136
代々幡上原						5	5	5	7	9	11	14	16	18	21	23	24	27	30	38	41	52	63	72	77	79	85	92	99	101	110	117	129	136	136	136	136
東北沢							5	5	6	8	10	12	14	16	20	21	22	26	28	36	40	51	62	70	75	78	84	90	97	99	108	115	127	135	136	136	136
下北沢								5	5	6	9	11	13	15	18	20	21	25	27	35	39	49	61	69	74	76	82	89	96	98	107	114	126	134	136	136	136
世田ヶ谷中原									5	5	7	10	12	14	17	18	19	23	26	34	37	48	59	68	73	75	81	88	95	96	105	113	124	132	135	136	136
豪徳寺										5	5	7	9	11	15	16	17	21	23	31	35	45	57	65	70	72	78	85	92	94	103	110	122	130	133	136	136
経堂											5	5	7	9	12	14	15	19	21	29	33	43	55	63	68	70	76	83	90	92	101	108	120	128	131	136	136
千歳船橋												5	5	7	10	12	13	17	19	27	30	41	53	61	66	68	74	81	88	90	99	106	118	126	129	134	136
祖師ヶ谷大蔵													5	5	8	9	10	14	16	24	28	39	50	58	63	66	72	78	85	87	96	103	115	123	126	132	135
成城学園前														5	6	7	8	12	15	23	26	37	48	57	62	64	70	77	84	85	94	102	113	121	124	130	133
喜多見															5	5	6	10	12	21	24	35	46	54	60	62	68	75	81	83	92	99	111	119	122	128	131
和泉多摩川																5	5	7	9	17	21	31	43	51	56	58	64	71	78	80	89	96	108	116	119	124	128
稲田多摩川																	5	5	8	16	19	30	41	50	55	57	63	70	77	78	87	95	106	114	117	123	126
稲田登戸																		5	7	15	18	29	40	49	54	56	62	69	76	78	87	94	105	114	117	122	125
東生田																			5	11	14	25	36	45	50	52	58	65	72	74	83	90	102	110	113	118	121
西生田																				9	12	23	34	42	48	50	56	63	69	71	80	87	99	107	110	116	119
柿生																					5	15	26	34	39	42	48	54	61	63	72	79	91	99	102	108	111
鶴川																						11	23	31	36	38	44	51	58	60	69	76	88	96	99	104	108
新原町田																							12	20	25	27	33	40	47	49	58	65	77	85	88	93	97
座間																								9	14	16	22	29	36	38	47	54	66	74	77	82	85
海老名国分																									6	8	14	21	27	29	38	45	57	65	68	74	77
河原口																										5	9	15	22	24	33	40	52	60	63	69	72
相模厚木																											6	13	20	22	31	38	50	58	61	66	70
愛甲石田																												7	14	16	25	32	44	52	55	60	64
伊勢原																													7	9	18	25	37	45	48	54	57
鶴巻																														5	11	18	30	38	41	47	50
大根																															9	17	28	36	39	45	48
大秦野																																8	19	27	30	36	39
渋沢																																	12	20	23	29	32
新松田																																		9	12	17	20
栢山																																			5	9	12
富水																																				6	9
足柄																																					5
小田原																																					

江ノ島線開業当時の片瀬江ノ島駅。現在も見られる竜宮のような駅舎は実は仮の姿だった。上は開通記念特別乗車券
写真提供／小田急電鉄

昭和 13 年発行の沿線案内
所蔵／赤石定次

昭和 7 年発行の沿線名所案内。江ノ島線が記されている。林間三駅には駅名に「都市」がついている　所蔵／飯田孝

曲のヒットは結果的に「小田急」の名を世に定着させ、後の昭和十六年に「小田急電鉄」と改称するきっかけをつくったのである。

何事も派手にというのも利光流。駅舎にも凝った。中でも主要な五駅にはマンサードと呼ばれる二重傾斜構造の洒落た駅舎を構え、「小田急五大停車場」と呼ばれた。開業と同時に開園した向ヶ丘遊園、古来交通の要衝として栄えた町田と厚木、煙草栽培で繁栄を見た秦野、東海道本線と交わる松田。集客上重要拠点となるこの五つの街角に、瀟洒でひときわ異彩を放つ駅舎が建った。

江ノ島線開業

小田原線敷設の目処がついた大正十二年、利光鶴松は早くも次なる秘策を打っていた。「山の箱根」に対し、海への観光路線の拡充である。「海の江ノ島」がこうして浮上する。

これと併せて利光が描いたのは、江ノ島線沿線に一大林間都市を造るという夢の構想だった。駅名に「林間都市」とつけた三駅から放射状に街を造り、公園や学校、スポーツ施設を設けて快適な林間都市生活を楽しんでもらうという壮大な計画である。渋沢栄一の「田園都市」を意識した、大風呂敷の三枚目である。

昭和四年四月一日、小田急江ノ島線が開通。新原町田を出発し、相模大野で分岐、相模の原野を一直線に南下し、藤沢でスイッチバックしてから片瀬江ノ島に向かうルートが開かれた。初日の騒動のあった小田原線開通からちょうど二年後のことである。

相模大野の分岐点は開通当初から立体交差が採用された。相模大野といえば、当時は一面の原野にポツンとある信号所。江ノ島に向かう電車は一時間に一本程度しかない。しかし、たとえ格安の建設費で済んだとしても、平面交差では後に必ず支障をきたすことになる。ここでも利光鶴松の英断が下されたのである。

昭和六年夏には、伸び悩む経営の打開策として片瀬江ノ島直通電車を大増発。運賃を半額にするという思いきった割引きは大変な人気を呼び、週末に一五～二〇分おきに新宿を発つ列車はどれも海水浴客で満杯となった。

一方、肝煎りの林間都市構想は大きな進展を見ないまま、太平洋戦争に突入。鉄道界も世に言う「大東急時代」を迎える。

戦禍からの復興

昭和十年代に入ると、長閑だった沿線も次第に軍事色を帯び始めた。十二年、東京市ヶ谷台から陸軍士官学校が相模原に移転。昭和天皇の命名により「相武台」と称される。

箱根湯本乗り入れ前のポスター。「箱根行」を謳いながらまだ直通にはなっていない。小田急の歯がゆい思いがにじむ　所蔵／生方良雄

人々に戦後の復興を印象づけた「復興整備車」（昭和 23 年）　所蔵／赤石定次

箱根湯本乗り入れ初日には湯本で盛大な祝賀会が催された（昭和 25 年）　写真提供／小田急電鉄

箱根湯本乗り入れを記念して発売された乗車券　所蔵／赤石定次

焼失した世田ヶ谷中原駅（現・世田谷代田駅）（昭和 20 年）　写真提供／小田急電鉄

海の江ノ島、そして念願の箱根直通へ

これを皮切りに相模野の軍都化が始まった。相模大野信号所は駅に昇格して通信学校駅と名乗った。

鉄道各社には再編の波が押し寄せた。小田急は、経営難に陥っていた東京山手急行と渋谷急行を合併させて傘下に入れ、まず渋谷急行線に着手。昭和八年に帝都電鉄として渋谷～井ノ頭公園間をスタートさせた。

一方、小田急自身は昭和十六年春、鬼怒川水力電気と小田原急行鉄道を一本化し、小田急電鉄として新たなスタートを切った。

すでに老境の域に達していた利光鶴松は、この年に第一線を退くことを決意。かねてから手腕を認めていた東横電鉄の五島慶太に小田急をゆだねることとなった。

昭和十六年、すでに京浜電鉄（現在の京浜急行）を傘下においていた五島が小田急電鉄の社長に就任。三年後には京王電軌（現在の京王電鉄）も合併。東京西南部の大手私鉄がすべて統合し、いわゆる「大東急時代」を迎えた。東京大空襲で井の頭線が甚大な損害を被るが、東急各社が結束して支援車両を続々と送り込んだ。小田急自身も金属供出で江ノ島線藤沢～片瀬江ノ島間の単線化を余儀なくされ、大空襲で世田ヶ谷中原駅を焼失するなど、戦争の大きな爪痕を残した。

そして戦後の混乱の中、大東急は元の四社に戻った。新生となったものの、小田急の被害も大きく、半分強という車両稼働率からの再スタートとなった。

殆どの車両が傷みから癒えず、志気も上がらぬ中、小田急はカンフル剤を打つ。昭和二十三年「復興整備車」の看板を掲げた新車同様の一六〇〇形を新宿～小田原間にノンストップ特急として走らせたのである。久し振りに見る座席の純白のシートカバーは、まさに戦禍からの復興を人々に印象づけた。

積年の夢、箱根乗り入れ

昭和二十五年には創業以来二〇年余りにわたる悲願が叶った。箱根登山鉄道への乗り入れである。

新宿駅を発車する 1700 形特急はこね（昭和 27 年）　撮影／生方良雄

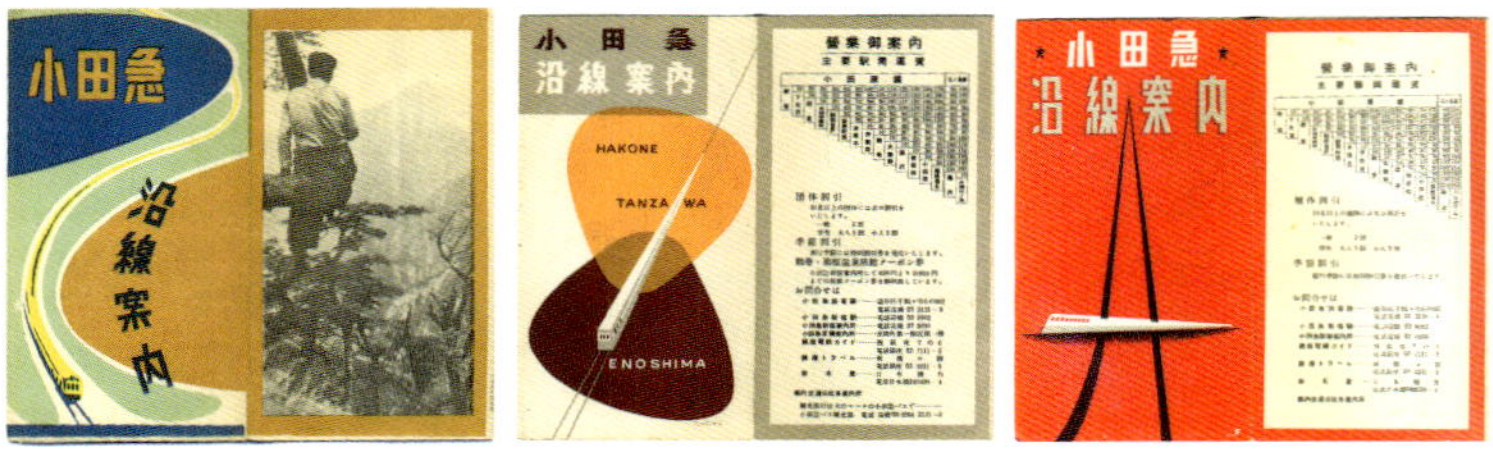

昭和 30 年代初めの沿線案内。運賃表の単位は円に変わっている　所蔵／生方良雄

ロマンスカー 1910 形のポスター（昭和 24 年）。チョコレート色から黄と藍のツートンのニュールックとなった　所蔵／生方良雄

ツートンカラーのロマンスカー登場

小田急開通当時、すでに小田原電気鉄道（後の箱根登山鉄道）の路面電車が小田原～湯本間を営業していた。元々国府津～湯本間を結ぶ路線であったため、小田原中心部を通るものの、国鉄の駅には乗り入れていない。小田急の乗り入れは、地元箱根としても悲願のひとつだった。

戦後、箱根登山鉄道が新生小田急の傘下に入ったことにより、乗り入れが一挙に具体化に向けて歩み出すが、大問題が立ちはだかっていた。小田急の狭軌（レール幅一〇六七ミリ）に対して、箱根登山鉄道は標準軌（同一四三五ミリ）。地形上、新線増設は不可能である。苦肉の策として標準軌の内側にもう一本レールを敷いた併用型とした。こうして国内では数少ない三線式軌条が誕生したのである。

湯本乗り入れにより、箱根湯本直通の乗客は倍増し、年間で四二万人を超えた。さらに翌二十六年には、本格的なロマンスカー一七〇〇形が箱根路にお目見えした。「ロマンスカーで箱根」時代がいよいよ到来したのである。

ロマンスカーデビュー

ロマンスカーの名は、実は小田急の専売特許ではなかった。京阪電鉄や東武鉄道、京浜急行でもかつてロマンスカーと称するクロスシートの特急列車が走っていた。

ロマンスカー＝小田急のイメージを定着させたのは、戦後に大人気を博した新宿の映画館、武蔵野館であると言われている。「ロマンスシート」と銘打ったアベック向けの二人掛けボックスシートのイメージが、新宿から箱根に向かう小田急の二人掛けクロスシートに結びつき、小田急が自称する前にいつしか人々の間で「ロマンスカー」と呼ばれるようになったという。

社名は流行歌謡から、特急列車の愛称は映画館から。小田急のイメージは社外でひとり歩きする傾向にあるようだ。

ロマンスカーの原型は昭和十年まで遡る。新宿～小田原を「週末温泉特急」と称するノンストップの特急が九〇分で結んだ。座席は四人向か

多摩川橋梁を渡る 2300 形特急はこね。2 枚窓の湘南スタイルで登場した（昭和 30 年） 撮影／荻原二郎

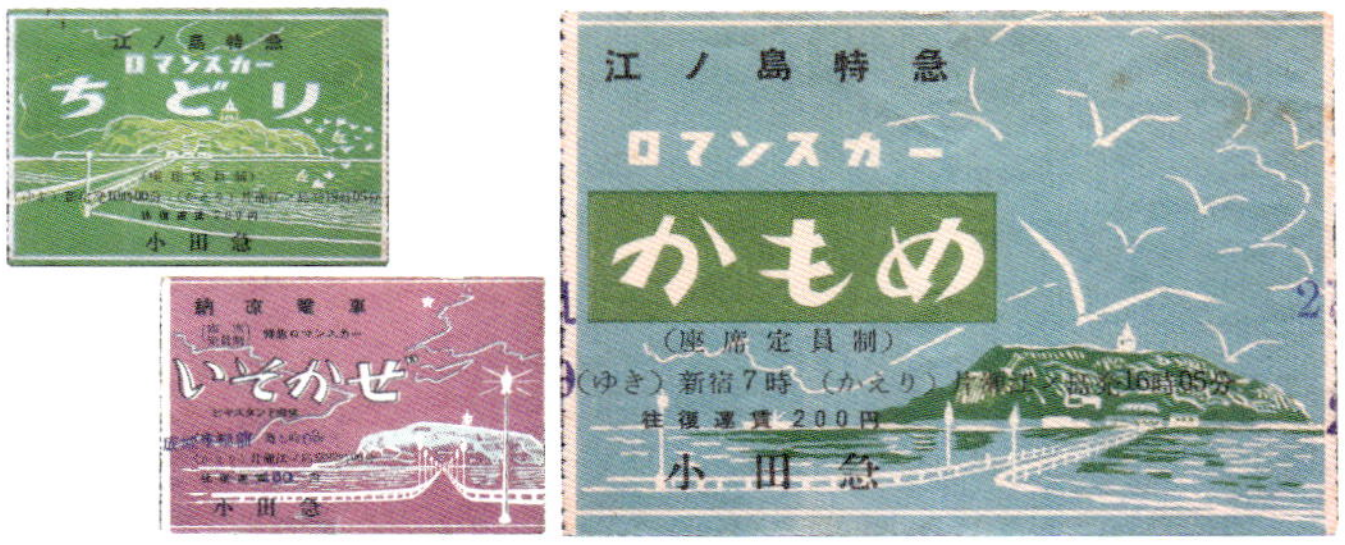

江ノ島線を走った納涼列車の切符の数々（昭和 26 〜 27 年） 所蔵／赤石定次

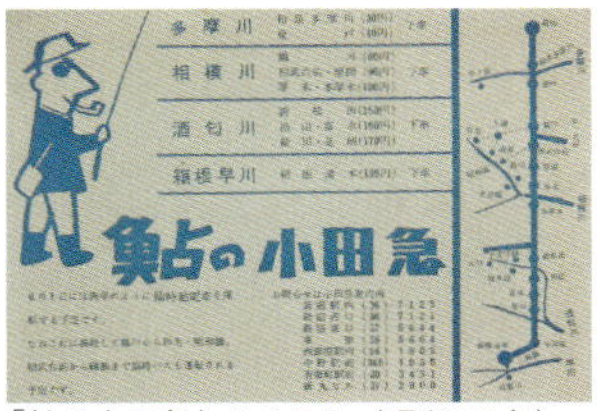

「鮎の小田急」のチラシ（昭和 27 年）
所蔵／飯田孝

6 月 1 日に運行された鮎電（昭和 33 年頃） 写真提供／小田急電鉄

伊勢原駅に到着した猪電（昭和 40 年）
写真提供／小田急電鉄

い合わせのクロスシート。レコードによる沿線案内も話題になった。

行楽列車は小田急のいわば真骨頂である。各種の「ネームドトレイン」が導入された。

昭和二十六年に江ノ島線初のロマンスカーとして走ったのが「納涼列車」。ヘチマ棚や風鈴をあしらった「すず風号」や「いそ風号」の車内で、人々は生ビールのジョッキを片手に江ノ島往復という夕涼みを楽しんだ。六月一日の鮎解禁の前日深夜には「鮎電」が太公望を満載して相模川や酒匂川を目指した。

ビール電車や鮎電車が夏の風物詩なら、冬は「猪電」。厚木の山あいにある七沢温泉や広沢寺温泉に、温泉と猪鍋を楽しむグループが大挙して向かった。錦秋の丹沢には週末の夜「丹沢号」が運転され、登山者急増に一役買った。

各種のイベントトレインが小田急の名物となる中、車内で結婚式を挙げながら箱根に向かうというカップルもあったという。

二十六年に導入された一七〇〇形は、日本の私鉄としては史上初となる座席指定特急となった。新宿〜小田原を七六分（箱根湯本まで九一分）。時代はさらなる高速化を求めていた。

電車に対する既成概念を覆したSE車。写真は昭和32年に経堂車庫で新車公開されたときのもの
撮影／生方良雄

SEデビュー記念に発売されたソノシート。「ピポーの電車」と歌っている　所蔵／赤石定次

SE就役記念に発行された乗車証（昭和32年）　所蔵／赤石定次

鉄道友の会から特急車両に贈られるブルーリボン賞の栄えある第1回を受賞

編成が短縮され御殿場線ではSSE車として活躍した。写真は特別準急あさぎり　撮影／生方良雄

日本鉄道史に残る超高速ロマンスカー

SE車デビュー

新宿～小田原六〇分。戦後の新生小田急発足時からのこの目標に向け、昭和二十九年、いよいよ研究が動き出す。念頭に置いたのは行楽と商用を兼ね、高速でデラックスな列車。低重心・軽量・快適な居住性を目指し、ひいては日本の鉄道の近代化をも視野に入れた。

二年後、設計が最終段階に入る。小田急線内で行われた高速実験では時速一二七キロをマークした。当時は、国鉄「つばめ」の九五キロが日本最速という時代である。

三十二年に行われた完成披露会では、さらに関係者の度肝を抜く。低重心のボディにオレンジとシルバーグレイの斬新な配色。従来の鉄道車両の概念を覆した航空機と見まがう美しい流線形のシルエットである。名物となったビブラフォンの警報音も高らかに三〇〇〇形特急車がこうしてデビュー。Super Express の頭文字をとってSEと名付けられた。

さらにSEは国鉄東海道線での試運転で時速一四五キロの世界記録（狭軌）を樹立した。SEの技術は、後に生まれる数々のロマンスカーに引き継がれたのは言うまでもないが、特筆すべきは後の東海道新幹線への足掛かりとなったことである。

三十三年、鉄道友の会によるブルーリボン賞が生まれた。栄えある第一回はもちろんSE車に贈られた。

走る喫茶室

技術革新もさることながら、ロマンスカーの人気を高める一因となったのはきめ細やかな車内サービスである。

長距離を走る国鉄では食堂車が鉄道の旅の憧れの的となって人気を集めていた。しかし、一時間余りの鉄道の旅では乗客に足を運んでもらう時間のゆとりがない。そこで考案されたのが、最初におしぼりとメニューを配って注文を聞いて回り、後で品物を席に届けるというシートサービス。「走る喫茶室」と呼ばれて大好評を博し、その後のロマンスカーの代名詞ともなった。

SE 運転開始を告げる大型ポスター。SE のカラーリングを手がけた宮永岳彦自身の画による
資料提供／小田急電鉄

2300 形車内の日東紅茶のカウンター　撮影／生方良雄

走る喫茶室の紅茶サービス（昭和 26 年頃）　撮影／赤石定次

SE 車客室　撮影／生方良雄

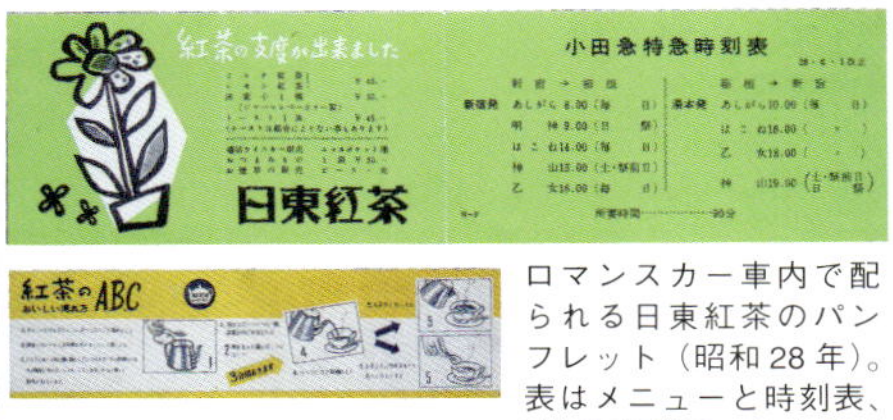

ロマンスカー車内で配られる日東紅茶のパンフレット（昭和 28 年）。表はメニューと時刻表、裏には紅茶のいれ方の指導も　所蔵／赤石定次

こちらは昭和 29 年の一般車両の様子。2 扉車で長いロングシートのクハ 1450 形　撮影／赤石定次

宮永岳彦画による日東紅茶のしおり
所蔵／赤石定次

採算の予測がまったく立たないこの事業を最初に引き受けたのは三井農林（後の日東紅茶）である。国内初の紅茶「三井紅茶」を発売したのが小田急開通と同じ昭和二年。これも何かの縁だったのだろう。

戦後間もない昭和二十四年に始まったこのサービスは、その後森永製菓も加わって四十数年もの長さにわたって続けられた。しかし、昔は新宿〜箱根一直線だったロマンスカーも途中駅に停車する通勤型を導入するなど次第に多様化。昔ながらのシートサービスが次第に困難になる。平成五年に日東紅茶が、七年に森永製菓が撤退した。

とはいえ、ロマンスカーと聞けば紅茶の香りを思い出す向きも多いことであろう。廃止後は通常のワゴン販売が基本となったが、最新鋭のVSE五〇〇〇〇形ではまた懐かしいシートサービスが復活している。

拡大する路線 進化するロマンスカー

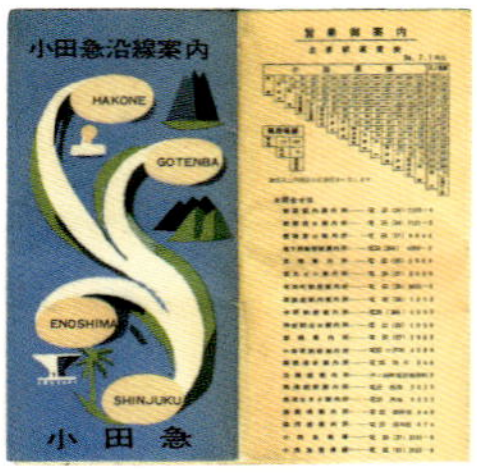

昭和34年発行の沿線案内。御殿場線が記されている　所蔵／生方良雄

春の玉川学園前をゆくディーゼルカー、キハ5000形（昭和31年）　撮影／生方良雄

NSEの車内で配られた走る喫茶室のマッチ　所蔵／赤石定次

展望車が導入されたNSE（写真は愛称表示板が四角になった特急はこね）　撮影／生方良雄

NSEデビューを告知するポスター　所蔵／生方良雄

御殿場線乗り入れへ

昭和三十年、念願の国鉄御殿場線への乗り入れが行われた。

早くから御殿場線経由で新宿と富士山麓を結ぶという構想が小田急にあったが、大きな壁が立ちはだかっていた。明治二十年代からの古い歴史を持ちながら、御殿場線が電化されたのはずっと時代を下った昭和四十三年のことである。当然のことながら当時は、たとえ線路を繋いでも電車を運行させることができない。

しびれを切らした形で小田急が開発したのがディーゼルカー、キハ五〇〇〇形である。慣れない急勾配の特訓を小田急乗務員が受けた後、いよいよ御殿場線への乗り入れ開始。新宿から御殿場までパンタグラフのない「銀嶺号」が走り始めた。御殿場線内では、黄色と藍の小田急カラーの車両が蒸気機関車と肩を並べるという考えられない光景が見られた。

多摩線開通

昭和三十年代に入り、大都市への人口集中が住宅事情の悪化を引き起こしていた。これを受け、東京都と建設省の間でニュータウン計画が持ち上がる。候補となったのは南多摩丘陵一帯。山手線内の四割に相当する広大な地に三〇万人が暮らすという一大プロジェクトである。

小田急としても、千代田線の起点となる可能性のあった喜多見分岐案など様々なルートが検討されたが、ニュータウン開発業者や京王電鉄との折衝の末、現在の多摩線のルートに落ち着いた。しかしトンネルも多く、資金面に問題があり、国に助成を求める間に入居が始まってしまう。野ざらしで駅もない丘陵地に住民が取り残される形となり、「陸の孤島」と呼ばれた。国の助成が決まり、本格的な工事が始まったのが四十七年。しかし丘陵地への敷設工事は難航を極めた。新百合ヶ丘～小田急永山間で開通にこぎつけたのが四十九年。多摩センターまで延伸したのが翌五十年のことである。第一次入居からすでに四年が過ぎていた。

多摩センター駅には現在小田急、京王、多摩都市モノレールがひしめく。陸の孤島の面影はもちろんない。

小田急積年の夢がもうひとつ実現したのは昭和五十三年のこと。地下鉄千代田線との相互乗り入れである。小田急の発足はもともと都心と郊外を結ぶことを主眼においたもの。半世紀の念願が叶った形となった。

ロマンスカーの進化

一方、ロマンスカーはSEデビュー後も進化を続けた。

昭和三十八年、先頭車両に小田急

現在活躍中のロマンスカー

多様な運行が可能になった EXE

JR 東海と共同設計で誕生した御殿場線用の RSE　撮影／生方良雄

ハイデッカーとなり、一般座席でも展望が楽しめるようになった HiSE　撮影／生方良雄

NSE の改良型として登場した LSE

振り子式車体傾斜機構も導入した VSE

平日はビジネス特急、休日は観光特急として活躍する MSE　撮影／生方良雄

初の展望車がついたNSE三一〇〇形が登場。最高時速も一一〇キロに達し、新宿〜小田原間を六二分に縮めた。惜しまれて引退したが、三一八一号車が開成駅に静態保存され、隔週の週末に披露されている。

大好評の展望車は、五十五年デビューのLSE七〇〇〇形に踏襲され、正面ガラスも一回り大きくなった。内装をより豪華にし、ラグジュアリー（贅沢）を表すLを名に冠した。

六十二年には、展望車だけでなく、普通の座席でも景色を楽しめるハイデッカー車が導入された。HiSE一〇〇〇〇形である。車体はそれまでのオレンジから鮮やかなワインレッドに一新して一躍注目を浴びた。

平成三年には、御殿場線乗り入れ用のRSE二〇〇〇〇形が登場。中間にダブルデッカー車を擁した白とライトブルーのロマンスカーが足柄路を行き来するようになった。

沿線の宅地化が進む中、ロマンスカーの通勤客対応も切実な問題となった。八年、分割併結が自在なEXE三〇〇〇〇形がデビュー。ロマンスカーのイメージとはかけ離れたパールブロンズという地味な色味や、通勤電車のような風貌から賛否両論はあるが、様々なシーンに対応する車両として活躍中である。

そして十七年、VSE五〇〇〇〇形が颯爽と登場。シルキーホワイトの流線形ボディと、一般客車もすべて展望室と同じ高さに揃えた高い天井が自慢である。Vとはドーム型天井を意味するVaultからの名という。

二十年には地下鉄乗り入れ用の「青いロマンスカー」MSE六〇〇〇〇形が鮮烈デビューを果たした。フェルメール・ブルーの美しい車体はグッドデザイン賞を受賞。ビジネス用、観光用と多彩な運行が可能なことを示すMultiの名を冠している。

そして今

小田急は、沿線の人々にとっては日々の暮らしに欠くことのできない貴重な足でもある。

沿線の宅地は拡大を続け、キャンパスの移転によって学生も急増。近年まで新宿を目前にしたのろのろ運転と開かずの踏切が一種の名物となっていた。現在、線路の複々線化や地下化により、この状態からの脱却が図られ、快適な通勤通学の足として生まれ変わろうとしている。通過待ちせずにマイペースで走る各駅停車の横を、特急や急行が駆け抜けていく様は隔世の感すらある。

「いっそ小田急で逃げましょか」から八〇年。乗ってしまえばわずか一時間余りだが、温泉地への旅は今も「非日常感」に溢れる。

「日常」と「ハレ」。二つの全く違う側面を持つのが小田急の魅力のひとつでもある。

小田原線

Odawara-Line

各駅停車 沿線の1世紀

昭和二年四月一日開通。

昭和から平成へと
日本という国と歩みをともにしてきたのが
小田急小田原線。
沿線も時代とともに移り変わる。
都市圏では大衆文化が花開き、
若者のエネルギーが街角に満ち溢れた。
軍靴の音が響いた時代があった。
空襲で駅そのものが失われたことも。
演劇や邦画の隆盛を支えた街があった。
時には家族の絆を結ぶ舞台となった。
そして衰退の憂き目を見た街が
復活するきっかけにもなった。
チョコレート色の車両から
新鋭のロマンスカーまで、
小田原線の電車が行き交った
沿線の懐かしいたたずまいを
記憶の断片とともに追う。

サラリーマンや行楽客で賑わう稲田登戸駅（現・向ヶ丘遊園駅　昭和 26 年頃）　写真提供／小田急電鉄

世界一の乗降客数

新宿《しんじゅく》

江戸時代からの遊興の地は震災をきっかけに西の都心へ

一日およそ三五〇万人。JR・私鉄・地下鉄が乗り入れる新宿駅の平均乗降客数は世界一という。小田急だけでも一日平均およそ五〇万人が利用する。

新宿の生い立ち

「新宿」の名の由来は江戸前期まで遡る。甲州街道の最初の宿場として、現在の新宿御苑北側に内藤新宿が開設されたのが元禄十二年。品川宿・板橋宿・千住宿と並び、江戸四宿と称される。内藤新宿の名は、内藤氏の下屋敷付近が「内藤宿」としてすでに宿場の様相を呈していたことに由来する。この新しい宿場町で茶屋や飯盛女を置く旅籠が大繁盛。盛況ぶりは読み物を通じて江戸市中へと伝わり、一大遊興地へと発展する。後世の新宿の賑わいの素地はこうしてできた。

新宿駅の名が歴史上に登場するのは明治十八年のこと。日本鉄道品川線の停車場として開業するが、中心をなす内藤新宿から遠く、当時は雑木林や畑がひろがる「町外れ」。一日の乗降客はわずか七〇人ほどだったという。

四年後の二十二年に新宿～立川間で甲武鉄道が開通。路面電車網も整備されて、次第に駅界隈が新宿の顔になってゆく。三十一年には、玉川上水の水質悪化やコレラ大流行を受け、現在の西口に淀橋浄水場が竣工。四十三年には専売局煙草工場ができた。朝のラッシュはこの頃から徐々に始まる。

見込み違い

次第に賑わいを高める新宿を東京の西の中心に押し上げたのは、大正十二年の関東大震災がきっかけである。東京市中が壊滅。家々や学校、ひいては街自体が西に西にと移動を始めた。市外の宅地化と同調し、次々と鉄道が開業する。十四年に、鉄筋コンクリートのモダンな新駅舎が竣工。新宿は郊外と都心を結ぶ鉄道網の一大ターミナル都市へと変貌してゆく。昭和初期にはすでに、新宿駅の乗降客数は日本一となった。

大正14年に竣工した、3代目となる鉄筋コンクリートの新宿駅（絵葉書）。2階には食堂が設けられた　所蔵／新宿歴史博物館

小田急新宿駅は、昭和二年四月一日に地上四線ホームで開業した。当時は省線新宿駅長の管理下に置かれ、省線からの通し番号で九～一二番が小田急用のホームとなる。

当初はこれで賄えた。しかし第二次大戦後には、沿線人口急増により、長い車両編成への対応が急務に。三十九年、地上八両三線、地下六両二線のターミナルを小田急単独で完成させた。地上・地下二層式は日本初の試みである。

しかし、学園都市を多くかかえた小田急の需要は予想を遥かに超える。ターミナル完成のわずか八年後、一〇両編成対応の地上三線・地下二線の工事に着手、五十七年に完成した。しかし、特急を含めた平日朝の発着数はJR山手線に匹敵。超過密運行が今もなお続く。

昭和10年頃の新宿大通り（絵葉書）。市電が走る大通りの左に伊勢丹、右に三越が建っている　写真提供／伊勢丹

様々な顔を持つ街

震災後、一大繁華街へと変貌した新宿。人が集まれば文化も成熟する。

ともに昭和二年に東口に開業したのが紀伊國屋書店（薪炭商から転業）と中村屋の喫茶部。買いたての本を小脇にかかえてカリーやボルシチというスタイルがインテリにもてはやされた。

三年には、洋画専門に衣替えした新宿武蔵野館が大当たり。モボ・モガが押しかけ、映画館建設ラッシュを呼び込んだ。四年には百貨店の草分け、三越が新宿店を開く。「※♪かはる新宿あの武蔵野の　月もデパートの屋根に出る」と歌われたのもこの頃。ムーラン・ルージュのレビューも時代の最先端風俗として人気を集めた。八年には伊勢丹新宿店がオープンした。

新宿駅出札口（昭和26年）。帝都線（現・井の頭線）の文字が残っている　写真提供／小田急電鉄

※東京行進曲（西條八十／作詞　中山晋平／作曲）より P.11参照

小田急百貨店屋上から見た新宿駅（昭和 38 年）。小田急百貨店は 37 年に現在の小田急ハルクの場所で開業した　撮影／荻原二郎

昭和 27 年正月の小田急新宿駅改札　写真提供／小田急電鉄

そして戦後

繁盛の記憶を持つ街は生命力も強い。戦後、焼け野原と化した新宿駅周辺に闇市が立つ。東口にできた常設露店のマーケットは後に撤去され、移転先が現在のゴールデン街となった。

東口の窪地には、歌舞伎の劇場を造り、芸能中心地を建設するという復興案が持ち上がる。財政上の問題で実現はしなかったが、歌舞伎町の名を今に残した。昭和三十一年、新宿コマ劇場が完成。周囲が一大歓楽街と化したのは周知の通りである。コマのように回転する円形舞台の演歌公演は人気を博したが、平成二十年末に惜しまれて閉館した。

昭和三十～四十年代には、新宿に若者のエネルギーが満ち溢れた。

歌声酒場や歌声喫茶が全盛期を過ぎる頃、ジャズ喫茶が相次いでオープン。ライブには海外の大物アーチストの姿も見られた。アングラ劇団のテント公演も興行された。

既存の価値観を壊そうとする若者たちも集まる。ヒッピー族が街にたむろしたのが四十年代。四十三年の新宿騒乱には反体制のエネルギーがみなぎり、翌年のフォークソング集会では反戦歌がこだました。

疾走し続ける都市

東京に近代水道をもたらした淀橋浄水場は四十年に閉鎖。跡地には、新宿副都心の超高層ビル群が建った。そして平成二十年には繭を模したコクーンタワーがお目見えした。南口の新宿サザンテラスも人気スポットとして定着している。

将来、新宿駅にリニアや上越新幹線乗り入れの可能性があるという。昭和初期から疾走を続けてきた街、この先どこまで走り続けるのだろうか。

指定席特急の走りとなった 1700 形はこねとチョコレート色の普通車 1600 形（昭和 28 年）　撮影／赤石定次

復興の足音も高らかに 時代は高度成長期へ

国鉄が発足する昭和 24 年頃の小田急線新宿駅。「省線」の文字が見える貴重な一枚　写真提供／小田急電鉄

焼け野原となった新宿駅東口（昭和 20 年）　写真提供／伊勢丹

新宿駅南口から甲州街道を下ったところ（昭和 33 年）。高いビルがまだなく、開放的な駅前風景　写真提供／伊勢丹

昭和 23 年頃の新宿大通り。左に日活封切館の帝都座、右に接収された伊勢丹が見える　写真提供／伊勢丹

小田急線新宿駅を発車する特急乙女（昭和 27 年）
撮影／赤石定次

昭和 29 年頃の新宿空撮。上方、新宿駅西口に淀橋浄水場が見える。手前の交差点は現在の新宿 3 丁目　写真提供／伊勢丹

昭和 32 年頃の新宿大通り。新宿高野の手前に竜宮マーケットがあった　所蔵／新宿歴史博物館

夏の行楽客で賑わう昭和 36 年の小田急線新宿駅　撮影／生方良雄

昭和 35 年の新宿駅西口。江の島へと誘う大看板が掲げられていた
撮影／生方良雄

新宿駅中央線側から見た小田急線ホーム（昭和 36 年）　撮影／生方良雄

夏の行楽客でごった返す新宿駅（昭和 36 年）　撮影／生方良雄

夏休みに入った夜の新宿駅（昭和 36 年）。この年の 7 月に鵠沼プールガーデンがオープンした　撮影／生方良雄

地上・地下二層に向けて工事中の小田急線新宿駅（昭和 36 年）
撮影／荻原二郎

新宿駅に停車する SE ロマンスカー湯坂（昭和 37 年）。39 年完成に向けてホームは工事中　撮影／生方良雄

東京オリンピック祝賀ムード一色の小田急線新宿駅（昭和 39 年）
撮影／荻原二郎

モボ・モガ時代から現代へ
花開く大衆文化

華やかなレビューが観客を魅了したムーラン・ルージュ（左）とプログラム（下）
所蔵／新宿歴史博物館

ロマンスカーの名のきっかけになった新宿武蔵野館
所蔵／新宿歴史博物館

上・昭和 10 年頃の中村屋
左・ロシアの盲目詩人エロシェンコ（大正中期）。詩人は中村屋と縁が深く、メニューにボルシチを薦めたという。伴奏しているのは創業者夫人の相馬黒光。ロシア文学好きで、多くの文化人と親交も深く、新宿に花開いた文化に大きく貢献したといわれる
写真提供／新宿中村屋

昭和 4 年頃の高野果実店。1 階にオープンしたタカノフルーツパーラーが大人気に。フルーツポンチや蜜豆は時代をリードした　写真提供／新宿高野

昭和 2 年開業で小田急電鉄と同い年の紀伊國屋書店。写真は 20 年の大空襲で全焼した後、22 年に完成した 3 代目となる本店　写真提供／紀伊國屋書店

昭和 31 年に開場した新宿コマ劇場。「コマ劇前」の噴水は待ち合わせや憩いの場となった。写真は昭和 50 年当時　所蔵／新宿歴史博物館

上・伊勢丹新宿店オープンの日につめかける人々（昭和８年）
左・開店時の新聞広告（昭和８年）　写真提供／伊勢丹

イルミネーションに輝く伊勢丹新宿店（昭和 12 年）　写真提供／伊勢丹

東京オリンピックに備える新宿駅前（昭和 39 年）。後ろのビルは小田急百貨店（現・ハルク）　所蔵／新宿歴史博物館

小田急百貨店本館オープン当日（昭和 42 年）　写真提供／小田急電鉄

昭和 54 年頃の国鉄新宿駅空撮。中ほど上に延びるのが小田急線。左上の緑陰は明治神宮。中央の白いビルは中央鉄道病院（現・JR 東京総合病院）。手前の貨物ホームにはいま髙島屋などのビルがたっている　撮影／土屋　恂

現　在　新宿新都心に新しくお目見えしたモード学園コクーンタワー。若者の創造力を包み込む繭をイメージしたという（小田急百貨店より）

南新宿《みなみしんじゅく》

多くの作家や画家も魅せられた
『春の小川』のせせらぎと玉川上水

南新宿駅は、昭和二年の開通時に、現在よりも一〇〇メートルほど新宿寄りに「千駄ヶ谷新田駅」として開業した。小田急電鉄本社がこの地に移転した後「小田急本社前駅」と改称するが、東急と合併した大東急時代には本社前ではなくなり、「南新宿駅」と改称。そのまま現在に至っている。

一日平均乗降客数四〇〇〇人足らずのこの駅が、小田急線の危機を救うべく、大車輪の活躍をしたことがある。

太平洋戦争さなかの昭和二十年五月二十五日、B29爆撃機四七〇機が東京西部の空を舞った。新宿・杉並・世田谷などに甚大な被害が出たこのとき、小田急線は起点の新宿駅甲州口を焼失した。その代役を務めたのがこの小さな駅。数日の間、すべての列車が南新宿駅を発着したのである。

山谷と呼ばれた時代

開業から十九年にわたり、隣の参宮橋駅との間に山谷駅が存在した。

かつてこのあたりは「代々木山谷」と呼ばれた。江戸から明治までは農業や畜産業がさかんで「隣の家に行くのに山を越えなければならない土地」という意味の名というが、住宅の密集する現在では想像もつかない。学校名などにその名を残すのみである。

山谷は明治時代から数多くの文化人が暮らした由緒ある土地でもある。

『蒲団』などで知られる田山花袋《たやまかたい》は、明治三十九年に玉川上水に近いこの地に移り、「郊外の畑の中に、一軒ぽっつりとその新居を構えた」と所感を述べている（『東京の三十年』）。唱歌『故郷』『朧月夜』などを作詞した高野辰之《たかのたつゆき》は半生を山谷で過ごし、『春の小川』をこの地で作詞した。山谷小学校では毎年「『春の小川』を歌い継ぐ会」が催され、高野の出身地である奥信濃と音楽を通じた交流がさかんである。

『麗子像』などで知られる洋画家の岸田劉生《きしだりゅうせい》も山谷を愛した一人である。岸田はこの地で『道路と土手と塀（切通之写生）』という名作を残した。岸田自身「可なり好き」というこの作品は、西洋古典絵画から自然の写実的表現に目覚める過程を示す画期的な作品といわれている。土や路傍の草などの素朴な自然が持てる感性を呼び覚ましたというが、もちろん現在のこの地からは想像もできないことだ。

山谷駅は、南新宿と参宮橋との距離が近いことなどから、昭和二十一年に幕を閉じることとなった。

昭和 27 年の南新宿駅　構内に横断場があった　撮影／生方良雄

岸田劉生が描いた山谷の風景『道路と土手と塀（切通之写生）』（大正 4 年）
所蔵／東京国立近代美術館

大正時代の山谷の風景。雑木林や畑の中を、唱歌『春の小川』の舞台となった河骨川が流れていた　所蔵／白根記念渋谷区郷土博物館・文学館

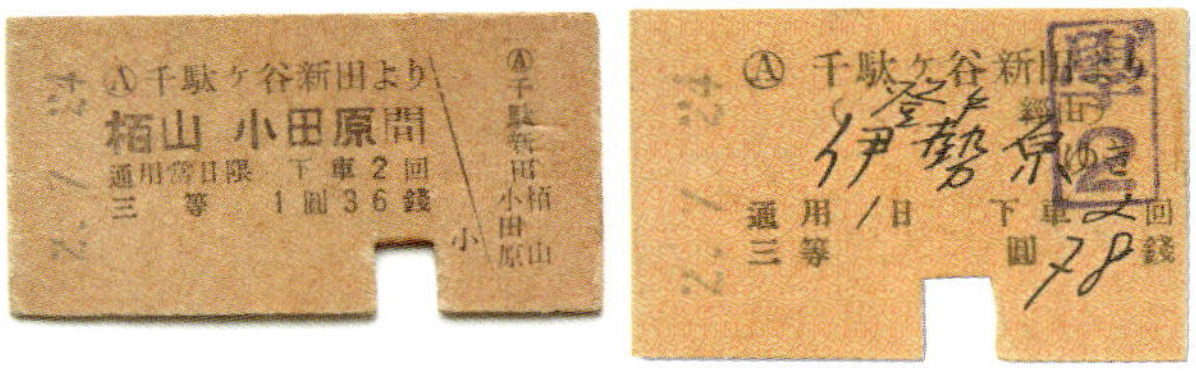

開通当時の切符。右は千駄ヶ谷新田～伊勢原間の学割　所蔵／小田急電鉄
左は千駄ヶ谷新田～栢山・小田原間の切符　所蔵／赤石定次

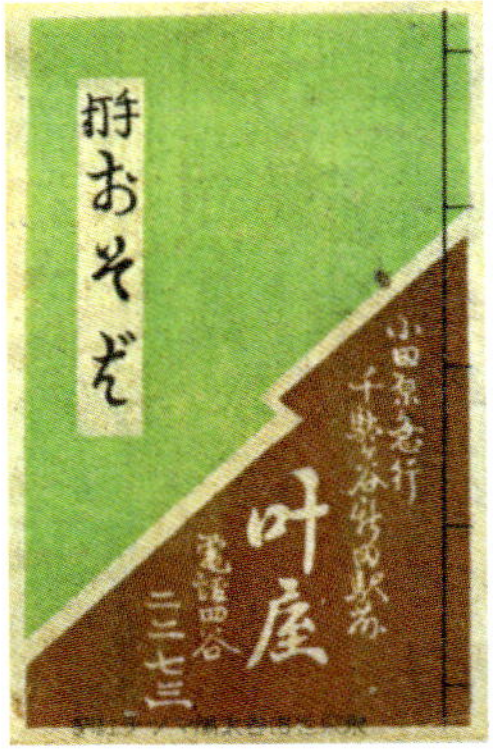

千駄ヶ谷新田駅近くにあった蕎麦屋のマッチ。駅名が見える（昭和 10 年頃）　所蔵／赤石定次

戦時中（昭和 15 年頃）の山谷駅。2 両分のホームだった　撮影／橋本哲次

昭和 30 年頃の南新宿駅。小田急電鉄の旧本社前を特急あしがらが通過
写真提供／小田急電鉄

昭和 30 年の南新宿駅　撮影／赤石定次

●明治神宮参拝の駅

参宮橋《さんぐうばし》

明治天皇も愛した代々木の地
その名は一本の樅の木から生まれた

明治神宮は例年、正月の初詣客日本一を誇る。普段はこぢんまりとした静かなこの駅も、年始には初詣客がひしめいて活況を呈する。臨時特急「ニューイヤーエクスプレス」が停車する姿も誇らしげである。

うつせみの代々木の里はしづかにて
都のほかのここちこそすれ

『五箇條の御誓文』を布告し、近代日本の礎を築いた明治天皇は、代々木の地をこよなく愛し、こう詠んだ。

現在の明治神宮境内付近は江戸時代、彦根藩主井伊家の下屋敷だった。深い木立ちの中に清冽な湧水が見られ、狐や狸も棲む野趣溢れる土地であったという。井伊家が献上し、南豊島御料地となった後には、明治天皇もたびたび訪れた。そして崩御後、昭憲皇太后とともにこの地に祀られることになる。大正九年に明治神宮創建。昭和二十年の空襲によって社殿のことごとくが焼失するが、昭和三十三年に再建され、今に至っている。

代々木の名の由来

広大な境内に、かつて天を突くような巨大な樅《もみ》の木がそびえていたという。井伊家の家臣たちがこの木に登り、遠く品川の海に浮かぶ黒船の動きを固《かた》唾《ず》を呑んで見張っていたという逸話が残る。

この樅の木のウロにたまった水には病気に効く霊力があると信じられた。賽銭を施す者が引きも切らず、周辺では最近まで穴のあいた貨幣が見つかったという。代々受け継がれてきたこの樅の木が「代々木」の名の由来であるとされている。しかし、本殿をも焼き払った米軍の空襲の前に、一本の木が残ろうはずもなかった。

今も残る陸軍所轄の跡

参宮橋駅は、もともと陸軍の練兵場の一部を削って造営された。何ごとも軍事優先、民間人の都合は後回しの時代のこと。駅付近の踏切を軍隊が行進するときは、電車の方が停車して通り過ぎるのを待ったという。

ビル群に囲まれた現在の駅から想像することは難しいが、今でも駅の脇にその時代のわずかな痕跡を見ることができる。草むらにひっそりとたつその石柱には「陸軍省所轄地」と刻まれている。

昭和38年大晦日の参宮橋駅　撮影／荻原二郎

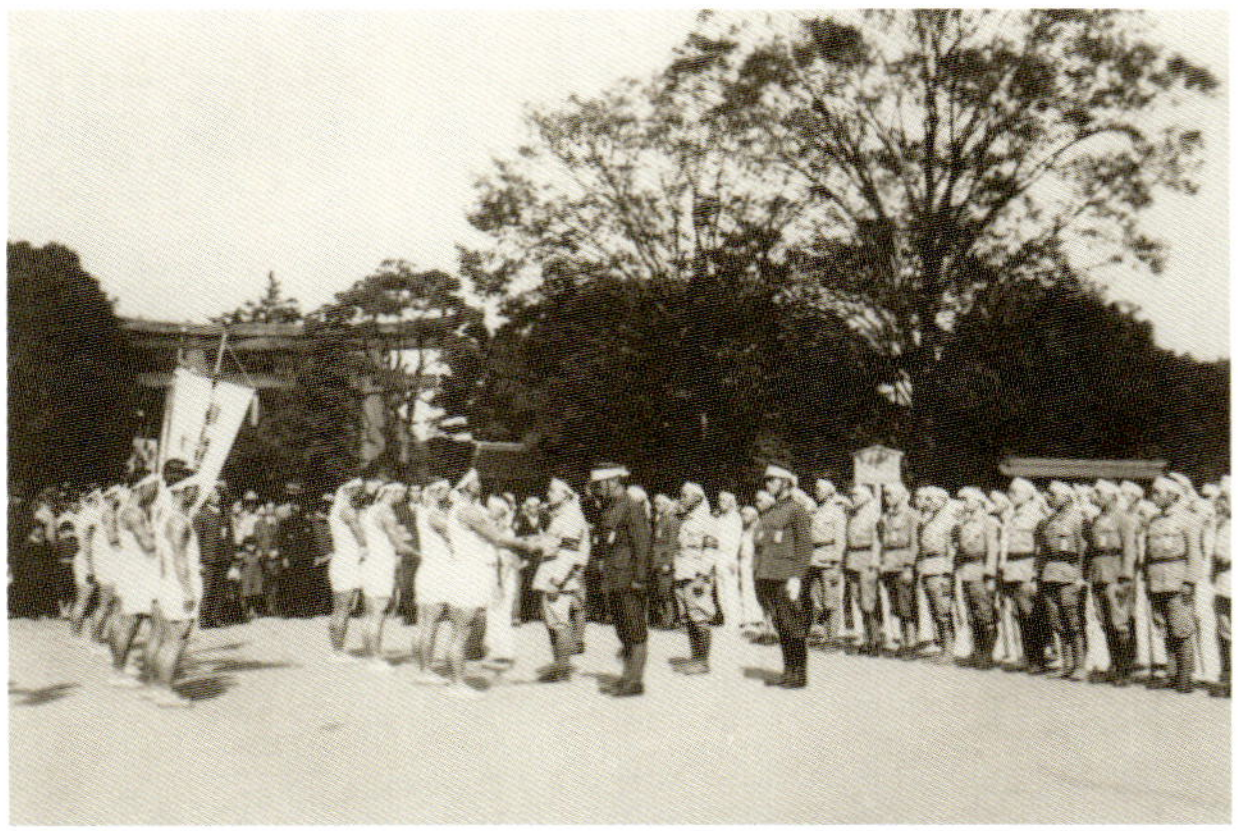

戦時下の明治神宮（昭和 15 年）　所蔵／白根記念渋谷区郷土博物館・文学館

昭和 45 年の明治神宮。建設中の京王プラザホテルが見える　所蔵／白根記念渋谷区郷土博物館・文学館

陸軍省所轄場所を表す石柱。参宮橋駅脇の草むらにたっている
撮影／赤石定次

建設中の線路（大正末期）。正面に見えるのが参宮橋で駅はその向こう側
撮影／高田隆雄　所蔵／生方良雄

昭和 33 年正月の参宮橋駅。スカーフ姿が流行った時代　写真提供／小田急電鉄

●日本で初めて飛行機が飛んだ地

代々木八幡《よよぎはちまん》

風光明媚な農村地帯が練兵場、占領軍住宅、そして選手村へと変貌

いかにお国のためとはいえ、先祖代々住み慣れた土地を立ち退かざるをえないつらさはいかばかりだったかと考える。桜の開花期には花見客でごった返す代々木公園。その周辺には様々なドラマがあった。

決別の地

代々木八幡駅の名は、駅北側の小高い丘にたつ代々木八幡宮に由来する。創建は建暦二（一二一二）年。鎌倉の鶴岡八幡宮を勧請したと伝わる。境内の一角に「決別の碑」と呼ばれる石灯籠がたっている。

現在の代々木公園の辺りは、かつて「代々木原」と呼ばれた。見渡す限り茶畑や桑畑がひろがる長閑な農村地帯。谷間を流れる小さな河骨川の清流は唱歌『春の小川』を生んだ。

明治四十年代に入り、一帯に練兵場移転計画が浮上した。陸軍に立ち退きを迫られた住民は、ふるさと代々木原を一望する八幡宮境内に灯籠を奉納し、この地を去る。竿石には一七名の名が刻まれた。四十二年、およそ二七万坪という広大な代々木練兵場が完成。今からちょうど一〇〇年ほど前のことである。

日本航空史の始まり

翌年の冬、この練兵場で飛行機が初めて日本の空を舞った。陸軍の徳川・日野両大尉は、それぞれアンリ・ファルマン式複葉機、ハンス・グラーデ式の単葉機の試験飛行に成功。徳川機の高度七〇メートル、飛行時間四分間が正式記録となった。ここに日本の航空史の幕が開く。延べ三〇～五〇万人という群衆がこれを見守ったという。アメリカでライト兄弟が有人動力飛行に成功した七年後のことだ。

ワシントンハイツ

戦後、練兵場跡地に占領軍住宅のワシントンハイツができる。現在の代々木公園、NHK放送センターなどを含む広大な敷地に、八〇〇戸に及ぶ住宅が建ち、まるでひとつの街のようだったという。独身米兵と恋仲になる日本人女性も出現。英文の手紙代筆業が生まれ、渋谷に「恋文横丁」が繁盛した。

昭和三十九年の東京オリンピックでは選手村となり、九四か国の選手が寝起きを共にした。かつての「決別の地」は軍事施設から一転して「平和の祭典」の舞台となったのである。

昭和27年の代々木八幡駅。松林の後方にワシントンハイツが見える　撮影／生方良雄

昭和13年の山手通り。左の小高い森が代々木八幡神社。未舗装で自動車が通る度に砂埃が舞う　所蔵／白根記念渋谷区郷土博物館・文学館

大正初期の河骨川付近。当時はこの辺りに水田があり、田植えが行われていた　所蔵／白根記念渋谷区郷土博物館・文学館

代々木八幡境内の古代住居（復元）。昭和25年に境内から縄文時代の遺跡が発見された。古代の復元住居としては日本初という　所蔵／白根記念渋谷区郷土博物館・文学館

昭和25年の代々木八幡駅。代々木八幡宮を迂回するため、カーブ状の駅舎になっている　写真提供／小田急電鉄

昭和38年大晦日の代々木八幡駅　撮影／荻原二郎

地下鉄千代田線開通（霞ヶ関～代々木公園間）を祝う駅前風景（昭和47年）　写真提供／小田急電鉄

代々木公園の変遷

練兵場から平和の祭典の舞台へ

日野大尉機による日本人初飛行の瞬間（明治 43 年 12 月）。
『陸軍航空写真帖』より
提供／白根記念渋谷区郷土博物館・文学館

明治 43 年日本最初の公式記録を出した徳川大尉（右）と日本人による初飛行に成功した日野大尉（左）『陸軍航空写真帖』より
提供／白根記念渋谷区郷土博物館・文学館

陸軍の練兵場は同時に市民の憩いの場でもあった（大正時代）。笑顔の記念撮影のバックに隊列が見える　所蔵／白根記念渋谷区郷土博物館・文学館

昭和 20 年代のワシントンハイツ（上と右）
所蔵／白根記念渋谷区郷土博物館・文学館

開設された NHK 放送センター（昭和 39 年）　所蔵／白根記念渋谷区郷土博物館・文学館

東京オリンピック選手村で唐傘をさしてくつろぐ外国人選手たち（昭和 39 年）
所蔵／白根記念渋谷区郷土博物館・文学館

変遷した代々木原は代々木公園となり、市民の憩いの場として定着した（昭和 46 年）　所蔵／白根記念渋谷区郷土博物館・文学館

代々木公園付近の空撮（昭和 48 年）。右下から中央に延びる道路は代々木上原の井の頭通りから原宿の五輪橋に至る道。その右側が競技施設、左側が代々木公園。緑陰は明治神宮　所蔵／白根記念渋谷区郷土博物館・文学館

代々木上原《よよぎうえはら》

音楽村構想の街に　将来の大物演歌歌手の多くが通った

代々木上原駅は、昭和二年「代々幡上原駅」という名前で登場した。当時の代々幡《よよはた》村が名の由来である。七年に代々木上原町が発足、十六年に現在の駅名になった。

地下鉄乗り入れ

小田急には発足当時から、山手線内と郊外を結ぶという夢があった。新宿駅起点で開通はしたが、地下鉄千代田線への乗り入れという形で、五十三年になってこの夢が実現する。

当初は新宿から都心に延伸する案や参宮橋からの乗り入れ案もあったが、代々木上原を分岐とすることとなった。地下鉄線への勾配を和らげるために、駅を二〇〇メートルほど小田原よりに移動させる大工事が行われた。乗り入れによって乗降客数は急増。新宿駅、町田駅に次ぐ、全七〇駅中、三番目となった。

古賀政男と上原

駅南口の商店街に「音楽村通り」と呼ばれる一本の道がある。通りは急な坂道になり、これを上りつめると、大通りの向こうに古賀政男音楽博物館が見える。昭和の歌謡史を代表する作曲家、古賀政男の邸宅跡である。

古賀正夫（本名）は明治三十七年に現在の福岡県大川市に生を受ける。古賀少年の心をとらえたのは、旅芸人一座の奏でる月琴の物悲しい調べだった。故郷を出た後、兄弟のいる朝鮮へと旅立ち、そこでマンドリンと運命的に出会う。

名曲『影を慕いて』を作曲したのは、明大マンドリン倶楽部時代の昭和三年初秋のこと。その年の夏、蔵王で自殺未遂を起こした。曲想はそこで浮かんだといわれる。

翌四年、大学卒業を機に代々木上原に移り、プロの作曲家としてスタート。以来『影を慕いて』『酒は涙か溜息か』『丘を越えて』など昭和歌謡史に燦然と輝く作品を、この上原の地から発信し続けた。森進一や細川たかし、小林幸子ら多くの歌手、また香川京子ら女優たちもレッスンに通った。

老朽化が顕著となった古賀邸は、調度品を活かして新しい博物館に建て替えられた。若い歌手らが様々な夢を抱きながら上った石畳も再現された。上原の地に若手音楽家の集まる場をつくるという古賀の「音楽村」構想は、通りの名前になって今も残る。

昭和33年の代々木上原駅　撮影／赤石定次

昭和８年の代々幡上原駅付近の情景。鉄道見物に来ている家族連れが見える　撮影／荻原二郎

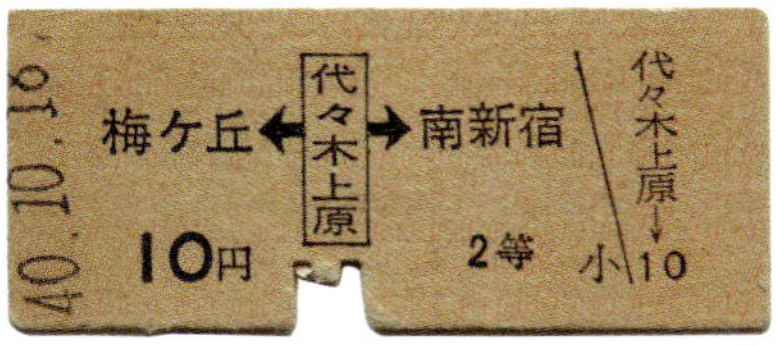

上・昭和40年の代々木上原駅から10円区間の切符
右・昭和３年の新宿～代々幡上原間の回数乗車券
所蔵／赤石定次

代々幡上原駅近くの高台から西原方面を望む（昭和11年）。坂の下に小田急線の線路が見える　所蔵／白根記念渋谷区郷土博物館・文学館

現在の上原中学校の近くに「底抜け田んぼ」と呼ばれる水たまりがあり、魚とりをする子どもたちが見られた（昭和６年頃）　所蔵／白根記念渋谷区郷土博物館・文学館

代々木上原駅前から西原方面を望む（昭和31年）。高い建物がなく、長閑な駅前風景　撮影／赤石定次　所蔵／白根記念渋谷区郷土博物館・文学館

小田急線と水道道路（井の頭通り）の交差部から（昭和13年）。中央の水道道路の右上が古賀政男邸。左のマンサード屋根の建物は、その形からか「小田急アパート」と呼ばれたが小田急との関係はない　所蔵／白根記念渋谷区郷土博物館・文学館

現　在

長い坂道になっていること以外は激変している。右上に古賀政男音楽博物館がある

２代目駅舎開業時の改札（昭和33年）
撮影／赤石定次

●尖塔のある街

東北沢《ひがしきたざわ》

国策のモスクが 在京トルコ人たちの聖地へ

下り電車が代々木上原駅を出発すると、程なく右側の車窓に、ミナレット（尖塔）を持ったエキゾチックな建物がビルの隙間からのぞく。東京では唯一の本格的なオスマン様式のモスク、東京ジャーミイである。

当初は国策？

もともとは「東京回教寺院」の名で、昭和十三年に建てられた。当時日本との行き来がさかんだった北方のイスラム系の人々のために代々木に造られたものである。日中戦争（日華事変）の長期化を憂慮した日本政府が、イスラム圏を味方につけるために援助したともいわれている。

成り立ちの理由が仮に国策であったとしても、宗教施設は市井の人々の生活に根付く。ことに東京では唯一の本格的なモスクであったため、トルコ系のムスリムの人々が足繁く通うようになった。地元でも「代々木モスク」と呼び、東京では珍しい異国情緒溢れる建物として親しまれた。

昭和六十年に老朽化により取り壊されるが、東京トルコ人協会の要請によってトルコ政府が再建に乗り出す。本土から寄付を募り、建築資材を取り寄せ、多くの職人をトルコから招いて平成十二年に完成。「東京ジャーミイ」と名付けられた。「ジャーミイ」と呼ぶことができるのは、モスクの中でも大きな礼拝の規模を持つものに限られるという。新しいジャーミイは、トルコブルーと白を基調とした美しい姿に生まれ変わった。

また、礼拝堂としてのみならず、トルコやイスラム文化への理解を深めるためのセンターとしても機能している。服装に気をつければ、一般の見学も随時可能である。女性のために礼拝用のスカーフも備えられている。

消えゆく線路の風景

この駅の構内にはかつて砂利降ろし専用線があった。多摩川などから運ばれた砂利が、昭和三十年代後半までこの駅で積み降ろされていた。駅付近に住んでいた方には積み降ろしの際の大音響をご記憶の方も多いことだろう。

代々木上原～東北沢間は、地下鉄千代田線の折り返しのためにもともと地上で複々線になっていた。連続立体交差化により、砂利降ろし線、そして地上の複々線さえも、すでに過去の風景になりつつある。

昭和37年の東北沢駅。たばこを売る駅売店の横に丸ポストがたつ　撮影／荻原二郎

昭和 11 年の東北沢駅。車両は 153 の 1 両編成　撮影／荻原二郎

東北沢の信号所（昭和 35 年）　写真提供／小田急電鉄

昭和 38 年の東北沢駅。大晦日で門松が飾られている。売店と丸ポストが場所を変えて健在
撮影／荻原二郎

現 在　美しいミナレットが青空に映える東京ジャーミイ

東北沢〜代々木上原間をゆく 2300 形（昭和 46 年）。右奥に東京回教寺院がのぞく　撮影／荻原二郎

下北沢

しもきたざわ

迷宮の路地と交差する鉄路
大人も子どもも魅せられた街

下北沢駅は昭和二年の小田急線開通と同時に開業した。

「北沢」の地名が示すように、この辺りはもともと沢筋が入り組む地形である。そこに駅ができて街が形成されたため、当然のように街も複雑に入り組むことになる。加えて下北沢の原形は、進駐軍もアメ車でやってきた終戦後のバラック。間口の狭い店がひしめき、迷路のような街になった。

「幻燈の幕に映った、影絵の町のように思われた」。詩人の萩原朔《はぎわらさく》太郎《たろう》は短編『猫町』の中で、下北沢界隈の、日常的でありながらどこか迷宮のような非現実的な側面を描いている。

街を複雑にしているさらなる要因のひとつは、京王井の頭線と斜めに交差していることだ。駅周辺を歩くと踏切やガード、跨線橋が次々と現れる。普通の駅周辺なら、線路の方向とお陽さまの位置で大概の場所の見当がつくものだ。しかし、下北沢ではそうはいかない。方向感覚を狂わせる街である。

上の電車、下の電車

井の頭線は昭和八年に渋谷～井ノ頭公園間で開業、翌年吉祥寺まで延伸した。当初、小田原急行鉄道が傘下に入れて帝都電鉄線として開業させたもので、小田急小田原線とはいわば兄弟分である。京王電鉄の路線になった今でも、下北沢駅では小田急線との間に改札はない。

鉄路の風景は見あきないものだ。名車揃いの二つの路線が交わる場所ならなおさらである。昭和十年代、下北沢の子どもたちは帝都線を「上の電車」、小田急線を「下の電車」と名付けて遊んだという。当時子どもたちに人気があったのは、大きな窓で颯爽と鉄橋を渡る帝都線の方。しかし、三十年代初めの流線形のロマンスカーの登場は、さぞや下北沢の子どもたちの目を釘付けにしたことであろう。

新しい下北沢

下北沢は今、新しい時代に入ろうとしている。終戦直後のバラックの唯一の名残、「驛前食品市場」を含む駅前一帯が再開発地域に入り、小田急の地下駅化が進んでいる。

路地の入り組む迷宮、上と下の線路。大人も子どももわくわくさせた下北沢らしい風景が姿を消しつつある。新しい駅前に立って感じるのは、現実感と非現実感のどちらだろうか。

上・昭和 38 年暮れの下北沢駅北口。新年を迎える準備ができている
左上・NSE あしのこが通過する昭和 38 年の下北沢駅ホーム
左下・昭和 39 年の小田急線延伸工事　撮影／荻原二郎

京王井の頭線下北沢駅ホーム延伸前（昭和 31 年頃）
所蔵／世田谷区立郷土資料館

昭和 38 年の下北沢駅南口。日用品の安売りが路上で行われている。靴磨きの女性の姿も　撮影／荻原二郎

昭和 34 年頃の商店街　所蔵／世田谷区立郷土資料館

現 在　京王井の頭線との立体交差。「上の電車、下の電車」と呼ばれた時代の名残。しかし、この写真自体懐かしい風景に変わる日も近い

現 在　戦後のバラックの名残、「驛前食品市場」。シモキタらしい風景が、またひとつ消えつつある

●構内から富士が見える駅

世田谷代田《せたがやだいた》

幾多の歴史に翻弄された 環状七号線沿いの小さな駅

小田急線は世田谷区と縁が深い路線である。東北沢から喜多見までの一〇の駅が区内にある。

「代田」の名の由来は大昔に遡る。日本全国に残るのがダイダラボッチの巨人伝説。富士山をかかえてやってきたダイダラボッチがつけた足跡のひとつが東京の代田になったとか。二十一世紀の大都会にこんな地名があると思うと嬉しくなる。駅にほど近い代田八幡神社では、天保年間から始まったという餅つきが地元住民によって継承されている。脈々と受け継がれてきた餅つき唄が、今も朗々と披露されるという。

富士を望む駅

世田谷代田駅は昭和二年の開通時には、当時の小字をとって「世田ヶ谷中原駅」として登場。二十一年に現在の駅名になった。一日の乗降客数が一万人に満たないこの駅に自慢の種がある。西側に比較的視界が開けているため、晴れて空気が澄んだ日には、駅から富士山が見えることがある。跨線橋にある「富士見窓」は利用客に好評で、複々線工事後にも残されるという。

駅の北側に、細長く湾曲した不自然な土地が長らく残っていた。かつてここに臨時の線路が敷かれたことがある。忘れてはならない沿線の歴史の証人である。

井の頭線を救ったものの

昭和二十年五月、折から続いていた大空襲の標的が東京西部に移る。二十四・二十五日の両日はB29爆撃機延べ一〇〇〇機が西部の空を舞い、およそ二〇万世帯が罹災した。

小田急線はかろうじて致命傷を免れたが、兄弟分の井の頭線は稼働可能な車両がわずか数両と、ほぼ壊滅状態にあった。

井の頭線は独立路線で、応援車両を入れるすべがない。そこで急きょ臨時連絡線を引き、小田急線から車両を入れる策が浮上。交差する下北沢に近い世田ヶ谷中原駅と井の頭線の代田二丁目駅（現在の新代田駅）が連絡線で結ばれた。こうして小田急の車両が続々と井の頭線内に入る。東横線、京急線用の新型車両も応援に駆けつけた。

連絡線はわずかひと月の突貫工事で完成した。しかし皮肉なことに、その直後、井の頭線を救った世田ヶ谷中原駅自身が焼け落ちた。戦争で駅舎すべてが失われた小田急で唯一の駅である。

昭和37年の世田谷代田駅。駅舎のデザインがどこかユニーク　撮影／荻原二郎

世田ヶ谷中原駅焼失直後の踏切（昭和 20 年）。白い石垣は代田八幡神社
写真提供／小田急電鉄

東京大空襲で焼け落ちた世田ヶ谷中原駅（昭和 20 年）　写真提供／小田急電鉄

昭和 30 年の世田谷代田駅。子どもが走っているあたりに、後に環状 7 号線ができる　撮影／赤石定次

環状 7 号線建設工事が進む（昭和 39 年）　撮影／荻原二郎

環状 7 号線建設工事が始まろうとする世田谷代田駅付近（昭和 38 年）
撮影／荻原二郎

幻の路線との接続駅

梅ヶ丘《うめがおか》

うごめく甲虫に魅せられ 青山から足繁く少年が通った

梅ヶ丘駅が設けられたのは開通から七年後、昭和九年のことである。

駅のホームには、上下線がホームをはさむ「島式」と、ホームが上下線をはさむ「相対式」がある。この駅は小田急線ではほとんど見かけない島式でスタートした。これは、小田急が創業期に傘下においた東京山手急行の夢の路線「山手線」と小田原線が交差する予定駅と目されたためだ。山手線は幻と消えたが、夢の残照として島式のホームが三十年代まで残った。

ネズ山に足繁く通う少年

昭和初頭、小田急線が開通して間もない頃のことである。現在の梅ヶ丘駅近くに櫟や楢が鬱蒼と茂る小高い丘があった。根津家の山ということで地元の子どもたちは「ネズ山」と呼んでいた。真夏の夜になると、木々の樹液に様々な甲虫が集まる。そして辺りが漆黒の闇に包まれる中、懐中電灯を片手に、ご馳走をむさぼる虫たちを息を殺して見入る少年がいた。少年の名は斎藤宗吉。後の北杜夫である(『母の影』)。

宗吉少年の祖父、紀一によってこの地に青山脳病院本院が再建された(青山にあった脳病院は焼失)のが大正十五年のこと。その後、歌人でもある父、斎藤茂吉が院長を務めたことにより、宗吉少年は青山の家から何度もこの地に足を運ぶ。週末になると従兄弟たちと「ネズ山探検」に興じた。

青山の脳病院は、あたかも欧州の宮殿のような威容を誇っていた。中央の時計塔と両翼に尖塔を従え、「ローマ式建築」と呼ばれた。大正十三年、斎藤茂吉は欧州留学からの帰途の船中で、脳病院全焼の報に接したという。

再建された青山脳病院本院は現在東京都に受け継がれ、梅ヶ丘病院となっている。根津山の一角は、早春に多種の梅花が薫る羽根木公園となった。

小田急がプロ野球進出？

かつて小田急はプロ野球に名乗りをあげたことがある。昭和二十四年のセ・パ二リーグ制移行の際、大洋(現・横浜ベイスターズ)や広島などとともにセ・リーグ入りが報じられた。結局は国鉄(現・東京ヤクルトスワローズ)に譲った形となるが、その際、本拠地として候補に挙がったのがこの根津山一帯。もし実現していたら、今頃小田急線の車内は、メガホンを持つ親子連れで溢れていたかもしれない。

昭和37年の梅ヶ丘駅　撮影／荻原二郎

明治 40 年に青山に建てられた青山脳病院。ヨーロッパの宮殿風のこの建物は、北杜夫『楡家の人びと』に登場する楡病院のモデルといわれている。大正 13 年に失火で焼失した　所蔵／北杜夫　協力／世田谷文学館

大正 15 年に現在の梅ヶ丘駅近くに再建された青山脳病院本院（現・都立梅ヶ丘病院）
所蔵／北杜夫　協力／世田谷文学館

現 在 現在の都立梅ヶ丘病院。入口に斎藤茂吉の歌碑がたつ

昭和30年の梅ヶ丘～豪徳寺間の風景。チョコレート色の1450形がゆく。
奥に見える木立ちは現在の羽根木公園　撮影／荻原二郎

建設中の梅ヶ丘駅（昭和 8 年）　撮影／荻原二郎

昭和 37 年相対式ホームへと工事中の梅ヶ丘駅。通過するのはロマンスカー SE 車
撮影／荻原二郎

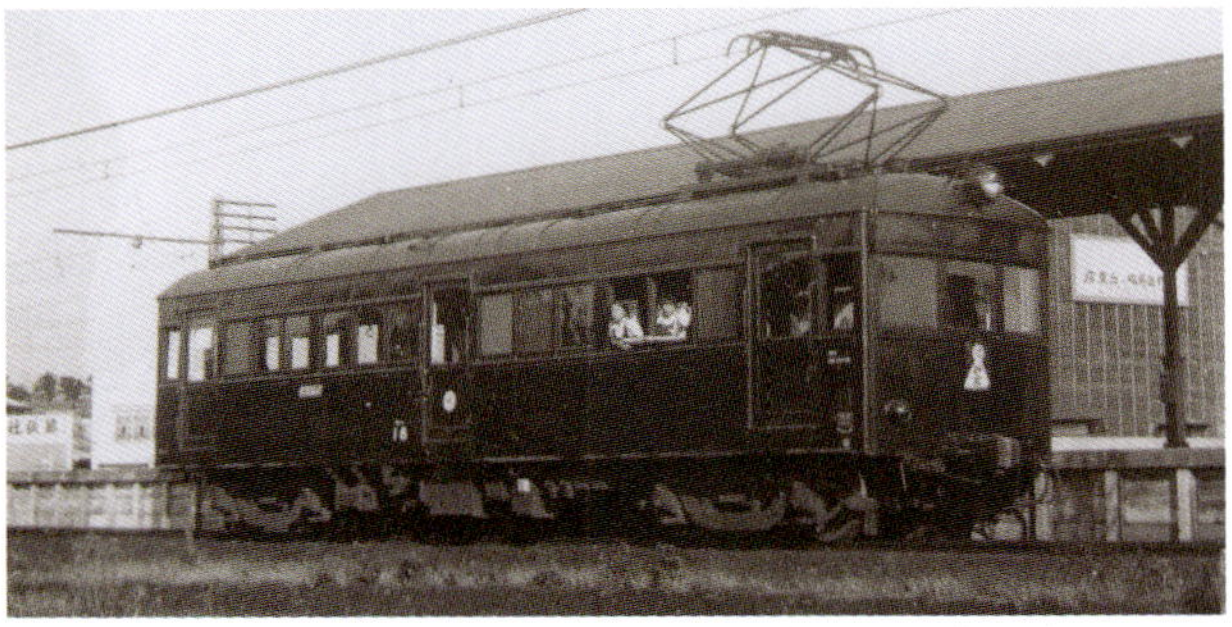

昭和 11 年の梅ヶ丘駅ホーム。モハ 18 新宿行きが停車中　撮影／荻原二郎

相対式ホームに衣替えした梅ヶ丘駅（昭和 38 年）。跨線橋が見える
撮影／荻原二郎

梅ヶ丘駅踏切（昭和 30 年頃）。踏切の表示が欧文で書かれている
撮影／赤石定次

豪徳寺《ごうとくじ》

招き猫伝説の古寺と玉電沿線の古き良き世田谷

右手は金運を、左手は客を招く。白は福を招き、黒は災難を払う……。招き猫については諸説あるが、古来中国の「猫が顔をこすると客が来る」との言い伝えが由来であるとされる。商店などの店先でよく見かけるが、この駅の周辺ではその数は半端ではない。

招き猫の街

大谿山《だいけいざん》豪徳寺。彦根藩井伊家代々の菩提寺で、もちろん駅名もこの古刹に由来する。

徳川家康に仕えた井伊直政《いいなおまさ》は、西国ににらみを利かせる彦根藩の初代藩主となった。以降、井伊家が代々彦根藩主を務め、桜田門外で落命した幕末の大老、直弼《なおすけ》に至る。家康から家光まで徳川三代に仕えた彦根藩二代目藩主直孝《なおたか》や直弼らが眠るこの寺には「招き猫」の言い伝えがある。

ある夏のこと、直孝がこの地を通りかかると、とある古寺の門前でしきりに手招きをする猫がいる。曲者《くせもの》！と気色ばむ家臣を抑え、直孝が門を入った直後、門前の杉に雷が落ちた。この不思議な縁がもとで、寺は井伊家の菩提寺となり、寺の名も直孝の法号から「豪徳寺」と改められたという。

玉電とボロ市

小田急線は豪徳寺駅で東急世田谷線と交わる。北口商店街のはずれにこぢんまりとあるのが山下駅。駅の規模は違うが、実はこちらが先輩にあたる。

東急世田谷線は、東京では都電荒川線とともに今に残る、路面式の軌道線である。開業は大正十四年。玉川電気鉄道、通称「玉電」の支線としてスタートした。昭和四十四年に渋谷〜二子玉川間の本線が廃止になった後も、玉電の愛称を引き継いで生き残った。

沿線には名所旧跡がひしめく。豪徳寺から南には、世田谷城址、代官屋敷、松陰神社などがある。毎年暮れと新年に開かれる世田谷ボロ市には、骨董ファンをはじめ多くの人々が集う。もともとは、戦国時代に小田原北条氏がこの地ではじめた楽市が起源。農具のほころびを繕うボロ布が商われたのが名の起こりという。

ところでこの山下駅、豪徳寺駅に隣接しているのに、なぜ「豪徳寺」の文字がつかないのか。実は戦前に豪徳寺山門近くに「豪徳寺前駅」が存在していた。この駅は戦後になくなり、世田谷線には豪徳寺の名がつく駅がなくなったのである。

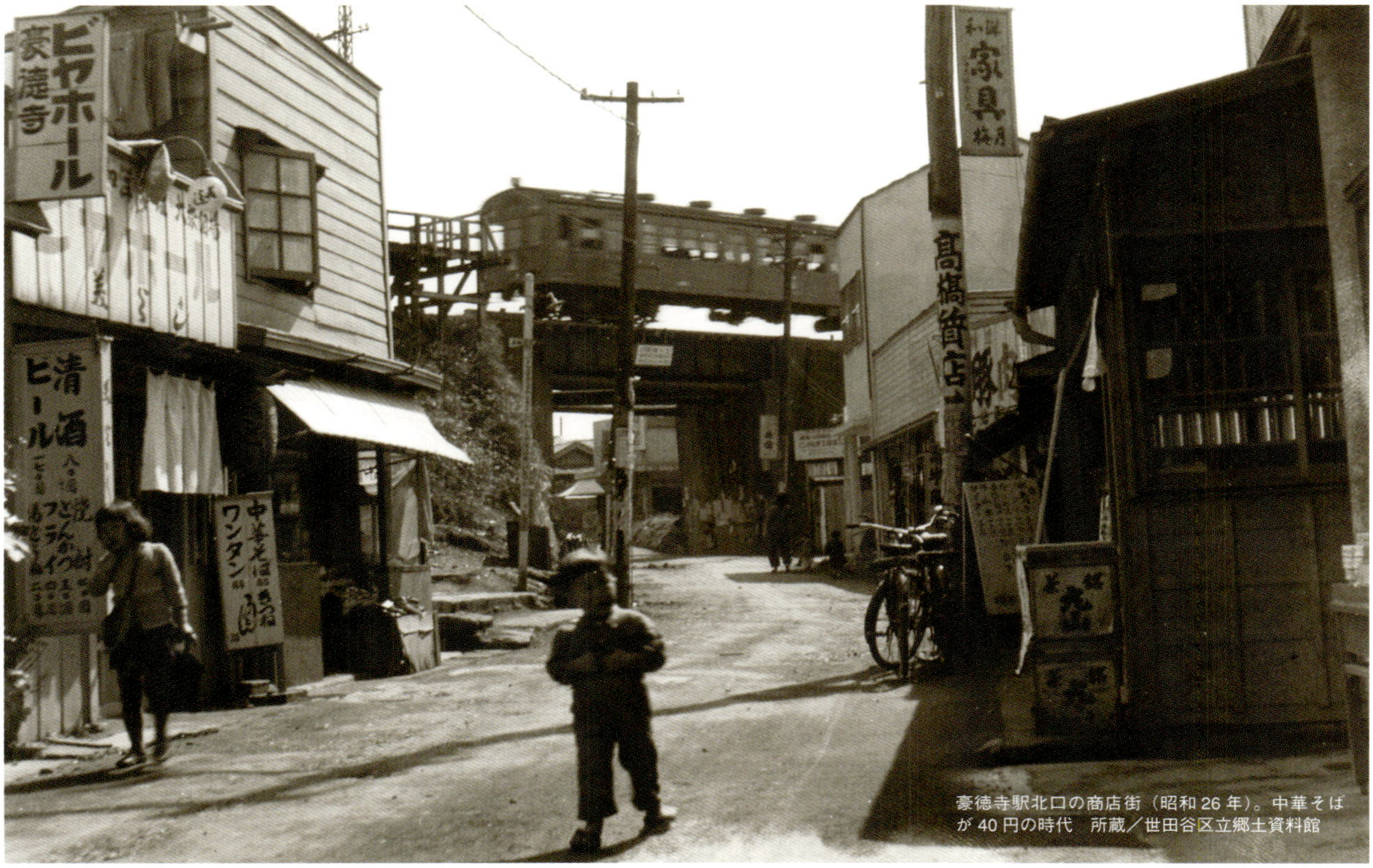

豪徳寺駅北口の商店街（昭和26年）。中華そばが40円の時代　所蔵／世田谷区立郷土資料館

昭和 29 年の豪徳寺駅。チョコレート色の稲田登戸発新宿行き（1820 形）が停車中　撮影／荻原二郎

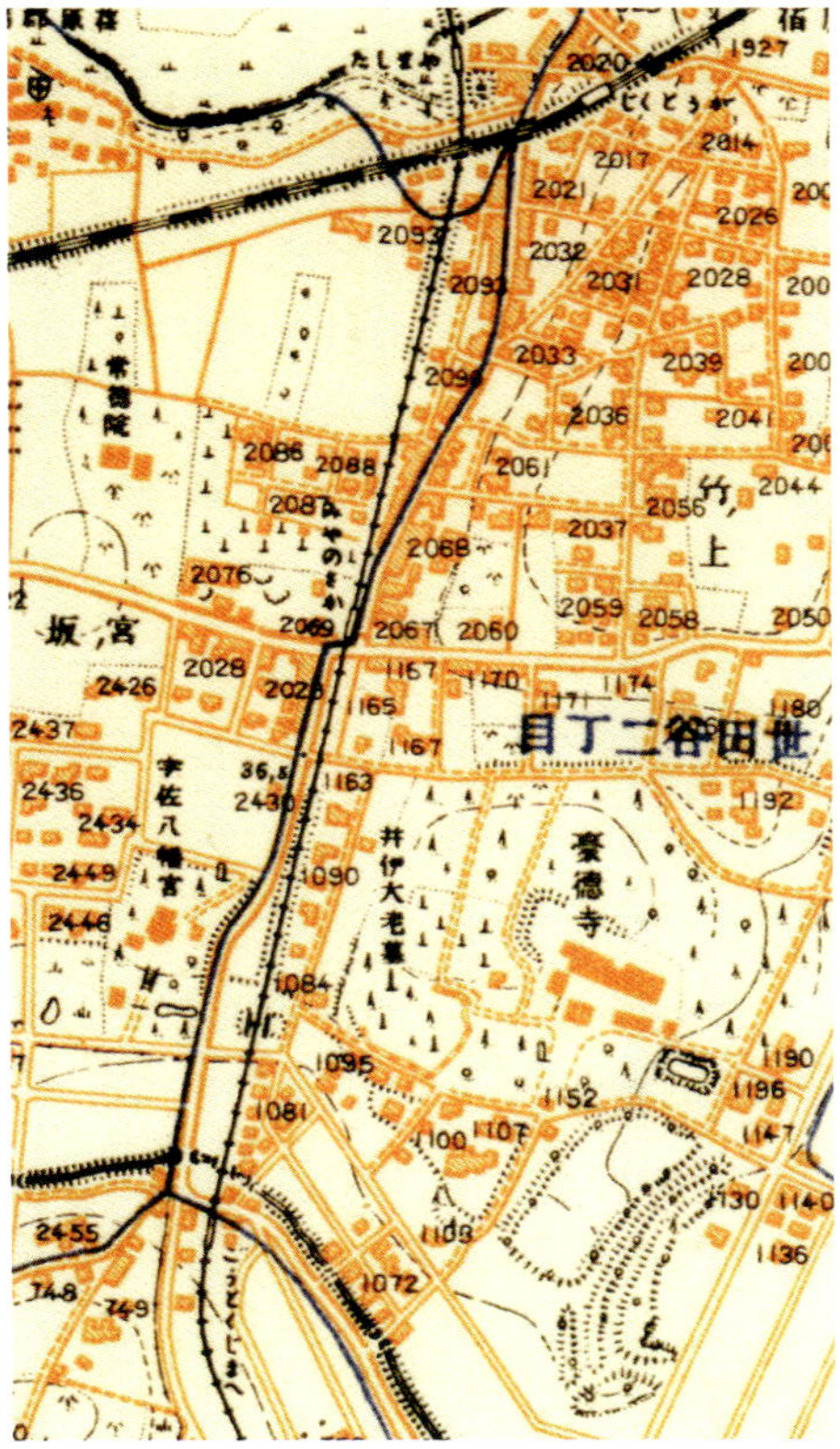

小田急線開通間もない昭和 4 年測量の 1 万分の 1 旧版地形図。玉電に「ごうとくじまへ」駅が記載されている。なぜか小田急線の方は「がうとくじ」になっている

現 在

上・昭和 30 年のボロ市の様子。子どもをおぶって歩く姿が目立つ　所蔵／世田谷区立郷土博物館
左・今の世田谷ボロ市（平成 21 年 1 月）。現在も古着など衣料品を扱う露店が多く見られる

豪徳寺駅から新宿寄りの坂の上にある交番（昭和 36 年）。親子連れが道を尋ねているところ　所蔵／世田谷区立郷土資料館

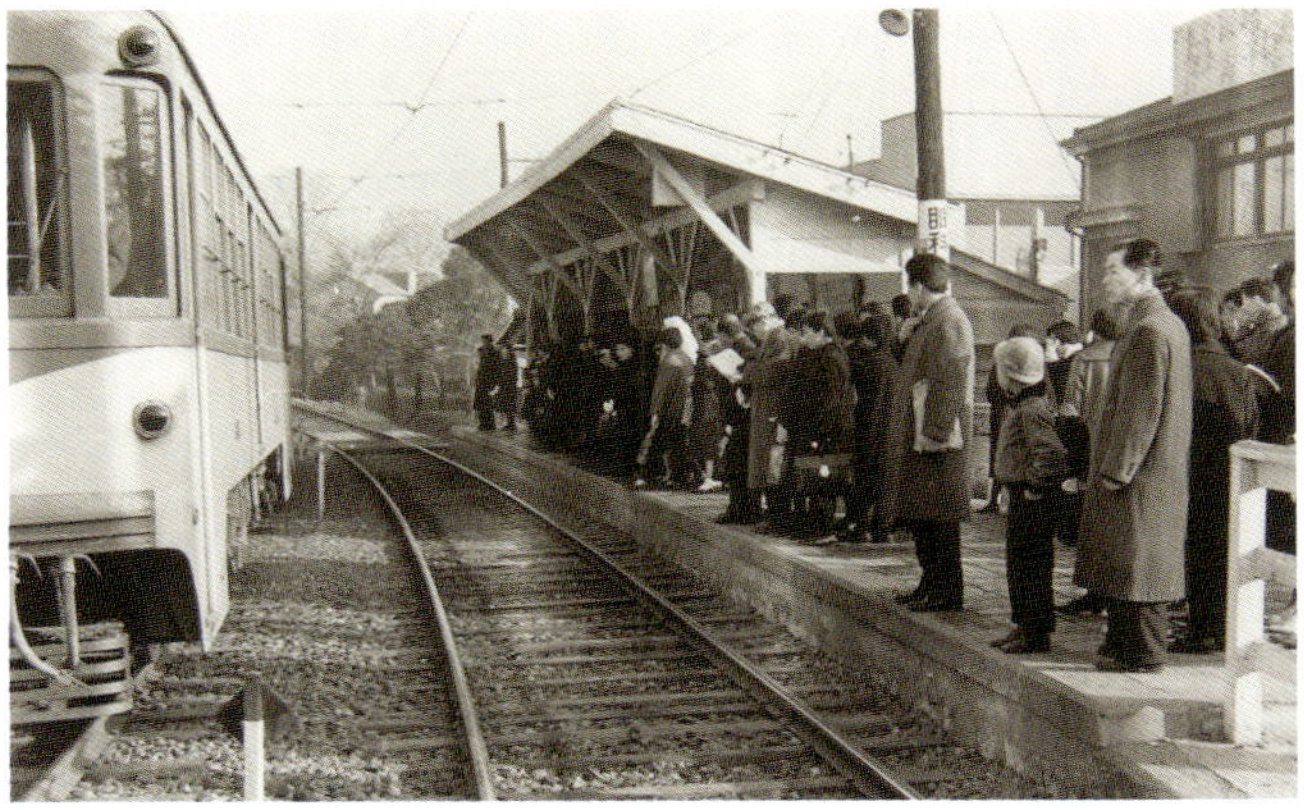

昭和 33 年の山下駅ホーム。駅舎としては珍しいことに現在も大きくは変わっていない　所蔵／世田谷区立郷土資料館

現 在

豪徳寺境内には今も多くの招き猫が奉納されている

豪徳寺駅前（昭和 38 年）　撮影／荻原二郎

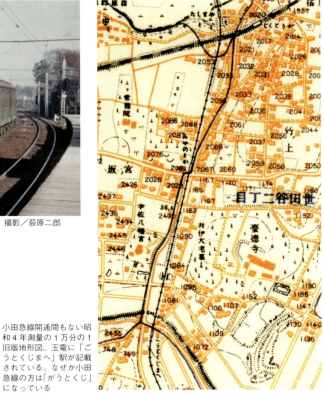

経堂《きょうどう》

『青山ほとり』も高らかに各地で大根踊りが大人気

経堂駅は昭和二年の開通と同時に開業した。同年秋に急行の運行が開始されたときに停車駅となる。九年には通過駅に格下げになったが、七〇年近い時を経て多摩急行の停車を機に、近年また一部を除いて急行停車駅に昇格している。

駅名は当時の荏原郡の字から名付けられた。「経堂」とはいかにも由緒ありそうな地名で、古刹豪徳寺と何か関係がありそうに思えるが、名の起こりには実は定説がない。吉良氏が世田谷を支配した時代、石室に仏典を納め、その上にお堂を建てたのが起源とも、京風のお堂がこの辺りにあったためともいわれるが、定かではない。

小田急創業以来、経堂には工場や変電所、乗務員区などがおかれ、電鉄関係者には馴染みの深い駅である。複々線化に伴って喜多見へ移転したが、長い間、小田急の縁の下の力持ちともいえる重要な任務を果たした。

経堂駅は近年様変わりしたが、周りの商店街は、北口のすずらん通り、南口の本町通りや農大通りなどが原形をとどめ、庶民的な街並みが今でも残っている。

一九七〇年代に映画やジャズ好きの若者たちに圧倒的な支持を得た作家の植草甚一《うえくさじんいち》もこの界隈を愛した。古書店でまとめ買いをし、喫茶店で読みふける姿がよく見られたという。植草が好んだ農大通り。その名はもちろん、東京農業大学に因む。

農大移転

東京農大は、明治二十四年に榎本武《えのもとたけ》揚《あき》がその礎を築いた。「常磐松」の異名をとった青山で戦禍を被り、世田谷に移転したのが昭和二十一年のこと。以来、国内唯一の農業専門大学として、多くの人材を世に輩出してきた。

農大といえばよく知られるのが収穫祭である。起源は明治三十八年の遠足時に催された運動競技。戦争で中断したが、世田谷移転の年に戦後第一回目として大勢の地元民を招いて復活。その盛況ぶりは終戦後の暗い世相を吹き飛ばしたのである。

名物となった「大根踊り」は昭和二十七年に始まる。見事に育った大根を両手に持ち、『青山ほとり』という曲にのって農大通りなどで踊る姿が人気をさらった。その後、世田谷区内各地や渋谷でも披露。今でもこの踊りは渋谷の駅頭をはじめ、小田急沿線の各地でも風物詩となっている。

昭和 34 年の経堂駅前風景。現在は様変わりしている
撮影／荻原二郎

昭和 20 年頃の経堂駅ホーム　写真提供／小田急電鉄

昭和 9 年の経堂車庫。出番を待つのは 154　撮影／荻原二郎

経堂～豪徳寺間の長閑な沿線をゆく 1900 形（昭和 24 年）
撮影／荻原二郎

昭和 24 年の経堂工場。戦禍からの復興の勇気を奮い立たせた復興整備車が待機する
撮影／荻原二郎

経堂駅に停車する 1100 形（昭和 29 年）
撮影／荻原二郎

経堂駅に停車する 1820 形（昭和 30 年頃）。後ろの建物は経堂変電所
撮影／原田洸

ツートンカラー 2 枚窓で登場した 2200 形とともに（昭和 30 年頃）　所蔵／赤石定次

経堂駅構内横断場を渡る乗客（昭和 30 年）　撮影／赤石定次

経堂駅全景（昭和 34 年）。ロマンスカー SE 車が通過中。間もなく地下道工事が始まる　撮影／生方良雄

上と同じ位置から見た経堂駅（昭和 41 年）　写真提供／小田急電鉄

昭和 35 年の経堂駅。旧型デザインのクラウンのタクシーが活躍中　撮影／荻原二郎

横断地下道ができた昭和 36 年の経堂駅。改修記念の提灯が見える　撮影／荻原二郎

昭和 36 年の経堂駅。振り子実験の車両が写る貴重な写真。この実験の成果がおよそ 50 年後の VSE の快適な乗り心地につながる　撮影／荻原二郎

今も脈々と受け継がれる農大収穫祭と大根踊り

昭和36年の経堂駅北口すずらん通り商店街。オート三輪が幅を利かせていた時代。中央の乾物店は現在青果店、右の米穀店はブティックになっている
所蔵／世田谷区立郷土資料館

経堂駅で記念撮影する農大生（昭和30年頃）
所蔵／東京農業大学図書館

世田谷移転当時の図書館。農機具が展示されるなど、農大ならでは　所蔵／東京農業大学図書館

昭和30年代初頭の農大収穫祭。戦後の物資不足の余波が続いた時代のこと、たちまち人だかりができた
所蔵／東京農業大学図書館

沿線で大根踊りが披露された（昭和30年頃）　所蔵／東京農業大学図書館

正門前からバスに乗る（昭和30年頃）　所蔵／東京農業大学図書館

千歳船橋《ちとせふなばし》

徳冨蘆花がこよなく愛した 果てしなく広がる田園風景

下り電車が経堂駅を出ると、線路は喜多見まで約五キロの直線になる。カーブが多い路線の中、「新宿〜小田原六〇分」をめざしてきた小田急線にとっては、ここがスピードの稼ぎどころである。そしてこの直線は、かつてこの辺りから多摩川に至るまで、起伏の少ない広大な田園地帯だったことを物語る。

世界一の田園風景

千歳船橋駅は昭和二年の開通と同時にデビューした。開通時の千歳村と小字の船橋に由来する名前である。船橋は、かつてこの辺りの水はけが悪く、湿地帯であったことを示すといわれる。豊かな田園がひろがっていたかつての千歳村。不朽の名著『自然と人生』を著した徳冨蘆花《とくとみろか》がこよなく愛した風景である。

明治三十九年、蘆花はロシアに赴いてトルストイに会い、田園での文豪の生活に感化される。豊かな田園のひろがる千歳村粕谷に蘆花が移り住んだのは翌年のこと。自ら「美的百姓」と呼んだ自然詩人の生活がこうして始まる。粕谷での晴耕雨読ぶりは、当時ベストセラーとなった『みみずのたはごと』に記されている。

「世界を一周して見て、日本程好い處はありません。日本では粕谷程好い處はありません」

往事を偲ぶ恒春園

徳冨蘆花は小田急線開通の年に、群馬の伊香保温泉でその生涯を閉じた。蘆花が半生を暮らした家は、昭和十一年に夫人によって東京市に託される。自らの生活の目から日本の田園を美しく描写したその功績をたたえ、東京市は都市公園として残すことを決定。こうして蘆花恒春園が十三年から公開された。

恒春園には夫妻が田園生活を送った住居が残され、傍らには二人の墓所がある。農作業の後、一服の涼をとったであろう縁側、夫婦で来し方行く末を語り合ったであろう庭先、蛍雪に読書にいそしんだであろう窓辺……。環状八号線の喧噪のすぐ脇に、夫妻が愛したかつての千歳村の空気が色濃く残っている。

昭和 38 年の千歳船橋駅前風景　撮影／荻原二郎

千歳船橋～祖師ヶ谷大蔵間にかつて馬場が見られた
撮影／赤石定次

田んぼのひろがる千歳船橋～祖師ヶ谷大蔵間は絶好の撮影スポットだった（昭和33年）
撮影／生方良雄

田園風景をゆく1300形。木立ちのあるところが水道道路
撮影／赤石定次

千歳船橋～祖師ヶ谷大蔵間を箱根をめざしてひた走るロマンスカーSE車
撮影／生方良雄

水道道路の長閑な風景（昭和32年）。水道管保護のため、大型車の進入を防ぐコンクリート柱がたっている
所蔵／世田谷区立郷土資料館

トルストイを訪れた徳冨蘆花（明治39年）。トルストイ夫人による写真。左がトルストイで、手綱をひくのは末娘
所蔵／日本近代文学館

現在

現在の恒春園。外の喧噪から一歩入ると、田園生活の面影が今も色濃い

粕谷の家の庭先にて（大正初期）。徳冨蘆花と夫人、愛娘の鶴子　所蔵／日本近代文学館

ウルトラマン一色の街

祖師ヶ谷大蔵《そしがやおおくら》

子どもも大人も毎週待ちわびた特撮映画と挿絵

祖師ヶ谷大蔵は「ウルトラな街」である。駅頭にウルトラマンの全身像。商店街には、キャラクター化されたウルトラマンの幟《のぼり》、また幟。列車接近を知らせる駅構内のアナウンスもウルトラシリーズの主題曲だ。上りホームはウルトラマンの「♪光の国から僕らのために、来たぞ我らのウルトラマン」※1、下りはウルトラセブンの「♪倒せ、火をはく大怪獣、ウルトラビームでストライク」※2のお馴染みのフレーズである。

怪獣たちの梁山泊

祖師ヶ谷大蔵駅は昭和二年の本線開通時に開設された。千歳村の小字、祖師谷と、砧村の小字、大蔵のちょうど狭間にあったのが駅名の由来である。

この地に、後に特撮映画で知られるようになる円谷特技プロが設立されたのは昭和三十八年のことだ。

円谷英二《つぶらやえいじ》は、明治三十四年に現在の福島県須賀川市に生まれた。代々木練兵場で日本の空を初めて飛行機が舞うの報は、無類のヒコーキ少年の心に火をつけた。本気で飛行機乗りを目指し、家族の猛反対を押し切って上京。羽田の日本飛行学校に入るが、一機しかない飛行機は墜落事故を起こし、慕っていた教官とともに露と消える。その後、飛行機好きが重宝がられてひょんなことから映画界入り。祖師谷の自宅で東宝時代に傾倒した特撮技術に磨きをかける。これが円谷プロの母体となり、後にテレビ界に進出する。

昭和四十一年正月、『ウルトラQ』の放映が始まると円谷プロの名は一気に全国に轟く。宇宙人や怪獣たちが次々と祖師谷で生み出された。初めて地球外生命体をヒーローにした『ウルトラマン』が同年夏にスタート。怪獣が週替わりで登場し、日本中の子どもたちがヒーローとの対決に一喜一憂した。こうしてこの地は「怪獣の梁山泊」となったのである。

もうひとつの昭和

この街には、『週刊新潮』の表紙を三十一年の創刊から飾った谷内六郎《たにうちろくろう》も暮らした。ウルトラマンが毎週子どもたちを狂喜乱舞させた一方、大人たちに毎週古きよき時代への郷愁をかきたてた。壁画が施された谷内邸は、祖師谷のひとつの点景でもあった。

円谷プロは八幡山に移転、小田急線の高架化で谷内邸も新しくなったが、この街には昭和がまだ息づいている。

※1「ウルトラマンの歌」（東 京一／作詞　宮内国郎／作曲）　※2「ウルトラセブンの歌」（東 京一／作詞　冬木 透／作曲）

祖師ヶ谷大蔵駅を通過する急行新宿行き
1900 形（昭和 31 年）　撮影／荻原二郎

昭和 28 年の水道踏切。現在はビルの谷間　撮影／赤石定次

昭和 3 年の祖師ヶ谷大蔵駅踏切　撮影／福富寿雄

祖師ヶ谷大蔵駅北口の祖師谷通り（昭和 36 年頃）。昔は普通のバスが通っていた　所蔵／世田谷区立郷土資料館

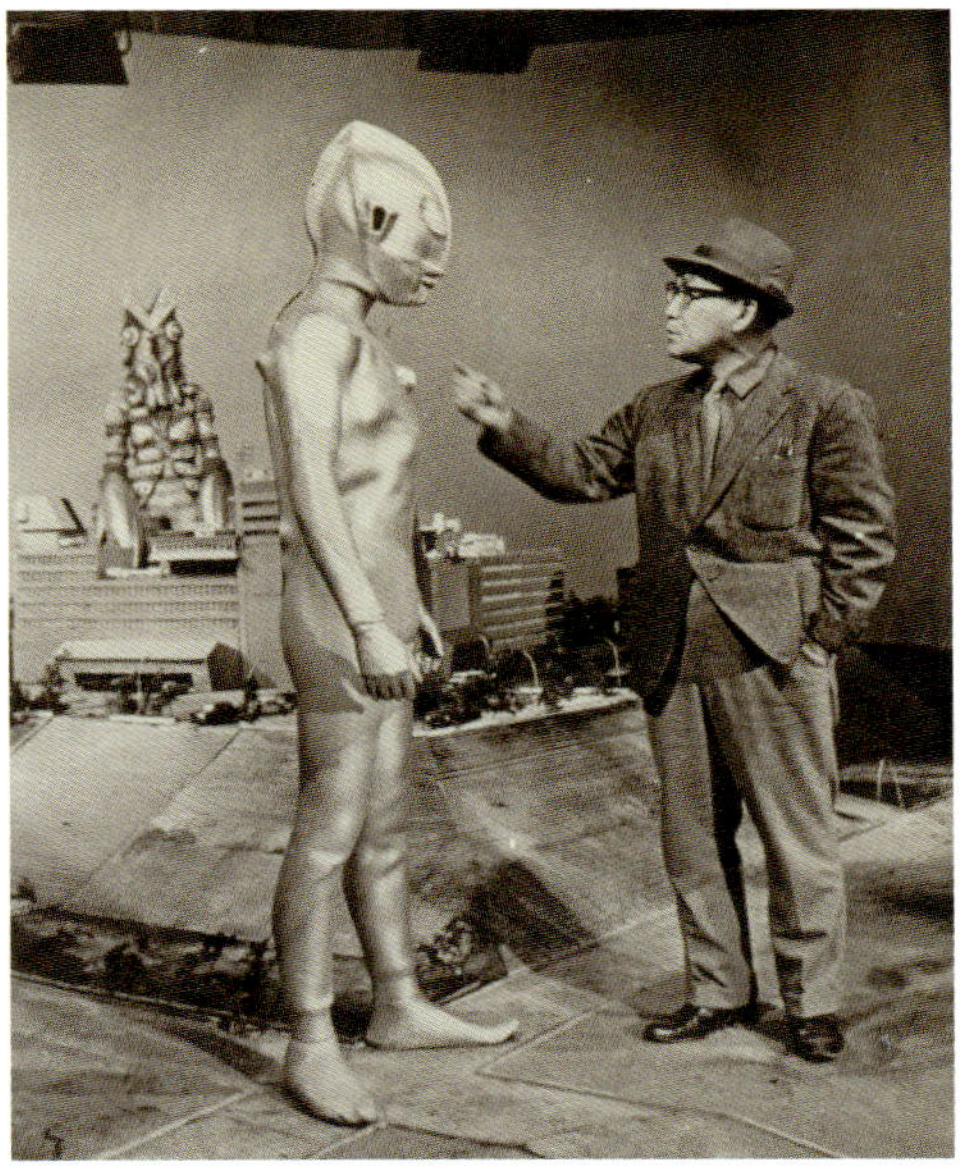

上・ヒーローや怪獣がいつも出迎えた円谷プロの旧本社。2009年に取り壊しが決定している　©円谷プロ
左・ウルトラマンに演技指導する円谷英二監督。成り行きをバルタン星人が見守る　©円谷プロ

昭和 38 年の祖師ヶ谷大蔵駅
撮影／荻原二郎

現 在

現在の祖師ヶ谷大蔵駅前。初代ウルトラマンが立つ
©円谷プロ

昭和 42 年頃の旧谷内邸。後ろに小田急の線路が見える。2 階で手作りの旗を振るのが六郎、庭で手を振るのは達子夫人。線路の高架化によって、現在は庭の位置に建て直されている　所蔵／谷内達子

下・現在の谷内邸の玄関を飾るモザイク壁画『上之台遺跡』（谷内六郎・画）。昭和 38 年の庭造り作業中に出土した、弥生後期の土師器をモチーフに描かれた　協力／六郎工房

成城学園前《せいじょうがくえんまえ》

なにもない原野に注目した教育家と映画監督

大正時代、現在の成城学園前駅周辺は人家ひとつなく、ただ清流を抱くように雑木林がひろがっていた。当然、当初は駅敷設の計画もなかった。

この原野に白羽の矢を立てたのは、牛込にあった成城小・中学校主事の小原國芳である。関東大震災を機に郊外に新しい総合学園を造ることを目指す中、生徒の父兄から偶然小田急線敷設の情報を得る。都心に近い私鉄の駅を中心とした総合学園……。しかし小原の発想はそこにとどまらなかった。「学園都市として宅地分譲し、そこから建設費を捻出できないか」。地主・学園・小田急の三者の話し合いが度々持たれた。駅名に学園の名を冠すること、急行電車を停車させることなど、いろいろな条件つきで決着し、昭和二年の開通時に成城学園前駅がデビュー。住民には学園関係者も多く、生け垣を推奨するなど小原が格調高い街づくりを行った。今に残る高級住宅街の地位がこうしてできあがる。

難航した『七人の侍』

駅南寄りの仙川河畔に十二棟のステージを構えるのが東宝スタジオ。昭和七年設立のＰＣＬ（写真化学研究所）がその前身である。十八年に東京宝塚劇場と合併し、東宝撮影所となる。「砧撮影所」の名でも親しまれてきた。

二十八年、黒澤明監督『七人の侍』がクランクイン。しかし撮影は困難を極め、長期化した。

すでに高度成長期に入りつつあった当時、黒澤監督のイメージに合う集落風景を探し出すのにまず難航した。結局、集落の中心部を砧撮影所前のオープンセット、周りの風景をそれぞれ伊豆長岡や御殿場など異なるロケ地に振り分けることとなる。先に撮影したロケ地の空模様に合う日を待って、砧の撮影が行われるといった具合である。

当時の撮影所前は極めて低地で、ＰＣＬ時代には雨が降ると一面の沼地に早変わりしていたという。宅地化された現在では想像がつきにくいが、集落の撮影場所として結果的には最高の場所となった。

翌年一月、映画史上有名な「雨中の合戦」シーン撮影。砧村のポンプ車が総動員され、塞き止めた仙川からホース四二本で一斉放水した。実はこの前夜に東京に大雪、砧の積雪は三〇センチ超。まずポンプ車で雪を消してから本番の放水にかかった。始まる前から泥沼と化した中での撮影となった。

昭和 36 年の成城学園前駅北口　写真提供／世田谷区立郷土資料館

昭和６年頃の成城学園前駅ホーム　所蔵／成城学園教育研究所

昭和 27 年の成城学園前駅　撮影／荻原二郎

昭和６年頃の成城学園前駅。成城学園前駅は昭和８年にすでに橋上駅舎となっている。地上駅時代を写した貴重な一枚　所蔵／世田谷区立郷土資料館

昭和34年の大蔵の谷戸田の風景（左・上）。『七人の侍』もこの谷戸田で撮影された。写真上は大蔵団地付近から撮影されたもの。仙川はこの写真の右側を蛇行している。この時代には人家はほとんど見られない　所蔵／世田谷区立郷土資料館

現在　現在の東宝スタジオ。『七人の侍』のシーンが正面ゲートを飾る

現在　現在の仙川東宝スタジオ付近

日本映画史上名高い『七人の侍』の雨中の合戦シーン　© TOHO CO.,LTD.

昭和 28 年の成城学園前駅。クハ 1854 が発車する
撮影／赤石定次

昭和 28 年の成城学園前駅ホーム。朝のラッシュが始まっている　撮影／赤石定次

昭和 27 年の成城学園前駅ホーム。片瀬江ノ島行きの納涼列車、ツートンカラーの 1700 形ロマンスカーが停車している
撮影／赤石定次

昭和 30 年頃の成城学園前駅北口。右の石井食料品店は現・成城石井成城店。駅前は今よりも広々としていた　写真提供／小田急電鉄

現在　春爛漫の成城学園前駅北口。右は成城石井成城店

成城警察署東宝前駐在所（昭和 36 年）。TOHOMAE POLICE BOX と看板に書かれている　所蔵／世田谷区立郷土資料館

昭和 36 年の成城郵便局付近　所蔵／世田谷区立郷土資料館

成城郊外の野川付近をゆくロマンスカー SE（昭和 38 年）　所蔵／世田谷区立郷土資料館

昭和 38 年の成城学園前駅南口。電話店が軒を連ねる駅前風景が学生の街らしい
撮影／荻原二郎

昭和 36 年の成城学園前駅北口。すでにこの時代から駐輪する自転車が溢れている
所蔵／世田谷区立郷土資料館

成城学園が目指した田園の学び舎

小田急線敷設計画に合わせて
成城学園が世田谷の地に移転したのは大正末期。
自然の中で感性を育む総合教育、
そして豊かな学園都市づくりを目指した。

所蔵●成城学園教育研究所

成城学園正門（昭和初期）

森の中の授業風景（昭和初期）

敷地の測量風景（大正末期）

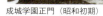

皇紀 2600 年を祝う成城小児童による祝賀行列（成城学園前駅前、昭和 15 年）

成城小学校の児童（昭和初期）

成城学園全景。右下に小田急線の電車が見える（昭和 20 年代後半～ 30 年代前半）

昭和初期の成城学園前駅前。成城学園創始者の澤柳政太郎の名を取って「澤柳通り」と呼ばれる

学園村の住宅（昭和初期）

●江戸と切っても切れぬ縁

喜多見《きたみ》

江戸氏から喜多見氏へ
駅の辺りにはお犬屋敷も

成城学園前駅を出発した下り電車は、国分寺崖線の急勾配にさしかかる。工期が短かった小田急線は、できるだけ地形に逆らわないように敷設されたが、この辺りでは大きな切通しを抜ける。そして沿線の中で意外に少ない富士山を望む場所としても知られている。電車はほどなく喜多見駅へ。

喜多見と江戸

喜多見は由緒のある地名である。古くは「北見」や「木田見」と書いた。そして「江戸」の名とも深い関わりがある。

駅から南に歩を進めると、世田谷区内最古の本堂がたつ慶元寺がある。荘厳な境内に、江戸氏の供養塔と喜多見氏の墓碑群がたっている。

平安末期。熊谷の秩父氏の流れを汲む江戸四郎重継《えどしろうしげつぐ》が、江戸湾のとある入り江に居を構える。これが後に江戸城が建つ日比谷の辺りである。江戸氏を名乗り、ここを拠点に東武蔵をほぼ二〇〇年の間支配するが、その後没落した。康正三（一四五七）年、この江戸氏の居城跡に太田道灌《おおたどうかん》が築城したのが江戸城である。

天正十八（一五九〇）年、徳川家康が江戸入城。すでに喜多見村に退いていた江戸氏に五百石が与えられる。こうなってはもはや江戸氏を名乗るわけにもいかず、喜多見氏とその名を変えた。

その後、五代将軍綱吉に仕えた喜多《きた》見《み》重政《しげまさ》は二万石の大名に昇進し、慶元寺門前に喜多見藩の陣屋を構えた。

綱吉といえば有名なのは「生類憐れみの令」。現在の喜多見駅の辺りにもお犬屋敷が建てられたという。明治時代まで残っていた「野屋敷」の小字名が当時を知るよすがだったが、今はもうない。小田急マルシェのあるドーム状の今の駅のたたずまいからは、まったく想像もつかないことだ。

次大夫堀

喜多見には江戸の世を今に伝える場所がもうひとつある。野川近くで住民の憩いの場となっているのが次大夫堀《じだゆうほり》公園。次大夫堀は、多摩川から取水した灌漑用水で、旧今川家臣の小泉次大夫が必要性を説き、陣頭指揮をとって完成させた。現在の狛江市から大田区に至る全長二三キロの用水で六郷用水とも呼ばれる。関ヶ原の戦いをはさんだ十四年もの歳月をかけて造営。しかし、昭和二十年に役目を終えた。

昭和 36 年の喜多見駅北口　所蔵／世田谷区立郷土資料館

昭和 38 年の喜多見駅　撮影／荻原二郎

昭和 27 年の喜多見駅　撮影／赤石定次

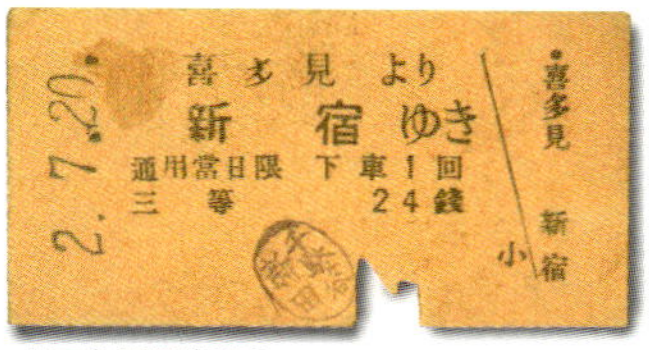

小田急開通当時の喜多見～新宿間の切符（昭和２年）
所蔵／赤石定次

稲荷塚古墳発掘風景（昭和 34 年）。喜多見では古墳群が数多く発見されている
所蔵／世田谷区立郷土資料館

喜多見駅付近を走る急行新宿行き 1900 形（昭和 31 年）　撮影／荻原二郎

荒玉水道道路脇の町内会案内版から国分寺崖線を望む（昭和 36 年）。小田急線は左後方　所蔵／世田谷区立郷土資料館

昭和 43 年の喜多見駅付近を通過する「お中元号」。小田急百貨店新装オープンを記念して、熨斗紙をイメージして 42 年に走り始めたお買い物列車の２代目。線路が左にカーブしているのは野川橋架け替え工事中のため　撮影／荻原二郎

現　在

喜多見駅南寄りの野川河畔にある次大夫堀公園民家園。江戸後期から明治にかけての民家が復元され、昔の世田谷の農家の暮らしを偲ばせている　撮影協力／世田谷区立次大夫堀公園民家園

狛江《こまえ》

水とともに歩んできた街は 絵手紙が生まれた文化の薫る街

世田谷区内を一直線に下ってきた電車が、多摩川橋梁に向かって緩やかに弧を描く。狛江駅はそのカーブの途上にある。次の和泉多摩川までの駅間はわずかに六〇〇メートル。これらは、この駅が当初の路線計画になかったことを示す。狛江駅は、住民の強い要望により、開通から二ヶ月後の昭和二年五月に新たに造られた駅である。

いつの世も水とともに

狛江の歴史は古い。三世紀に百済《くだら》の国王が民衆を引き連れて渡来、この地に帰化したといい、「高麗（こま）」が名の由来という。平安時代初期の文献にすでに「狛江」の文字が見える。また「狛江百塚」とも呼ばれ、五～六世紀頃の古墳が数多く発見されている。中でも昭和二十六年に発掘された前方後円墳の亀塚からは、朝鮮半島の特徴を示す副葬品が出土したという。

昔から狛江の人々の暮らしは水とともにあった。北には野川、南には多摩川がゆったりとした水面を見せる。関ヶ原の戦いの前後には六郷用水が掘削され、多摩川の水が田畑を潤した。狛江駅前の弁財天池にこんこんと湧き出る湧水は清水川となり、かつてはあちらこちらに洗い場があった。湧き水は夏は冷たく、冬は暖かい。清流で野菜や米を洗う姿は、この地域の風物詩のひとつだった。

初の複々線高架化

開通時三〇〇〇人余り。静かな農村が現在では人口約八万の都市に成長した。小田急線が寄与したのはもちろんだが、一方で深刻な弊害ももたらした。

狛江は成城学園前と向ヶ丘遊園とのほぼ中間にあるため、急行電車と各駅停車が均等に通過し、電車が途切れることがない。「開かずの踏切」が増え、朝のラッシュ時に踏切が開くのが一時間に数分足らずという事態を引き起こす。慢性的な渋滞は線路を境に街の南北の行き来を分断した。

小田急、東京都、地元の協議の末、小田急線では初となる複々線高架化が実現。市域に十一箇所あった踏切はゼロになった。

狛江は文化的遺産を大切にする街である。市民による古写真の掘り起こし、写真集の編纂もさかんで、新聞の文化面を賑わすことも多い。市内在住の小池邦夫さんが絵手紙を全国に広めたことから「絵手紙発祥の地」ともいう。

昭和38年の狛江駅　撮影／荻原二郎

狛江駅前通りの風景（昭和 38 年）　撮影／木下和信

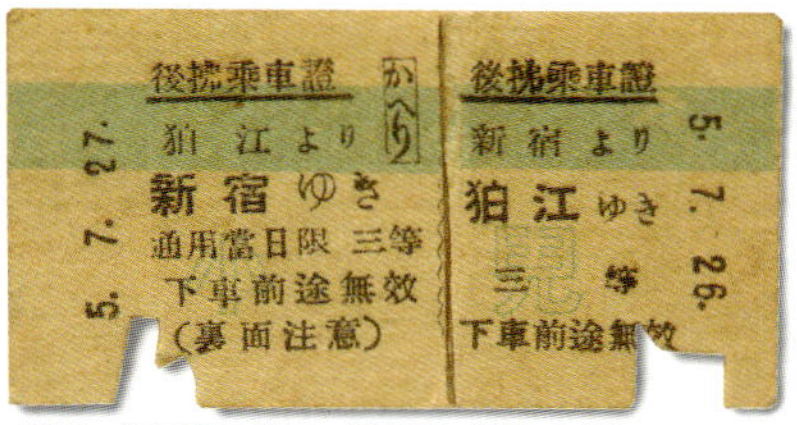

新宿～狛江間の後払い乗車証（昭和 5 年）
所蔵／小田急電鉄

清水川の洗い場（昭和 12 年）　撮影／木下和信

狛江駅前の商店（昭和 38 年）　撮影／木下和信

狛江駅に出征兵士を送る（昭和 12 年）　撮影／木下和信

狛江駅を通過するロマンスカー SE 車
（昭和 37 年）　撮影／生方良雄

狛江の街を分断していた踏切のひとつ　写真提供／小田急電鉄

和泉多摩川《いずみたまがわ》

鮎漁に避暑に 都心からのレジャー客で大賑わい

陸上の交通機関にとって最大の難敵は河川であろう。東京～京都間の東海道本線の計画途上で、当時の政府が中山道経由に変更しようとしたいきさつがある。大井川や天竜川の大きな河川に保安上の問題があったからであるという。小田急線の下り電車は、最初の大きな河川、多摩川にさしかかる。

鮎の多摩川

人々の暮らしはいつの世も多摩川抜きには語れない。大正から昭和初期には鮎漁がさかんで、初夏には投網が一斉に行われた。当時の多摩川の鮎は「踏んでしまうほど」。一回の投網で数十匹かかったという新鮮な鮎は、遠く新橋の料亭にまで出荷された。六月一日の解禁日前夜には花火が打ち上げられ、多くの太公望たちが酒を酌み交わしながら待ち構えた。新宿から「鮎電」も運行された。

川べりに玉翠園という料亭があった。目の前でとれた鮎や川魚をその場で塩焼きや天ぷらにして食べられるとあって、大変な人気を博した。屋形船が何隻も岸辺にたゆたい、週末ともなれば、船頭や漁師という「副業」に駆けつける農家の人も大勢いたという。

昭和二年に小田急が開通し、多摩川橋梁を電車が行き交う時代になっても、この辺りに人が渡れる橋はなく、川崎方面へは渡し船が使われていた。流域に三〇箇所以上あった渡船場のひとつ「登戸の渡し」の近くには毎年、海の家ならぬ小田急「川の家」も開設された。川底がはっきり見えるほどの清流は最適の避暑地。夏休みには臨海学校ならぬ「臨川学校」も開かれ、都心から多くの児童がやってきた。

踏切事故の教訓

昭和三十六年一月のことである。安全な運行をめざす上で、忘れてはならない事故が発生した。和泉多摩川駅を出発した向ヶ丘遊園行きの各駅停車は、多摩川橋梁に差しかかる直前に、世田谷通り側から踏切内に無謀運転で進入したダンプに衝突。ダンプを引きずったまま鉄橋上を二〇メートル走った後、先頭車両が河原へと転落した。しかし、怪我人は出たものの奇跡的に乗客に犠牲者は出なかった。

この事故をきっかけに、一旦停止も守らずに傍若無人に走っていたドライバーに対して取り締まりが強化され、踏切一旦停止の定着につながった。

昭和37年の和泉多摩川駅　撮影／荻原二郎

大正時代の玉翠園　所蔵／井上俊雄

左・多摩川鮎の投網漁（大正11年）　下・登戸の渡し（昭和12年）
所蔵／井上俊雄

昭和12年の多摩川（昭和12年測量1万分の1旧版地図）。まだ自動車用の橋はなく、登戸の渡船場が見える。左上の玉翠園は、多摩川と六郷用水の分岐に位置している。現・登戸駅は稲田多摩川駅の名で、南武鉄道（現・JR南武線）との連絡線が見える

昭和37年の和泉多摩川駅　撮影／荻原二郎

昭和36年1月の踏切事故。1両目は完全に河原に落ち、2両目が宙づりになった。ダンプの運転手は即死。しかし奇跡的に乗客に犠牲者は出なかった　撮影／荻原二郎

登戸《のぼりと》

開業時予定のなかった駅が南武鉄道とともに急成長

多摩川橋梁を渡り、下り電車が神奈川県に入って最初の駅が登戸である。駅名の変遷が少々ややこしい。

一日およそ一四万人。全線の中でも六番目の乗降客数を誇るこの駅は、実は当初の路線計画になかった。多摩川を渡って最初の駅が稲田登戸（現在の向ヶ丘遊園）となる予定だった。開設のきっかけとなったのは南武鉄道線（現在のJR南武線）の敷設である。

南武鉄道に合わせて開業

南武鉄道は多摩川の砂利運搬を主目的として、小田急線開通よりひと月早い、昭和二年三月、川崎〜登戸間で開通した。かつては奥多摩の石灰石を京浜工業地帯に運ぶ貨物輸送で活況を呈し、現在は沿線に多くの電気、通信関係の工場がたつ。首都圏の産業の発展に貢献してきた路線である。

この南武鉄道との乗り換えの便を図るため、昭和二年の開通時に急きょ「稲田多摩川駅」として開業したのがこの駅。三十年に、それまで稲田登戸駅と称していた次の駅が、遊園地の知名度を上げるために「向ヶ丘遊園駅」と改称したのを受けて「登戸」の地名をこちらに採用し、「登戸多摩川駅」となる。そして三年後に、国鉄と同名の「登戸駅」となって今に至る。

梨の市場を席巻

小田急線が開通した同じ昭和二年、この多摩川べりで「多摩川梨」も産声を上げた。

川崎の梨の歴史は古い。江戸初期に大師河原村で栽培が始まり、寛政年間には名産地と称されるようになる。明治二十六年、梨の歴史を一変させる出来事があった。大師河原で偶然発見された新種。黒星病で従来品種が壊滅状態になる中、この品種が生き残り、発見者の屋号をとって「長十郎」と名付けられた。こうして多摩川流域は長十郎の一大生産地となり、都心方面に出荷された。昭和二年に協同組合ができ、多摩川梨ブランドとして確立する。

しかし、消費者の嗜好は時代とともに変わる。軟らかい梨がもてはやされ、「幸水」などが市場を席巻し始めた。多摩川流域でも、現在長十郎を栽培する農家はわずかとなった。

昭和初期までは梨は渡し船で多摩川を渡って出荷された。登戸駅まで進んだ複々線の線路を見るにつけ、隔世の感が募る。

登戸駅を通過するロマンスカー
NSE はこね（昭和42年）
撮影／荻原二郎

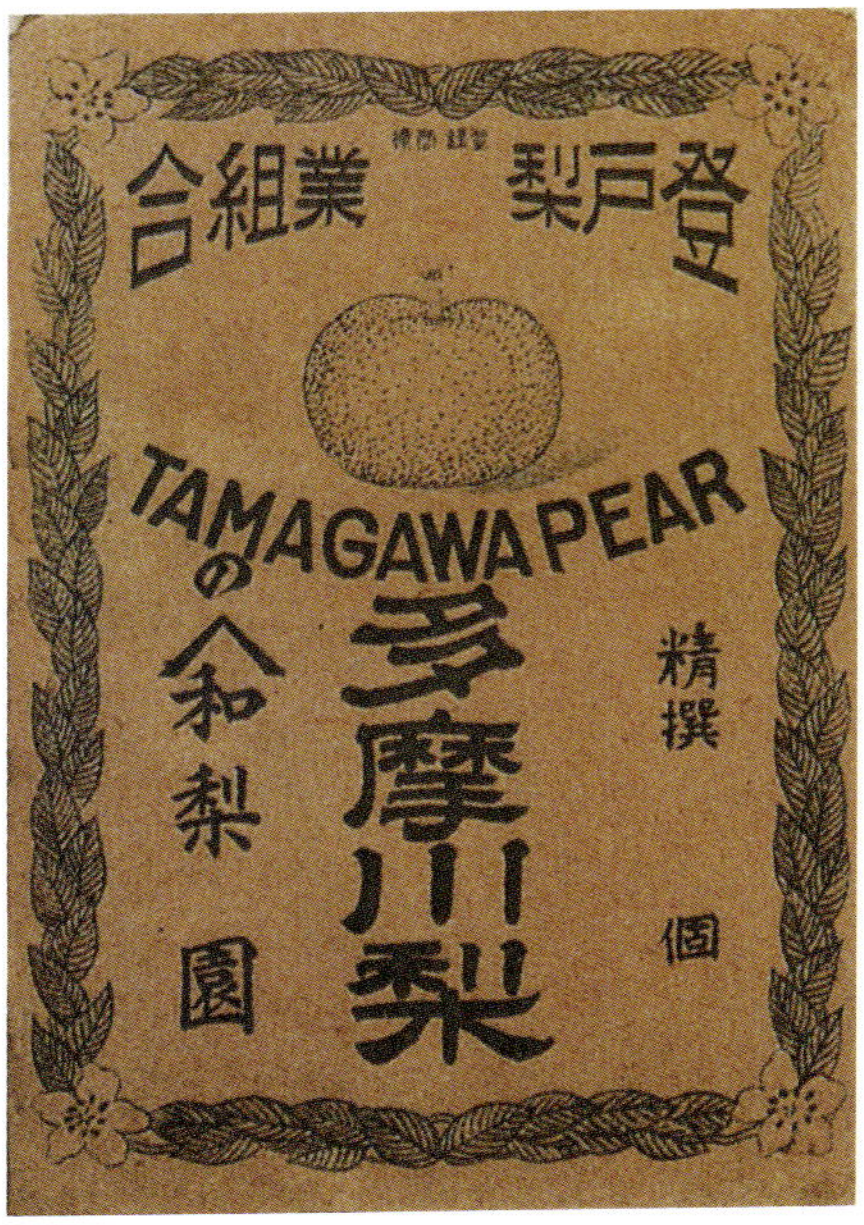

多摩川梨ブランド発足当時のラベル

昭和 28 年の稲田多摩川（現・登戸）～稲田登戸（現・向ヶ丘遊園）間。左に南武連絡線が見える　撮影／生方良雄

昭和 30 年頃の国鉄登戸駅　撮影／奥原徳太郎

昭和 30 年頃の国鉄登戸駅　撮影／奥原徳太郎

昭和 33 年 3 月の登戸多摩川駅表示板。登戸駅と駅名が変わる直前　撮影／荻原二郎

昭和 38 年の小田急線登戸駅　撮影／荻原二郎

国鉄登戸駅前の果物屋（昭和 30 年頃）。多摩川べりは梨の他に桃も有名
撮影／奥原徳太郎

●豆電車がお出迎え

向ヶ丘遊園《むこうがおかゆうえん》

大人も子どもも 一日中楽しめた花と緑の遊園地

登戸駅を出た下り電車は、程なく向ヶ丘遊園駅に到着する。駅間六〇〇メートルの二つの駅はいずれも急行停車駅。路線計画後に稲田多摩川（現・登戸）駅を造ることになった証のひとつである。開通当初の駅名は「稲田登戸駅」。遊園地の知名度を上げるべく、昭和三十年に現在の名称になった。

思い出深い向ヶ丘遊園

『わたしの向ヶ丘遊園』と題された一冊の文集がある。遊園にまつわるいろいろな方々の思い出が、ぎっしりと詰め込まれた冊子だ。大観覧車、ばら苑、フラワーショー、プール、スケートリンク、ブースカランド……。写真や随筆、短歌からは、大切な人との思い出、遊園地を介した家族の絆の深まりが見える。世代を超えて愛された遊園地は、平成十四年三月に閉園の日を迎えた。

向ヶ丘遊園は、小田急開通と同じ昭和二年に同時開園という古い歴史を持つ。後楽園やよみうりランドが登場するのは三十年代のことだ。用地の問題が折り合わず、開園したのは駅から一キロの場所。このため、大豆から作ったガソリンで走る豆汽車を走らせた。これが逆に「おとぎの国の汽車」と呼ばれて人気を博した。

戦時中は駐屯地に利用された遊園。戦後には荒廃から立ち直り、駅からキリンの門まで豆電車が復活。さらに門から山頂まで関東の遊園地で初めてという空中ケーブルカーが架けられ、四十一年にはモノレールも登場した。

向ヶ丘遊園が世代を超えて愛された理由は、子ども用の遊戯施設だけでなく、「花と緑の遊園地」のイメージを定着させたことによる。正面の花の大階段はおとぎの国へのアプローチ。脇の桜並木を上がるのは、古くはフラワーリフト、後にフラワーエスカレーターとなる。三十三年にばら苑がオープン。五十一年に登場した大観覧車には、ゴンドラごとに花の名前がつけられ、思い出づくりに一役買った。六十二年には世界蘭博覧会も開催。子どものつきあいではなく、大人も心ゆくまで一日を楽しんだ。

このささやかな思い出の地にも時代の波が襲う。テーマパークに押され、入園者は徐々に減少。平成十四年に七五年の歴史に幕を下ろした。現在は川崎市と市民の手でばら苑が続けられている。思い出深い「向ヶ丘遊園」の名は、閉園後もそのまま残した駅の名と、人々の心の中に今も生き続ける。

昭和38年の向ヶ丘遊園駅南口
撮影／荻原二郎

賑わう向ヶ丘遊園駅南口（昭和 35 年）　撮影／生方良雄

向ヶ丘遊園駅遠望（昭和 32 年頃）　撮影／千村和五

昭和 26 年頃の向ヶ丘遊園駅ホーム。当時の名称である稲田登戸の駅名表示板が見える　所蔵／赤石定次

マンサード屋根を誇る昭和 38 年の向ヶ丘遊園駅北口　撮影／荻原二郎

昭和 30 年頃の向ヶ丘遊園駅北口。食堂のいすずは今も健在　撮影／奥原徳太郎

今も色褪せない向ヶ丘遊園の思い出

開業当時の稲田登戸駅とゲートを結んで走った豆汽車（絵葉書より） 所蔵／生方良雄

豆汽車の後を継いだ戦後の豆電車。満開の桜の下をゆく（昭和30年） 撮影／荻原二郎

豆電車乗り換え口（昭和26年）
写真提供／小田急電鉄

モノレール開通を祝うバルーンが揚がる
撮影／市川健三
所蔵／生方良雄

昭和41年に登場したモノレール　撮影／荻原二郎

昭和26年の向ヶ丘遊園地案内図　所蔵／赤石定次

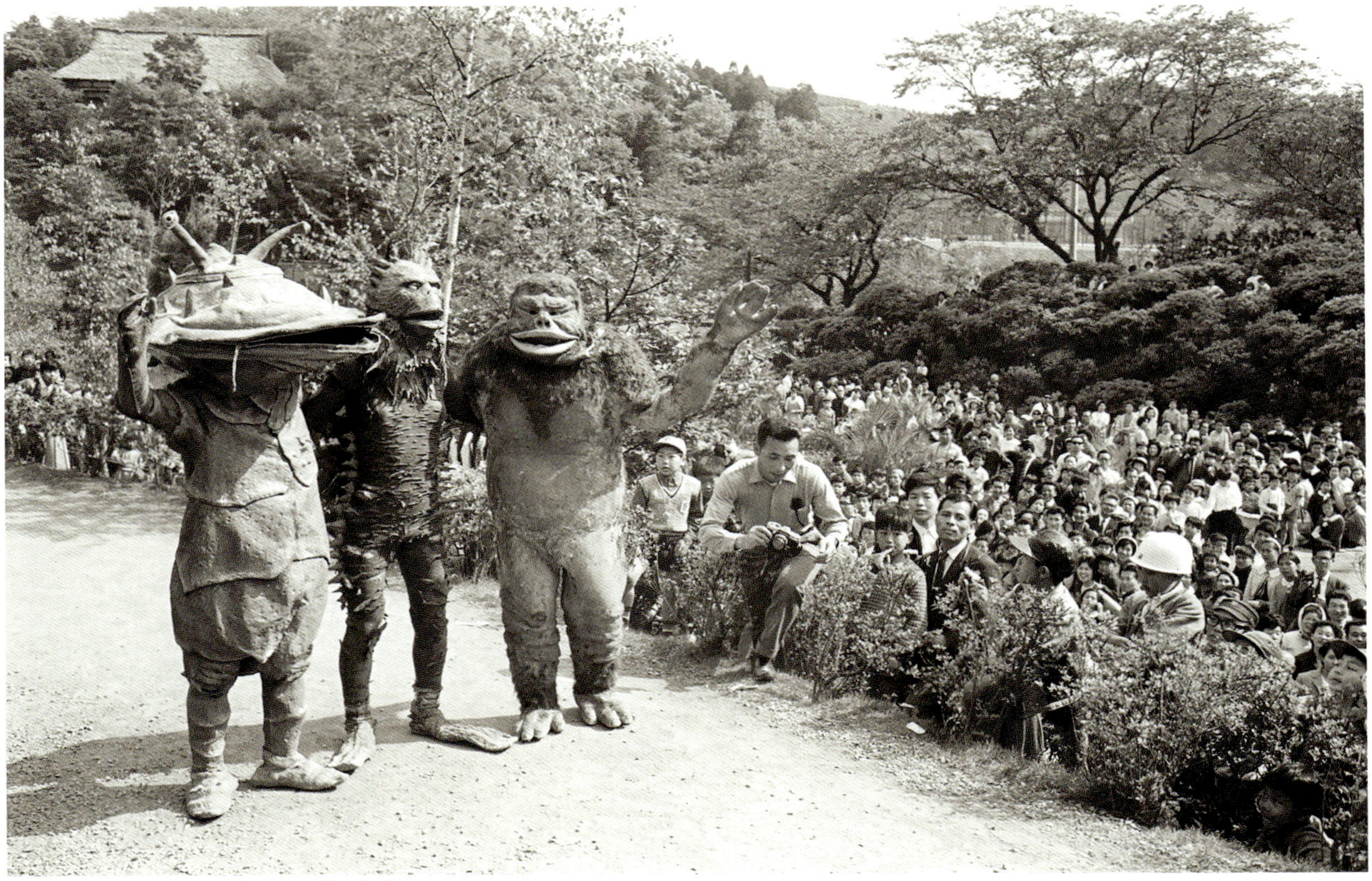

子どもたちに大人気だった怪獣ショー　©円谷プロ

『わたしの向ヶ丘遊園』より
発行●向ヶ丘遊園の緑を守り、市民いこいの場を求める会

今も存続するばら苑
（西矢伊利）

季節の花で溢れていた花の大階段（千葉忠夫）

メインエントランス（小原正一）

ウルトラセブンと記念撮影（木下康雄）
©円谷プロ

会社などの運動会も行われた（中川浩一）

ブースカランドは大のお気に入り（高田朝子）　©円谷プロ

昭和24年のボート
（鈴木美恵子）

生田《いくた》

電気のない静かな村が誘致をきっかけに大騒動

小田急線は、多摩川の支流のひとつを遡るため、向ヶ丘遊園から百合ヶ丘までの区間は上りになる。生田駅はこの上りの途中に造られたため、現在もホームが傾斜している。普段は気付きにくいが、一〇両編成の場合は先頭と最後尾では二メートル近い差がある。

電車が敷設され、そこに駅ができることは、その地域の発展において大変な意味を持つ。もっと言えば、そこに駅ができるかできないかは死活問題につながる。生田駅は開通当時、「東生田駅」として開業。誕生までは紆余曲折があった。

誘致合戦で村内が対立

生田の地名の起源はそれほど古くない。明治八年に上菅生村と五反田村が合併したときに、それぞれの末尾の一字を取ってつけられた名前である。昨今も何かと話題になる市町村合併だが、それぞれ納得ずくの名称に落ち着くのは労力の要ることであったろうと想像を巡らせてしまう。

多摩丘陵の尾根筋と谷筋が複雑に入り組み、大正末期までこの辺りはまだ電気も通らず、夜はランプの灯が頼りという生活だったという。

この寒村に舞い込んだのが鉄道敷設の話。最新鋭の鉄道が敷かれ、新宿からピカピカの電車がやってくるという。言うまでもなく、村は小田急に駅を造るように働きかけ、現在の生田駅の場所に駅を造ることで話が進んだ。と、ここまではよかった。

ところが、生田村の西地区の有力者が先回りして、現在の読売ランド前駅の場所に駅の敷設を働きかけ、この案が先に通ってしまった。せっかく新しい鉄道の駅ができるのなら、駅は少しでも自分たちの住む地区に近い方に、と考えるのが人情である。

納得がいかないのは、東地区の村人だ。「東に駅を造らないのなら用地買収にも応じない」と強硬手段に打って出た。穏やかな村を二分する大騒ぎとなったのである。見るに見かねてという形で最終的に折れたのは小田急側だった。電気も通っていない寒村の、わずか一キロあまりの間に、当初の計画にはなかった二つの駅を造ることになった。こうして昭和二年、小田急開通とともに東生田駅と西生田駅が同時に開業したのである。

三十九年に西生田駅が「読売ランド前駅」と改称したのと同時に、この駅は「生田駅」と呼び名を改めた。

昭和38年の東生田駅（現・生田駅）
撮影／荻原二郎

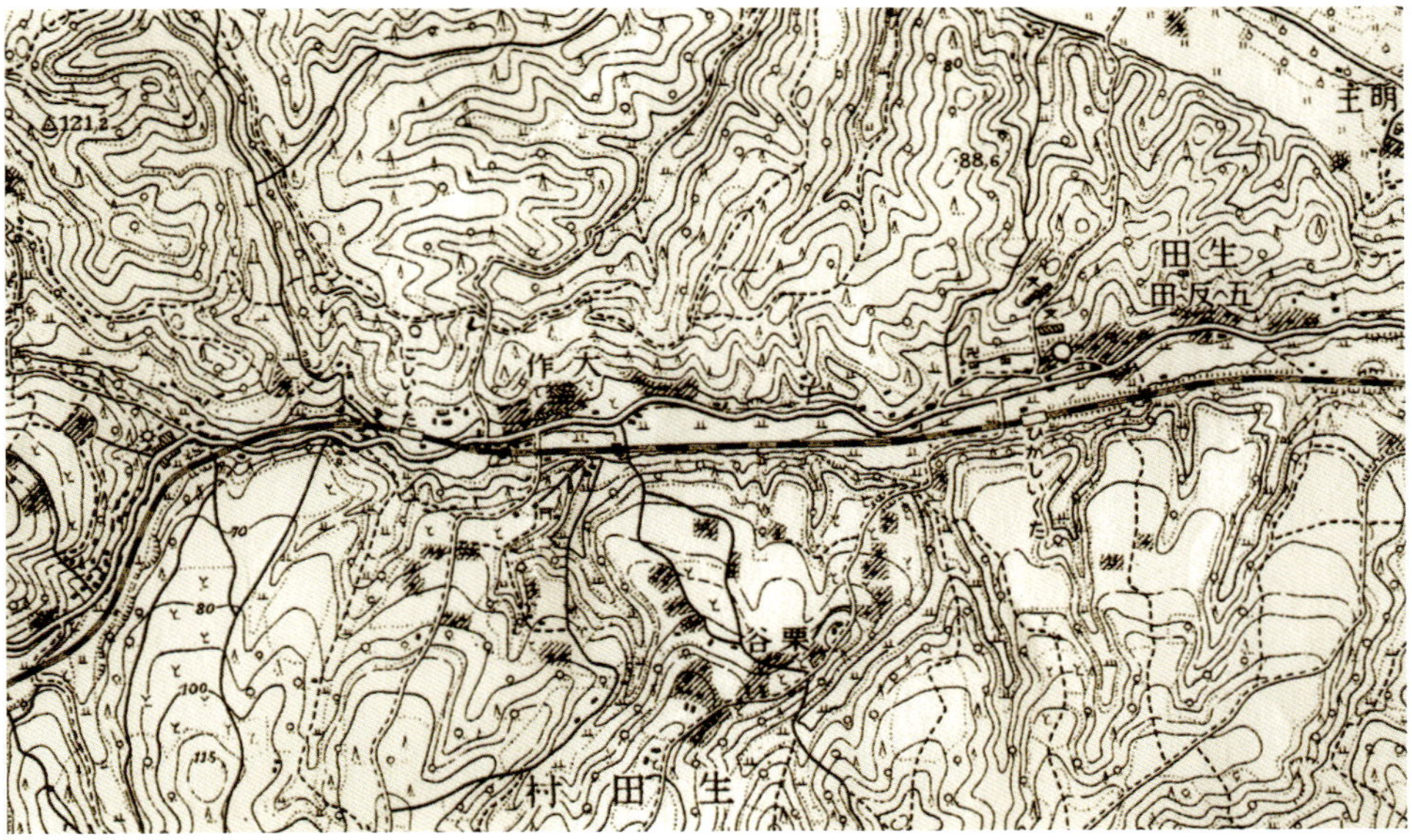

開業当時の東生田駅と西生田駅付近（旧版２万5000分の１地形図　大正10年測図　昭和２年鉄道補入）。生田の名前のもとのひとつ、五反田の地名が見える。両側から山が迫り、集落が数えるほどしかないこの時代に、１キロ余りの間にふたつの駅ができた

生田付近を快走するクハ2450形（昭和44年）　撮影／荻原二郎

昭和32年の東生田～西生田間。まだ人家もまばらな時代　撮影／荻原二郎

昭和44年の生田駅
撮影／荻原二郎

読売ランド前《よみうりらんどまえ》

駅誘致のきっかけにもなった ミノル式脱穀機

農作業の経験がある方ならご記憶かもしれない。かつて「ミノル式」という稲の脱穀機があった。一人用足踏み式、二人用足踏み式、さらには動力式と進化した。「イネコキ機」とも呼ばれ、大王印の商標が燦然と輝いていた。足踏み式は大正時代、動力式は昭和初期に、今の川崎市麻生区細山で開発されたものである。会社の名は細王舎。細山と王禅寺の地名と同時に「細より出て王に到るを念ず」から命名したという農機具メーカーである。「農機具の元祖」とも呼ばれる。

脱穀機を運ぶ引き込み線

生田の項で述べたように、小田急敷設計画では東の生田駅だけが予定されていたが、地元の有力者の働きかけによって、昭和二年の開通時から西生田駅が設置されることになった。現在の読売ランド前駅である。駅設置に動いた立役者の一人が、「ミノル式」を世に出し、全国の農作業改善に大きく貢献した細王舎の箕輪《みのわ》亥作《がいさく》だったという。農機具製造の原材料の運搬と製品の出荷に小田急線が使われたのは言うまでもない。引き込み線まで敷設され、「ミノル式脱穀機」がこの駅から全国の農村に旅立っていったのである。

よみうりランドの最寄り駅？

西生田駅は当初「直通」のみの停車駅だった。「直通」とは新宿～小田原間を直通で走る電車のことで、各駅停車とは異なる。開通当初の小田急線では、新宿駅～稲田登戸駅（現在の向ヶ丘遊園駅）のみに各駅停車が運行され、他はすべて小田原までの直通電車で、西生田駅に停車する電車は、上り下りそれぞれ一時間に一本ないし二本という長閑さだった。昭和二十年に直通が廃止されるまでこの状態が続いた。

東京オリンピックが開催された昭和三十九年、多摩丘陵の高みに遊園地のよみうりランドが開園。これに先立って駅名が西生田から「読売ランド前駅」と改称された。「前」とはいえ、よみうりランドまで約一キロの山越えで、徒歩では少々きつい。ちっとも「前」ではないではないかとの意見もあろう。しかし、現在よみうりランドの玄関口となっている京王よみうりランド駅ができたのは、昭和四十六年になってからのことだ。約七年の間、よみうりランドの最寄り駅として、この駅がしっかり君臨していたのである。

昭和 33 年の西生田駅（現・読売ランド前駅）
撮影／荻原二郎

全国に名が轟いた 大王印の脱穀機

昭和 39 年に西生田駅から改称した読売ランド前駅　撮影／荻原二郎

現在　ガソリンスタンド脇にひっそりとたつ細王舎創業之碑。だれも目を留める人もいないが、細王舎がこの地にあったことの証

細王舎全景（昭和初期）。右が現在の読売ランド前駅方面。右上に上がっていく道は細山に至る　所蔵／細山郷土資料館

万歳をして脱穀機の出荷を送る（昭和初期）　所蔵／細山郷土資料館

ミノル式人力脱穀機（特大型）　所蔵／細山郷土資料館

ミノル式脱穀機の商標　撮影協力／世田谷区立次大夫堀公園民家園

●大規模団地で様変わり

百合ヶ丘・新百合ヶ丘

ゆりがおか・しんゆりがおか

映画にも描かれたマンモス住宅開発の波

百合ヶ丘駅の開業は昭和三十五年。螢田駅、桜ヶ丘駅（江ノ島線）に次ぐ、戦後三番目の駅である。

西生田駅（現在の読売ランド前駅）～柿生駅の約四キロの間には、昭和二年の開通以降、三〇年余りも駅が設置されなかった。これは、この辺りがいかに山深く、人家もまばらな地域であったかを物語る。海抜が高いために低温で、水利が悪く、農業にも適さない土地だったという。そして、急勾配と急カーブが連続するこの区間は、小田急の難所のひとつでもあり、かつては雨の日に車輪がスリップしたこともあるという。いずれにせよ、現在の百合ヶ丘駅、新百合ヶ丘駅周辺の賑やかさからは想像できないことだ。

大規模開発が生んだドタバタ喜劇

百合ヶ丘駅の開設は、日本住宅公団によって百合丘団地が造られたことがきっかけとなった。

百合丘団地は、丘陵地大規模開発の走りで、その後の多摩ニュータウンなどの先駆けとなった団地である。東宝映画の駅前シリーズのひとつ『喜劇・駅前団地』に登場したことで全国的にも知られるようになった。

森繁久彌らが出演するこの映画は、マンモス団地ができたことによって寒村が一躍近代的なベッドタウンへと変貌する様子を庶民の視点から描く。地主をはじめとする地元民に、否応なくのしかかる日常の変化。コミカルな中にも時にシリアスで、ペーソスあふれる展開になっている。東京郊外の丘陵地で大規模な開発が行われた時代、同じようなドラマが各地で繰り広げられたであろう。

映画は、新たにできる駅を巡ってまた波乱を予感させる展開で終わる。これが新百合ヶ丘駅である。

昭和35年の開業当時の百合ヶ丘駅。完成したばかりで、まだ駅前広場は整備されていない　撮影／生方良雄

山を削ってできた駅

多摩線への分岐にあたる新百合ヶ丘駅は、多摩線と歩調を合わせるように、同じ昭和四十九年に開業した。

それまで線路が大きく迂回していた山を完全に削り取り、六線ホームを持つ小田急最大級の駅を造るという大がかりなプロジェクト。工事は四年の歳月を要した。

迂回ルートはかつて振り子電車の試運転に使われたほどの急カーブ。新百合ヶ丘駅開設によってこの箇所が直線になり、結果的に営業キロの短縮につながった。開業以来、営業キロが変わった区間はここだけである。

開設当初は周りに何もなく、野ざらし状態だったこの駅の周囲も、近年見違えるように発展した。今や小田急線の中でも人気の駅のひとつである。

弘法松

新百合ヶ丘駅東寄りの住宅密集地に「弘法の松」という交差点がある。

かつてこの付近は柿生と生田の境界をなす峠で、昭和三十年代初めまでここに天を突かんばかりの松がそびえていた。樹齢は一〇〇〇年以上、胴回りは六メートル超という大木。弘法伝説があることから弘法松と呼ばれた。

松のそびえる峠は、茶店まであったという人気スポット。丘陵を行き交う旅人はここで一息つき、地元の小学生は遠足で登った。あるときは奉公に出る娘、またあるときは出征する息子を見送る場所でもあったという。

弘法松はたき火の不始末が原因で一部焼失。数年後には切り株を残して伐採されたと聞く。地元の人々にとってはさぞ残念であったことだろう。現在の駅周辺の賑やかさからは想像もつかないことである。

昭和49年の新百合ヶ丘駅南口。長い階段があり、まだ整備が進んでいない　写真提供／小田急電鉄

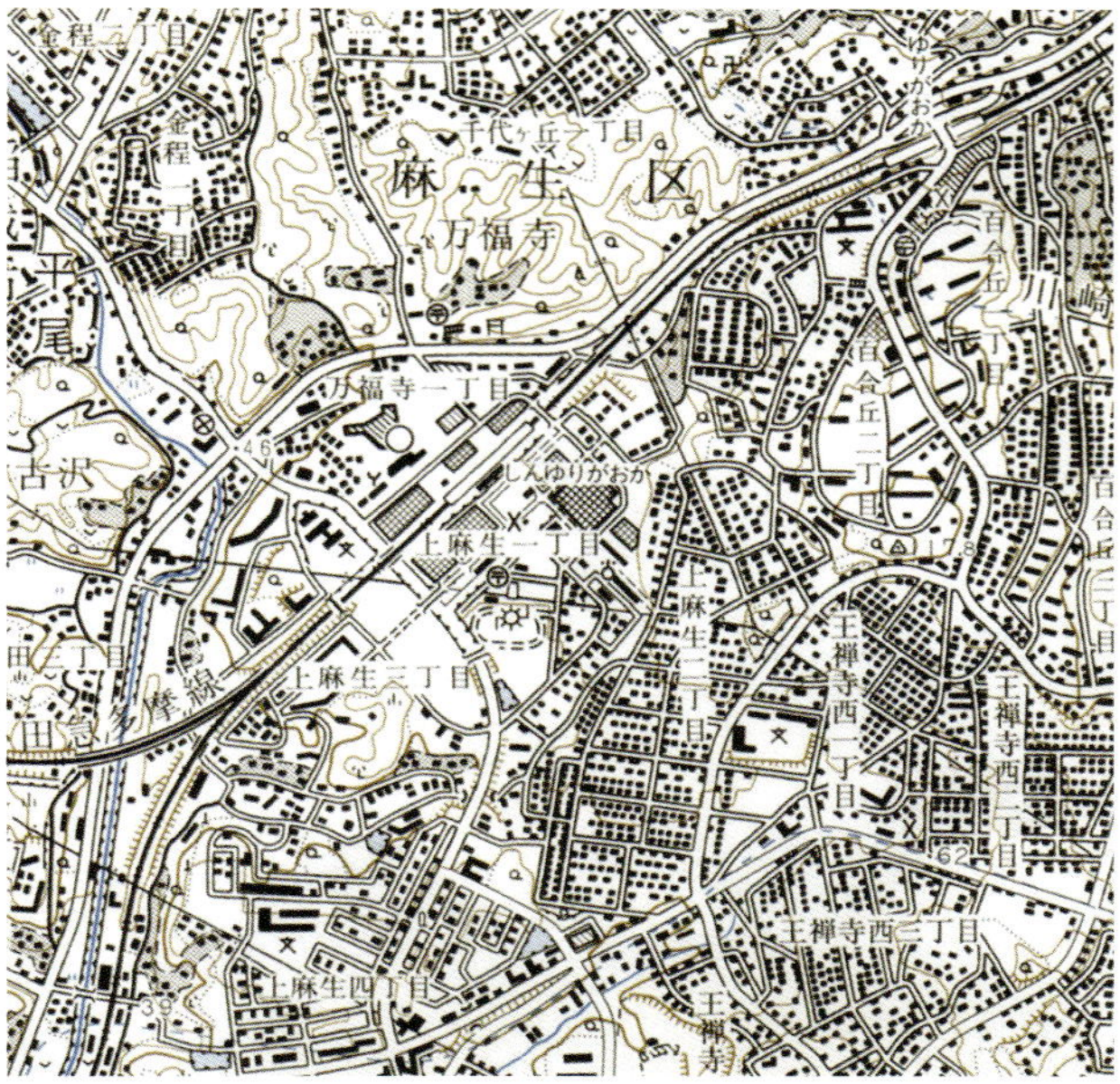

現在の新百合ヶ丘駅付近（2万5000分の1地形図）。山が削られてできた駅であることが見てとれる。左に多摩線が延びている。かつての弘法松周辺は住宅密集地になっている

後に新百合ヶ丘駅ができる辺り（旧版2万5000分の1地形図　大正10年測図　昭和2年鉄道補入）。丘陵地を大きく線路が迂回して敷設されている。右に見えるのが弘法松。北の生田村と南の柿生村の境となる峠にたっていた

昭和2年の沿線案内に弘法ノ松が名所として紹介されている　所蔵／生方良雄

昭和35年の百合ヶ丘駅。周囲にはまだ里山風景がひろがっている　所蔵／川崎市

開業間もない百合ヶ丘駅。映画『喜劇・駅前団地』のラストシーンでは、このアングルの映像が使われている　写真提供／小田急電鉄

昭和34年の弘法松。根元が半分焼失し、程なく伐採される　撮影／奥原徳太郎

新百合ヶ丘駅空撮（昭和59年）。北側に麻生区役所ができ、周囲の宅地化が進んでいるが、駅周辺はまだ造成中　写真提供／小田急電鉄

柿生《かきお》

禅寺丸柿は古寺再建がきっかけで生まれた

多摩川から続いてきた上り勾配が、百合ヶ丘駅付近の分水嶺を頂上にして、下りに転じる。この山道を駆け下りたところに柿生駅がある。開通当初は運転上の難所のひとつであったというが、宅地化が進んだ現在は、車窓の風景を眺めていても「駆け下りる」という実感はない。

柿生という名

柿生駅の名は、昭和二年の開通時にあった村名が由来である。

明治二十二年に上麻生や下麻生、王禅寺などが合併して柿生村と称した。特産の禅寺丸柿が生まれた村という意味に、麻生の「生」をからめた名前である。

昭和十四年に村は川崎市と合併。以来「柿生」という地名は地図から姿を消した。今では駅名や学校名などにその名を残すのみである。

しかし「柿生」という名への地域住民の郷愁は根強いようだ。「お住まいは？」「柿生です」といった会話も日常的に聞かれるし、昭和五十七年に麻生区が誕生した際にも、一般公募された新しい区の名に「柿生区」を希望する声が最も多かったそうだ。

幻の甘柿

禅寺丸柿は甘柿では日本最古の品種といわれる。その原木と伝わる木が古刹王禅寺の境内に残り、今でも堂々たる枝振りを見せている。寺には禅寺丸柿誕生の逸話がある。

王禅寺の創建は大変古く、八世紀頃にまで遡る。孝謙天皇の勅命により、聖観音菩薩像が祀られたのが起源という。鎌倉時代の再建時、ある上人が用材を求めて山中を歩いたときに実をつけた柿の木を見つけ、これを境内に持ち帰ったのが最初であるとされる。村人にも栽培が勧められ、江戸時代には江戸の市中に出荷されるまでになり、当地の名産品になったという。

真偽のほどはわからないが、鎌倉時代のこの上人のふとした遊び心が、時代の星霜を経た今でも連綿として生き続け、現在までも鉄道の駅の名として残っているとしたら、何か不思議な縁を感じる。

柿の市場ではその後、富有柿や次郎柿といった実の大きな品種が台頭した。小粒で水分が豊富という禅寺丸柿は、昭和四十年代から市場で見かけなくなった。今では「幻の柿」と呼ばれている。

昭和38年の柿生駅　撮影／荻原二郎

柿生～百合ヶ丘間を走るクハ2872（昭和44年）　撮影／関田克孝

昭和38年の柿生駅ホーム。この時代には戦時中につくられた待避線が上下線の外側に残っていた（現在は残っていない）
撮影／荻原二郎

長閑だった柿生駅ホーム（昭和30年頃）　撮影／奥原徳太郎

柿生駅を通過するロマンスカーさがみ（昭和45年）
撮影／荻原二郎

現在

現在の王禅寺。本堂前で
禅寺丸柿が枝を伸ばす

鶴川《つるかわ》

田舎暮らしの傍らで　時局を見据える目があった

自治体が他の区域に島状に残る「飛び地」は全国に散見されるが、意外にも大都市圏にも存在する。

岡上村（現在の川崎市麻生区岡上）は、柿生村と養蚕業などの結び付きが強く、昭和十四年に柿生村などが川崎市に合併される際、飛び地として川崎市に編入された。

東京と神奈川の県境に突き出したこの岡上地区。小田急線はその縁をかすめるように走るため、珍現象が起こる。柿生駅を出た後、線路は神奈川県（川崎市）→東京都（町田市）→神奈川県→東京都→神奈川県→東京都と目まぐるしく所在地を変える。岡上に小学校ができる前は、小田急で東京都を通り越して柿生に通う小学生が話題となった。鶴川駅を最寄りとする和光大学の敷地も神奈川と東京に二分される。

鶴川の名が歴史に登場するのは明治二十二年のことだ。近隣の八か村が合併、名前には付近を流れる鶴見川の二字をとった。鬱蒼と木々が繁る丘陵地に鶴川団地ができたのが昭和四十二年。公団住宅初の八畳間を取り入れ、広い集合住宅が話題となる。以来ホームタウン化が加速し、環境は一変した。一日およそ七万人。鶴川駅の一日の平均乗降客数は経堂や小田原を凌ぐ。

武相荘

昭和十八年のことである。鶴川村の古びた茅葺き家屋に、ひと組の夫婦が移り住む。夫は豆や米作りに汗を流しながら戦況や政局をにらみ、妻は能面と対峙しながら花と器で田舎暮らしを謳歌した。夫は白洲次郎、妻は白洲正子である。東京と神奈川の中間にあることと、生来の無愛想ぶりを自ら皮肉り、鶴川の家を「武相荘《ぶあいそう》」と名付けた。いずれ東京が空襲で焼け野原になり、食糧難に陥ることを予見、自給自足の道を選んだのである。

英国留学時代「オイリーボーイ」と呼ばれたほどカーマニアだった次郎。その歯に衣着せぬ物言いを大いに気に入ったのが吉田茂である。終戦後、吉田外相の側近となった次郎は、終戦処理の要職につき、マッカーサーらと協議を重ねた。貿易庁を立て直し、通産省の礎を築いた立役者でもある。

正子は、十四歳にして女性で初めて能舞台に立ったことで知られる。鶴川で小林秀雄らと親交を深め、能や骨董の語り部としての活動に目覚める。

夫婦が昭和の一時代を築く舞台となった武相荘は、当時のたたずまいのまま公開されている。

昭和38年の鶴川駅　撮影／荻原二郎

バス発着所ができた昭和 57 年の鶴川駅前　所蔵／町田市

昭和 45 年の鶴川駅　撮影／荻原二郎

草深い農村に構えた夫婦《ふたり》の終の住処

昭和 20 年代の武相荘。移住当時すでに 100 年以上を経た古民家だった　所蔵／武相荘

武相荘の縁側で（正子 50 歳の頃）　所蔵／武相荘

現在　ツツジが彩る現在の武相荘玄関

武相荘の庭先でくつろぐ白洲次郎・正子夫妻（正子 40 歳の頃）　所蔵／武相荘

次郎から贈られたお気に入りのゴルフジャケットを着る正子（50 歳の頃）所蔵／武相荘

玉川学園前《たまがわがくえんまえ》

桜花が美しいキャンパスは 全人教育実践の場として生まれた

鶴川駅を出た下り電車は程なく、新宿を出て以来最初のトンネルをくぐる。平地の鉄道トンネルとしてはあまり類を見ない、上下線別々の単線型トンネルである。実は敷設計画当初は稲田登戸以西は単線だったため、トンネルや橋梁は単線で着工。後に複線へと変更になったために上下線別々の贅沢なトンネルとなった経緯がある。

この境塚トンネルを抜けると今度は一本の橋をくぐる。観桜の名所にもなるこの橋は、町田・横浜・川崎の三市に跨がる玉川学園の広大な敷地の東西を繋ぎ、学生たちのプロムナードになっている。小田急線は玉川学園の小学校付近の下をくぐり、キャンパスの中央を南北に貫いて走る。

玉川学園前駅は、小田急開通から丸二年後の昭和四年に、玉川学園誕生に合わせて開設された。三角屋根の瀟洒な駅舎は学園が寄贈したものという。

夢の学校

玉川学園の創始者は、成城学園を小田急沿線に移転させた小原國芳である。鉄道が通る丘陵地に、駅を中心とした新しい学園都市を建設。学校用地のほかに周囲の大量の土地を買収し、宅地造成して分譲、それを校舎建設の費用に充てるという、成城と全く同じ方式をとった。

小原には積年の理想があった。「自給自足、自学自修」を原則とする、労作と学習の寺子屋である。成城学園の世田谷移転という大事業を見届けた後、自ら「夢の学校」と称したこの学園造りに取りかかる。「学習とは教えられることではなく、自ら学びとること」。小原の揺るぎないこの思いは「全人教育」という理想へと高まる。真（学問）・善（道徳）・美（芸術）・聖（宗教）・健（身体）・富（生活）の六つの価値を創造する全人格的教育である。こうして昭和四年に玉川学園が開校する。

この年の七月、徳富《とくとみ》蘇峰《そほう》が玉川学園を視察。東京日日新聞に驚きを記した記事を載せた。題して『現代教育に反旗を翻す』。「……土木工事はおろか、電気工事や印刷、養鶏、養蜂、養蚕、養魚等に至るまで皆生徒達の実習であり、勤労であり……大学教育をここでうける頃には立派に腕一本の男として世に送りだされるのである」

玉川学園は平成二十一年に創立八〇周年を迎えた。建学の精神を知ってか知らずか、玉川学園ブランドの街並みは高級住宅街として今人気である。

昭和38年の玉川学園前駅
撮影／荻原二郎

森林に開かれた労作教育実践の場

昭和５年頃の玉川学園前駅　写真提供／町田市

開業の日の玉川学園前駅（昭和4年4月1日）。日の丸が掲げられた　写真提供／玉川学園

開校当時の玉川学園全景（昭和４年）　写真提供／玉川学園

昭和４年の開校式で夢を語り聞かせる小原学園長　写真提供／玉川学園

森がそのまま教室になった　写真提供／玉川学園

昭和５年に礼拝堂が開堂された　写真提供／玉川学園

道をつくるのも労作の一環　写真提供／玉川学園

玉川学園の松陰橋の下をくぐり、境塚トンネルに進入する特急ロマンスカーSE車（昭和34年）撮影／生方良雄

現在

満開の桜の下をゆくロマンスカーVSEスーパーはこね（松陰橋から）。玉川学園では毎年桜の開花期の週末にキャンパスを一般開放する

町田《まちだ》

街の発展につながった 本家と新興勢力のせめぎあい

町田駅は昭和二年の小田急開通時に「新原町田駅」の名前で登場する。

あたかも原町田地区の中心にあった国鉄横浜線の「本家」原町田駅に遠慮するかのように、人家もまばらな町はずれに「新」をつけて開業。しかし、都心へ直通する電車が交通の中心となるのに時間はかからなかった。繁華街も次第に小田急寄りに移動を始めた。

町はずれの駅のあおりを食ったのは乗り換え客である。朝は両駅間の商店街を走ることになる。商店街についたあだ名が「マラソン通り（または駆け足通り）」。これがしばらく町田を代表する風景になっていた。昭和五十一年に線路を跨ぐ形で小田急の新しい駅ビルが完成し、晴れて「町田駅」と名乗る。曲折を経て国鉄駅が小田急寄りに移転したのが五十五年。連絡通路も改善された。こうして国鉄とともに市の表玄関となったのである。

二の市から発展した街

駅の所在地は原町田。別に本町田の地名もある。こちらにも「本家」と新興勢力の図式がある。

町田は古くから人の往来で賑わった街である。奈良時代には古東海道が足柄峠から現在の町田市小野路町を通って国府の府中まで通じていたという。

鎌倉時代には戦いの場となった。現在の小野路、野津田、本町田周辺の鎌倉街道筋には、古戦場をはじめ、鎌倉との結び付きを示す多くの史跡が残る。江戸時代には諸国から大山への巡礼道が賑わった。近藤勇《こんどういさみ》ら、後の新選組の面々が小野路村に足繁く通った。

歴史の表舞台にあった小野路や本町田に対し、原町田が脚光を浴びるようになるのは天正年間である。

町田村から独立した原町田村は、痩せ地の一寒村にすぎなかった。賑わい始めたきっかけが天正年間に始まった「二の市」。毎月二のつく日に立つ市は活況を呈し、人々が押し寄せた。納得いかないのが、もとから「二・七の市」を開き、原町田に市を分けた経緯のある町田村。本家筋として「本町田村」を名乗った。

そして幕末。横浜が対外貿易の拠点となる中、北関東や多摩から生糸が横浜へと運ばれる。「絹の道」に沿った原町田が一大中継地として栄えた。

商都としてその後も飛躍的に発展した町田市。本家と新興勢力がせめぎあった街は平成二十年に市制五〇年を迎えた。

昭和 30 年頃の新原町田駅
写真提供／小田急電鉄

F. ベアトが撮影した幕末の原町田。当時横浜から馬で３時間ほどかかったという　所蔵／横浜開港資料館

昭和４年の新原町田駅周辺（旧版２万5000分の１地形図　昭和４年測図）。原町田の賑わいと、あえてそこから遠回りするかのように敷設された小田急の線路が見える。本町田の集落はずっと北の方。江戸天正年間まではこちらが町田の中心になっていた

大正後期の原町田（絵葉書より）　所蔵／町田市

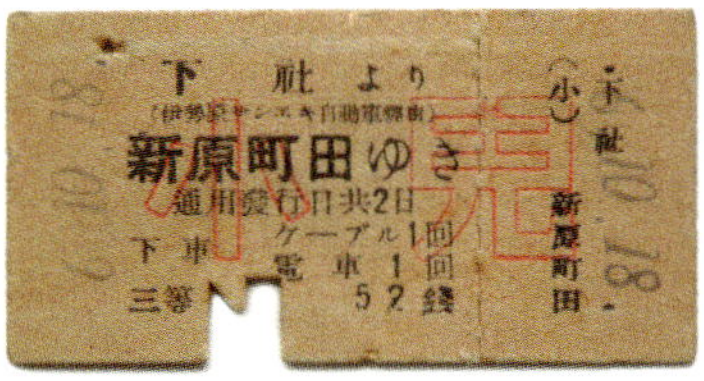

昭和６年の大山ケーブル下社〜新原町田の小児用乗車券　所蔵／赤石定次

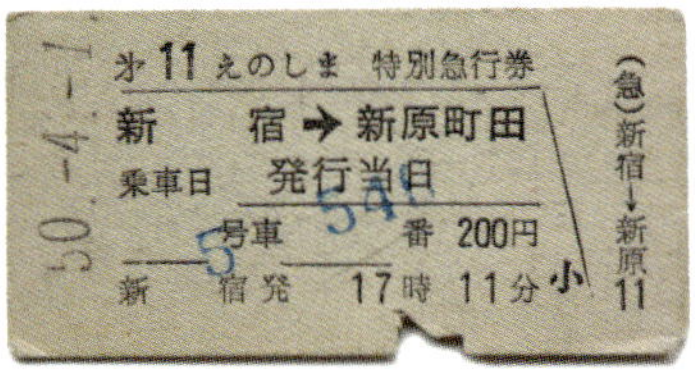

昭和50年の新宿〜新原町田の特別急行券　所蔵／赤石定次

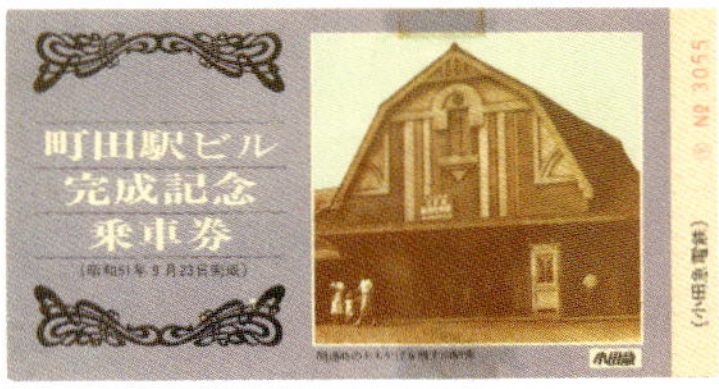

新駅ビル完成を記念して発売された乗車券　所蔵／小田急電鉄

昭和 38 年の小田急踏切。駅ビルができる前にはこんなに空がひろがっていた　所蔵／町田市

昭和 42 年の駅前路地。ここが後に「マラソン通り」と呼ばれる　所蔵／町田市

新装なった「マラソン通り」　所蔵／町田市

今も街角に残る国鉄原町田駅の駅名表示板

国鉄町田駅落成式（昭和 55 年）　所蔵／町田市

昭和 54 年の国鉄原町田駅前　所蔵／町田市

昭和 52 年頃の国鉄原町田駅全景　所蔵／町田市

昭和 54 年頃の原町田駅前（上・左）　所蔵／町田市

東急ハンズ町田店オープン当時（昭和 58 年）
所蔵／町田市

昭和 51 年新駅ビルが完成した当時の空撮
所蔵／町田市

●信号所からの大躍進

相模大野

さがみおおの

軍都へ商業都市へ　何もない長閑な村がたどった道

一日の平均乗降客数十二万人余り。江ノ島線への分岐点であることもあり、この駅の人の波は絶えることがない。今や相模原市の表玄関の感がある。

にわかには信じ難いことだが、昭和二年の小田急開通時には相模大野駅は影も形もなく、四年に江ノ島線が開通したときも、ただ片田舎にぽつんと立つ、ポイント操作のための信号所に過ぎなかった。ようやく駅ができたのが開通から十一年後。しかし、長閑だった大野村の様相はこのときすでに一変していた。

軍都相模原

昭和十二年、東京市ヶ谷台から陸軍士官学校が座間に移転。これを皮切りに陸軍病院や通信学校、航空隊や兵器廠など、軍事施設が相模野の各地に次々に進出した。相模原は人口一〇万人を想定した「軍都」への道を歩み始めることになる。

翌十三年に信号所付近に造られたこの駅も、陸軍通信学校が杉並から移転してくるのに備え「通信学校駅」と名付けられた。十六年に現在の駅名に変更したのも防諜上の理由からという。

今日の相模大野駅周辺の繁栄ぶりも、やはり太平洋戦争や軍事施設と無関係ではない。

昭和二十一年、戦災で焼失した帝国女子専門学校が東京大塚から旧通信学校跡地に移転。全国の女学生の憧れだった「帝女」も土まみれの再スタートとなった。旧兵舎を学び舎とする一方、広大な敷地を耕して戦後の食糧難時代を支えた。二十四年に相模女子大学として再発足。以来、相模大野の顔のひとつとなる。駅からの道は「女子大通り」と呼ばれるようになった。

三十四年に建設された相模大野団地をきっかけに人口増加が進むが、駅周辺に劇的な変化をもたらしたのは、かつての相模原陸軍病院、後の米陸軍医療センターの跡地である。高層住宅と商業施設を兼ねたロビーシティ、複合施設のグリーンホール、さらに市内初の百貨店となる伊勢丹相模原店が開業。平成八年には駅ビルが建ち、センチュリーホテルと商店街が入居した。

北口の歩行者デッキを下りたところに、角屋という食堂がある。文字通り駅前の角に店を構えたのが終戦直後。古い街並みを収録した写真集などに必ず登場する名物店である。雑居ビルの一階での営業になった今も、相模大野の歴史を見守り続けている。

昭和 38 年の相模大野駅　撮影／荻原二郎

昭和 14 年の通信学校駅（現・相模大野駅）ホーム　写真提供／小田急電鉄

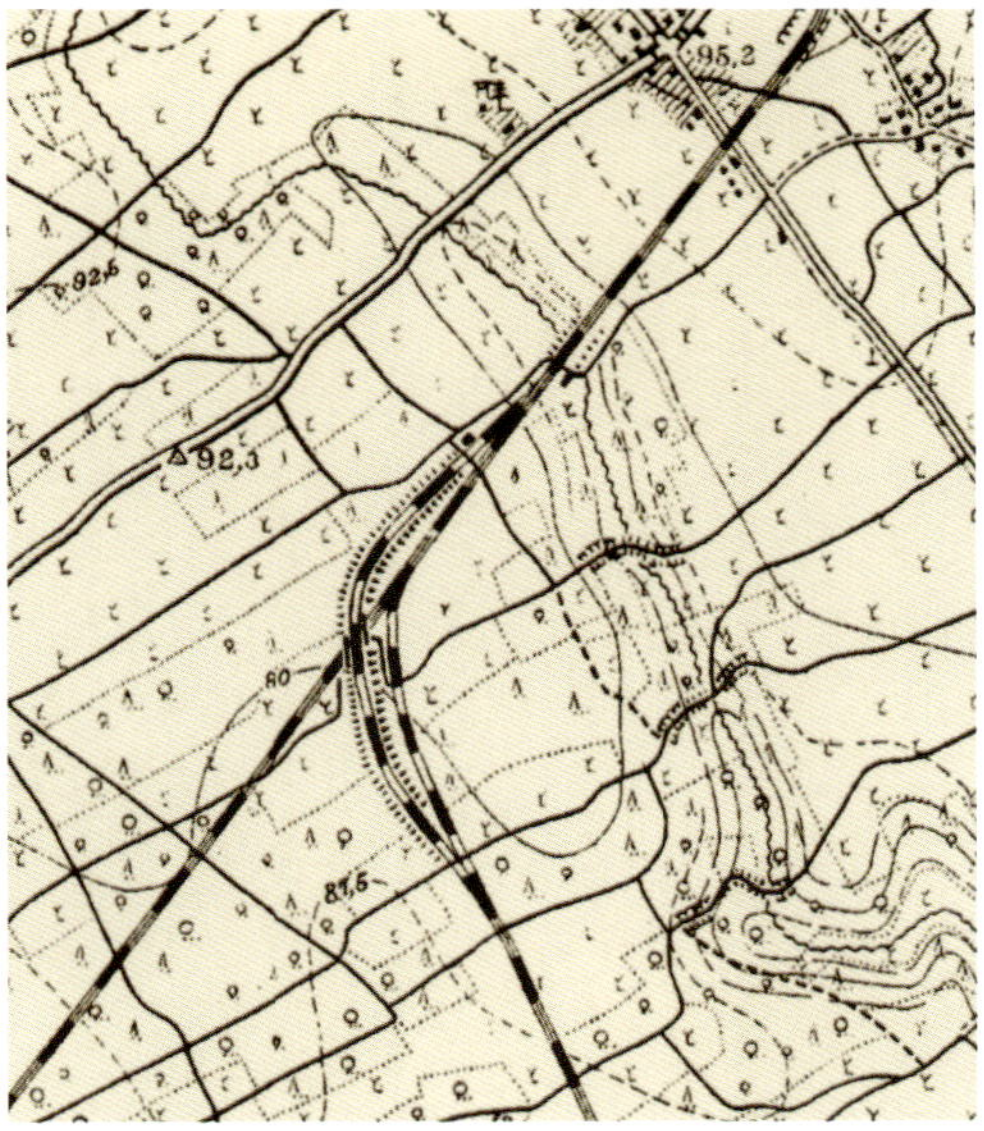

昭和 4 年当時の相模大野駅付近（旧版 1 万分の 1 地形図）。江ノ島線の上りが立体交差になっている。集落はほとんど見られない

昭和 28 年の相模大野駅前　写真提供／小田急電鉄

昭和 28 年の相模大野駅ホーム　写真提供／小田急電鉄

昭和 30 年の相模大野駅。ロマンスカー 1700 形が通過中　撮影／赤石定次

新宿方面から見た相模大野駅（昭和 28 年）　撮影／生方良雄

相模女子大前の通り（昭和 31 年）。周囲には桑畑がひろがっていた　所蔵／相模原市

相模大野駅前商店街（昭和 36 年）。女子大通りと呼ばれた
所蔵／相模原市

本線と分かれゆく江ノ島線下り線（昭和 28 年）　撮影／生方良雄

相模大野駅朝の通勤・通学の風景
（昭和 34 年）　所蔵／相模原市

相模大野駅北口角に店を構える角屋（左・昭和 24 年　上・平成元年）。現在も角屋食堂としてビルの一角で営業中　所蔵／角屋食堂

●スタートは軍の病院前

小田急相模原《おだきゅうさがみはら》

駅名の経緯が示す 相模原という街の成り立ち

相模大野駅を出て江ノ島線を左に見送ると、下り電車は小田急小田原線の「独り旅」となる。台地を直進し、ほどなく到着するのが小田急相模原駅。駅名には少々込み入った事情がある。

小田急相模原駅は昭和十三年に「相模原駅」の名前でデビューした。日中戦争の傷痍兵士を収容するための臨時東京第三陸軍病院が開院するのに伴って開設された駅で、「国立病院前」という異名もあったという。十六年に国鉄横浜線の相模原駅ができ、このために会社名を冠することを余儀なくされた経緯がある。

実は駅開業当初、「相模原」という正式な地名は歴史上に登場していなかった。政府が打ち出した相模原軍都計画から相模原の名が徐々に広まったが、まだ通称の域を出ない。十六年の上溝・座間の二町と、大野村など近隣六村合併の際、町名に「相模原町」が最有力と見られていた。これを受け、先んじて相模原駅と称したのが小田急というわけである。駅名が地名に先行した全国でも珍しい例といえる。

へそのないまち

混乱の種は現在にも引きずっている。横浜線の相模原駅は、この駅からはるか北の方にあり、車でも二〇分ほどの距離にある。同じ名がつく駅だから隣接しているだろうと思うのが人情。乗り換えられると勘違いする利用客が後を絶たないという。また、単に「相模原駅で待ち合わせ」などと言ったときにも「北の？」「南の？」と確認する必要もある。実はこの混乱の種は、相模原という街の成り立ちとあながち無関係ではない。

相模原市は俗に「へそのないまち」と呼ばれる。

明治から昭和初頭にかけて、現市域の経済の中心は相模川寄りにあった。河畔の上溝には一〇〇軒を超える商店が立ち並び、市場町として栄えていた。

小田急線や国鉄横浜線が開通し、陸軍の施設が押し寄せると、経済の中心は次第に大野、橋本などに移り、戦後に飛躍的な発展を遂げた。しかし、政治の中心は軍都時代から国鉄相模原駅寄りの地域。有事には飛行機発着も可能という広い街路でも有名だ。

時代とともに各地域それぞれの街が独自に発展してきたため、核になる街がないのが相模原の特徴のひとつ。市内のあちこちに玄関がある街、それが相模原なのである。

昭和 37 年の小田急相模原駅　撮影／荻原二郎

昭和 23 年頃の小田急相模原駅。周囲はまだ田畑　写真提供／小田急電鉄（撮影者不明）

小田急相模原駅を通過するロマンスカー SE はこね（昭和 38 年）
撮影／荻原二郎

昭和 43 年の小田急相模原駅。小田急 OX 相模原店がオープンしている。「OX」とは、Odakyu Exchange の意味　写真提供／小田急電鉄

●軍都の波がここにも

相武台前《そうぶだいまえ》

その名は昭和天皇の命名
士官学校からキャンプ座間へ

相武台前駅は昭和二年に「座間駅」として開通の日を迎えた。開通当時は新原町田駅（現在の町田駅）を出た下り電車の次の停車駅。駅のないこの間の六キロ余りはカーブも少なく、新宿〜小田原間の時間短縮に恰好だった。

昭和十年代に入り、軍都化の波がこの駅にも押し寄せた。十二年に陸軍士官学校が東京市ヶ谷台から座間に移転。地元民総出で生徒隊を出迎えた。駅名も「士官学校前駅」となる。

十六年に現在の駅名に改称し、今に至っている。相模川河畔を南北に走る国鉄相模線にも「陸士前駅」があったが、こちらも時を同じくして「相武台下駅」と名を変えた。

相武台の名

「相武台」とは座間の陸軍士官学校の呼称である。命名は昭和天皇。十六年に行われた士官学校の卒業式行幸の際に与えられた名前といい、ほかに修武台（陸軍航空士官学校／現・埼玉県入間市）、振武台（陸軍予科士官学校／現・埼玉県朝霞市）、建武台（東京陸軍幼年学校／現・東京都八王子市）などの例がある。相武台の名は、相模と武蔵の両国を眼下に見下ろすことのほかに、武運の祈りを込めての命名であったろうと察せられる。

この名の使用は、陸軍から学校と練兵場のみに制限された。そのまま駅名としてはまかりならぬというわけである。ならばと小田急では「前」、国鉄では「下」をつけた。戦後はその制限も解かれ、座間・相模原両市の地名に受け継がれた。今の相武台前駅は座間市相武台と相模原市相武台にはさまれた格好になっている。

キャンプ座間

終戦、そして占領時代を迎えると、陸軍士官学校の跡地の一部は、米軍キャンプ座間に鞍替えした。現在、キャンプ座間には実行部隊の駐屯はなく、在日米陸軍の司令部が置かれて有事に備えているという。桜の開花期に一般公開されるほか、一般客を招いて催される盆踊りや花火大会は、座間の夏の風物詩のひとつになっている。

キャンプ座間の南に富士山公園という小公園がある。かつては浅間神社があったようで、全国に見られる富士塚のひとつであろう。その頂に方位盤がある。ここに陸軍士官学校があったことを示す数少ない証である。

昭和 38 年の相武台前駅　撮影／荻原二郎

士官学校前駅（現・相武台前駅）に到着した陸軍士官学校生徒隊（昭和 12 年） 所蔵／座間市（『目で見る座間』より）

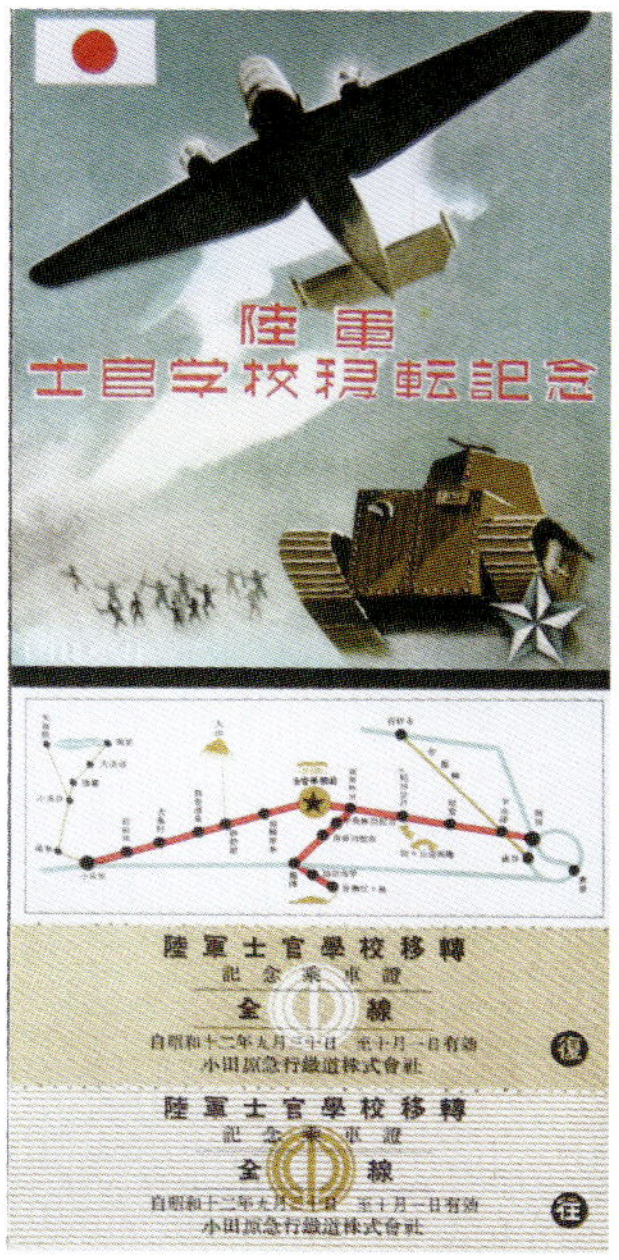

昭和 12 年に発行された陸軍士官学校移転記念乗車証
所蔵／赤石定次

昭和 12 年に移転した陸軍士官学校正門 所蔵／座間市（『目で見る座間』より）

「士官学校前駅」と改称した当時の駅舎（昭和 12 年） 所蔵／座間市（『目で見る座間』より）

昭和 32 年の相武台前駅前。英字新聞の看板も
所蔵／座間市（『目で見る座間』より）

相模大野行き 2200 形が発車する相武台前駅
（昭和 38 年） 撮影／荻原二郎

始まった当時の座間キャンプ日米親善盆踊り大会（昭和 35 年頃） 所蔵／座間市（『目で見る座間』より）

座間《ざま》

向ヶ丘遊園と双璧をなすはずが…泡と消えた座間遊園計画

座間と小田急は微妙な関係にある。

大正末期、さつま芋を特産とする静かな座間の農村に、突然舞い込んだのは最新鉄道敷設の話。「若い者が町に出ていって身上をつぶす」などと地主らが猛抗議し、村は一大騒動となったという。結局、小田急は村の中心地を通ることを許されず、線路は現在の谷戸山公園のある丘陵地に沿う形で、比較的集落の少ない地域を南下することとなる。村で最初の駅（現在の相武台前駅）に至っては、ほとんど人家のない村の北のはずれにぽつんと造られた。結果的に陸軍士官学校が移転したことで人の往来がさかんになるが、それはしばらく後のことだ。

沿線最大級の駅という計画

現在の座間駅は昭和二年夏、開通から四ヶ月遅れて開業した。名称は「新座間駅」。もともと相武台前駅が「座間駅」として先にスタートしたためにこの名称になったが、隣が「士官学校前駅」を経て「相武台前駅」で落ち着いたのを受け、座間の名を復活させた。

しかし、名称のややこしさはそれだけに留まらない。四年余りの間、この駅には「座間遊園駅」という別の名があった。

実は小田急には開通当初から、ある青写真があった。向ヶ丘遊園のような集客施設を座間の里山地域に造り、さらにその周囲を宅地化して沿線で最大級の駅にするという計画である。合わせて七四ヘクタールという大規模な用地買収が進み、公園の整備が少しずつ行われていく中、知名度を上げるために十二年に駅名を「座間遊園駅」と改称した。

中央の大きな池と、それを取り囲む広大な遊園地。土地を提供した地元住民の「沿線最大級の駅」への夢も膨らんでいた。しかし、昭和の大恐慌によって工事は頓挫。十四年に計画の断念を余儀なくされた。

遊園地が造られる予定だったのは駅の東側、今の座間市立野台付近である。しばらくの間は敷地を見下ろす高台に記念碑がたっていたが、間もなくこれも取り払われた。現在、遊園地の夢の痕跡を見出すことはできない。まったく幻のような出来事だった。

駅に降り立つと目の前に丘陵地が連なる。季節の花に彩られた階段を上ってゆくと、次第に子どもたちの歓声が…。桜花の美しいこの駅に降り立つと、今でもつい想像が巡る。

昭和38年の座間駅　撮影／荻原二郎

大凧揚げは相模川河畔に伝わる伝統行事。昔から祝い事の度に揚げられる。小田急開通の昭和２年にも相模野の空に記念大凧が舞った（11 ページ参照）。上の写真は昭和９年の皇太子誕生を祝ったもの　所蔵／座間市（『目で見る座間』より）

座間遊園地記念碑の前で記念撮影（昭和 15 年）。碑は小田急創業者の利光鶴松の書による　所蔵／座間市（『目で見る座間』より）

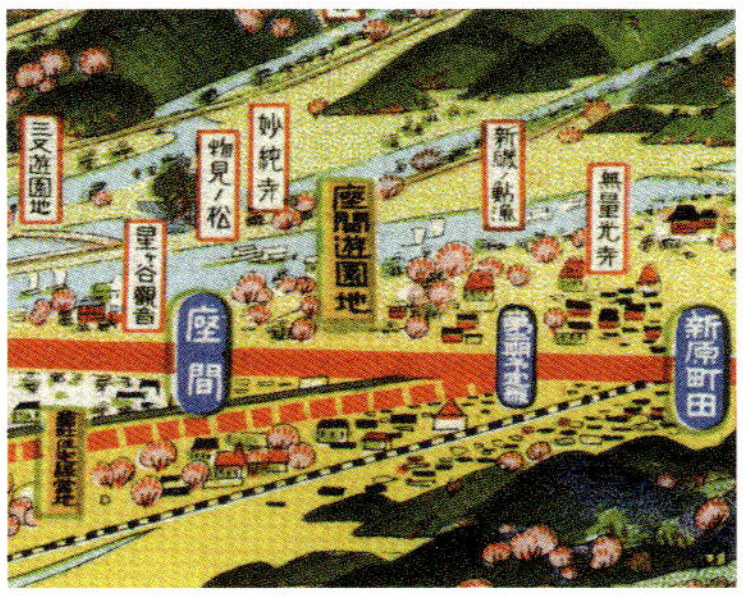

昭和２年小田急線開業当時の沿線案内パンフレット。「座間遊園地」の文字が踊っている　所蔵／生方良雄

昭和 26 年に座間駅東側に野球場が完成した　所蔵／座間市（『目で見る座間』より）

昭和 30 年の座間駅周辺　所蔵／座間市（『目で見る座間』より）

座間駅に到着したクハ 1450 形小田原行き（昭和 41 年）。団地が建ち、周囲は様変わりしている　撮影／荻原二郎

海老名《えびな》

●国分寺のおかれた条里田

神中鉄道の夢とともに
相模川東岸の要衝へと発展

一日平均十四万人。海老名駅は、沿線七番目の乗降客数を誇る。しかし開業は昭和十八年の後発組。開通から十六年後になったのには訳がある。

相模国分寺

時ははるか天平の世。災害や疫病の多発を憂えた時の聖武天皇は、全国に国分寺を建て国状の安静を図る。「適地を選んで建てること」の詔を受け、相模国の国分寺は相模川東岸、後の江戸時代に渡辺崋山《わたなべかざん》が「一望曠然　目中皆稲田」と感嘆したという長閑な村が選ばれた。七重塔を配したとされる東大寺級の大伽藍は、その後の火災や倒壊で消失した。

相模国分寺がおかれた旧国分村は明治二十二年の合併により海老名村となる。昭和二年に小田急が開通。開設された駅は由緒ある「海老名国分駅」と名付けられた。現在の国道二四六号付近である。この駅は十八年に今の海老名駅旅客営業開始により、歴史上から姿を消す。関わるのは相模鉄道である。

相模鉄道

横浜と海老名を結ぶ現在の相模鉄道、通称相鉄線の開業は大正末年。当時は神中鉄道の名で、相模川の砂利運搬を目的に海老名町の厚木駅～二俣川駅間を走る小さな鉄道だった。横浜駅に乗り入れたのは昭和八年のことだ。

神中鉄道には横浜から相模川を越えて厚木町までを結ぶという夢があった。東急電鉄の傘下に入ったことにより、小田急に乗り入れる形で昭和十六年にこの夢が実現。現在の海老名駅から四〇〇メートルほど新宿寄りに接続駅を開設し、「海老名駅」と名付けた。ここまではよかった。しかし、地元が猛反対したのは同時に海老名国分駅を廃止するという話だった。紛糾の末、廃止は見送られたが、今度は新しい駅が宙に浮いた。一年と四ヶ月余りの間、小田急線上にあるこの海老名駅を、当の小田急の電車が通過し続けるという奇妙な状態が続いたのである。

四十八年、海老名駅は現在の位置に移動。小田急・相鉄両線の海老名駅として現在に至る。民営化直前の六十二年には国鉄相模線の海老名駅も開設された。接続というには遠く、屋根もない狭い連絡橋で、乗り換え客は長年不便を強いられていたが、現在広いコンコースが計画されている。変遷を繰り返した海老名に、また新時代が来る。

昭和 40 年代の海老名駅　所蔵／池田武治

海老名国分駅にて（昭和 15 年）　写真提供／小田急電鉄

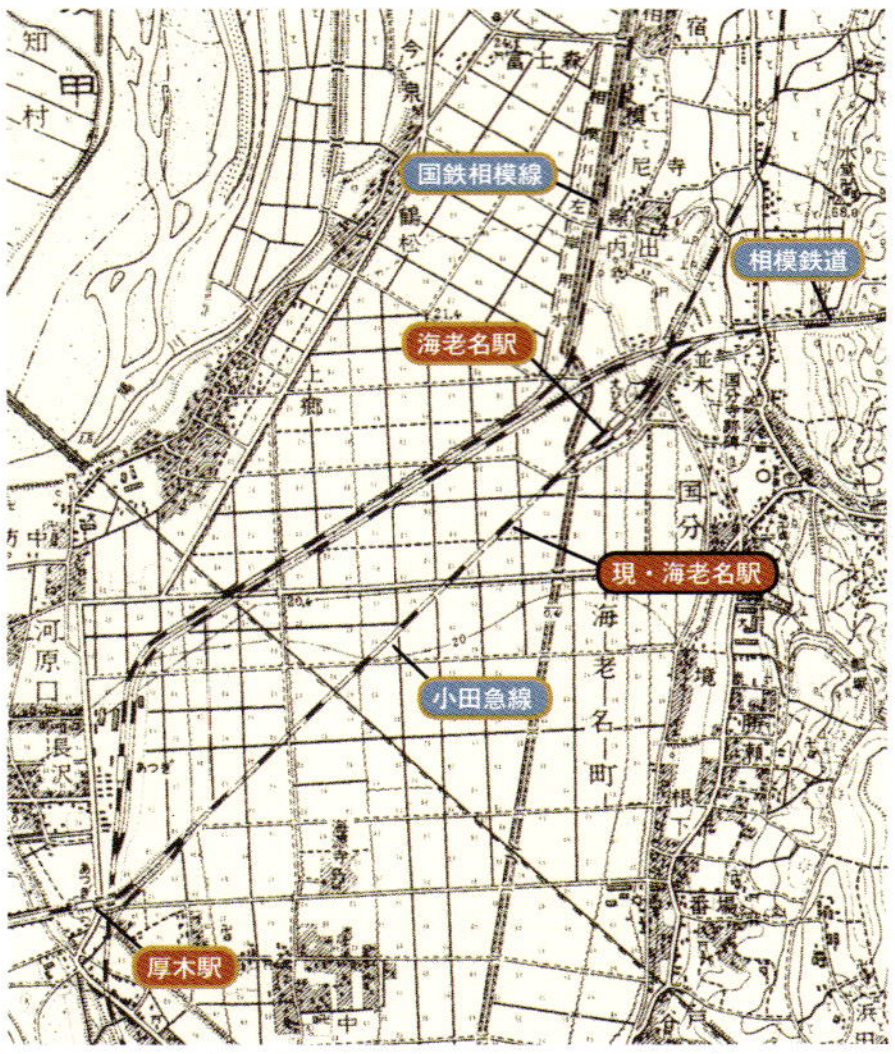

昭和 32 年の海老名。海老名国分駅はなく、現在より 400m ほど新宿寄りに海老名駅が登場、次の駅は厚木駅に変わっている。相鉄線は海老名駅乗り入れと厚木への路線が分岐。国鉄相模線が加わって、かなり複雑になっている（旧版 2 万 5000 分の 1 地形図　昭和 29 年修正）

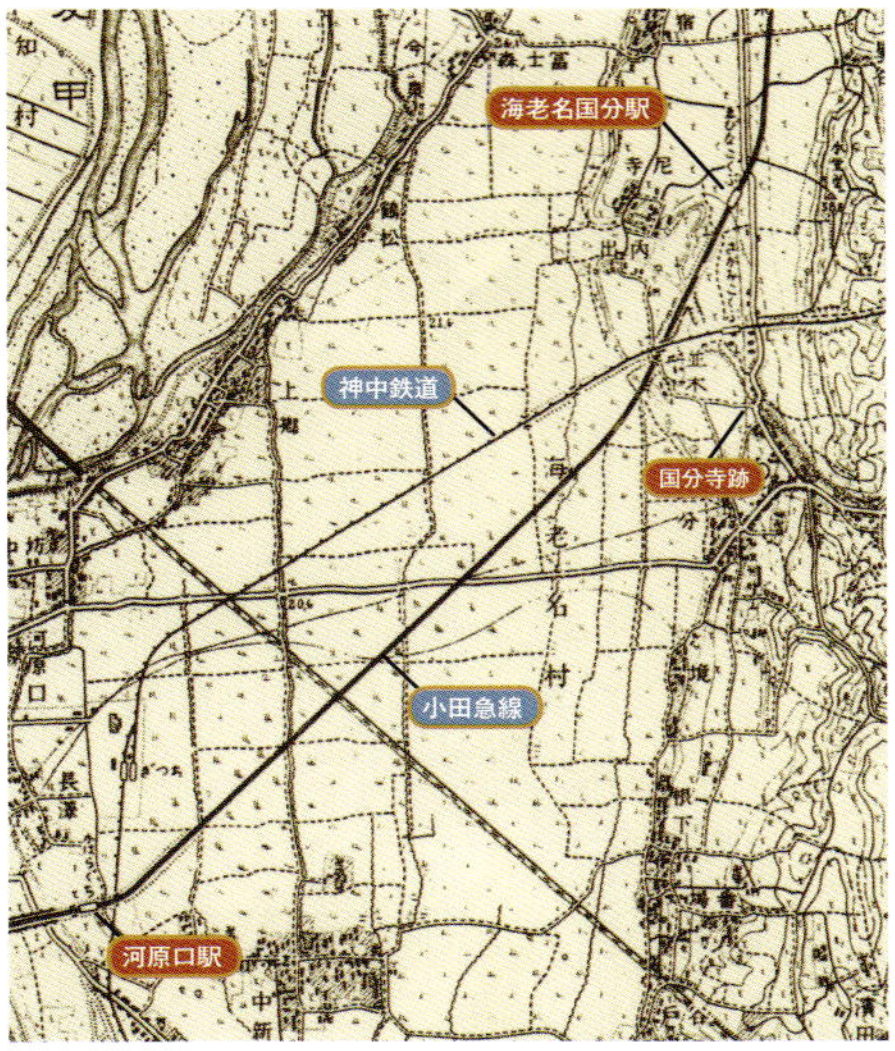

昭和 4 年の海老名。右上に海老名国分駅が見える。海老名駅は当時なく、次の駅は河原口駅（現・厚木駅）。後に小田急線と神中鉄道（現・相鉄線）との交差部に海老名駅という別の駅ができたが、しばらくの間小田急線は停車せずに通過していた（旧版 2 万 5000 分の 1 地形図　大正 10 年測量　昭和 4 年鉄道補入）

昭和 10 年代の海老名小学校。条里田のかなたが駅方面　所蔵／高橋武二

昭和 38 年の海老名駅ホーム　撮影／荻原二郎

相模国分寺跡（昭和初期）　所蔵／海老名市教育委員会

建設中の海老名駅新駅舎（昭和 40 年代）　所蔵／海老名市教育委員会

クハ 1450 形が出発する海老名駅（昭和 42 年）　撮影／荻原二郎

厚木《あつぎ》

「本物の」厚木への玄関口

海老名村にできた三つの路線の厚木駅

「小田急七不思議」というものがもしあるとすれば、間違いなくこの駅名も名を連ねることだろう。「厚木」を名乗りながら、駅の所在地は厚木市ではなく海老名市。市境をなす相模川の東岸にあるのだから、見た目にも疑いようがない。

昭和二年の開通時には、海老名村の字の名を用いて「河原口駅」で登場したが、十九年に今の名になった。実はこれには、小田急自身も巻き込まれたある思惑がからんでいる。

小田急乗り入れで念願の厚木へ

明治末から大正にかけて、多摩川や相模川の砂利を運ぶことを主目的とした鉄道会社が次々と産声をあげた。住みたい町として今、沿線が大人気の東急田園都市線も、元はといえば砂利運搬路線である。関東大震災後のコンクリート需要がこうした鉄道をさらに後押しする。

横浜と海老名を結ぶ相鉄線も、相模川の東を南北に走るJR相模線も、やはり砂利運搬からスタートした。大正末年、相模川まで延びてきた神中鉄道（現・相鉄線）と茅ヶ崎から北上してきた相模鉄道（現・JR相模線）が相模川東岸の海老名村河原口で相まみえた。当然のことながら接続の駅を造ることになる。

神中鉄道は将来的に横浜と厚木（今の厚木市）を結ぶ路線を思い描いていた。しかし、その夢には相模川への架橋という大きな壁があった。

そこで、当時は駅がなかった対岸の厚木町の承諾を取り付けて、厚木への玄関口という意味でこの駅を「厚木」と名付けた。

一方、相模鉄道としては、相模川の東岸に核となる駅を求めていた。すでに相模川西岸で県央の大都市へと成長を遂げていた厚木のブランドを名乗ることができたら、もちろんそれに越したことはない。神中鉄道と相模鉄道、両者の思惑がここで一致した。「海老名村の厚木駅」は、大正末年にかくして誕生した。

また、小田急線の河原口駅は、開業から十七年余りを経た後、国鉄の旅客路線となった相模線に引っ張られる形でこちらも名称を厚木駅とした。

そして現在。厚木駅は、踏切も改札も小田急が主導である。主従が完全に逆転した今日でも、駅名だけはいまだに相模線側の思惑がリードした形になっている。

昭和38年の厚木駅　撮影／荻原二郎

神中鉄道（現・相鉄線）厚木停車場（昭和 14 年頃） 所蔵／海老名市教育委員会

国鉄相模線ホーム側から見た小田急との乗り換え口（昭和 42 年）。当時は露天で雨天時には不便を強いられた 写真提供／小田急電鉄

昭和 38 年の厚木駅ホーム。乗り換え表示が古めかしい 撮影／荻原二郎

厚木駅を通過する新宿行き急行電車（昭和 39 年） 撮影／荻原二郎

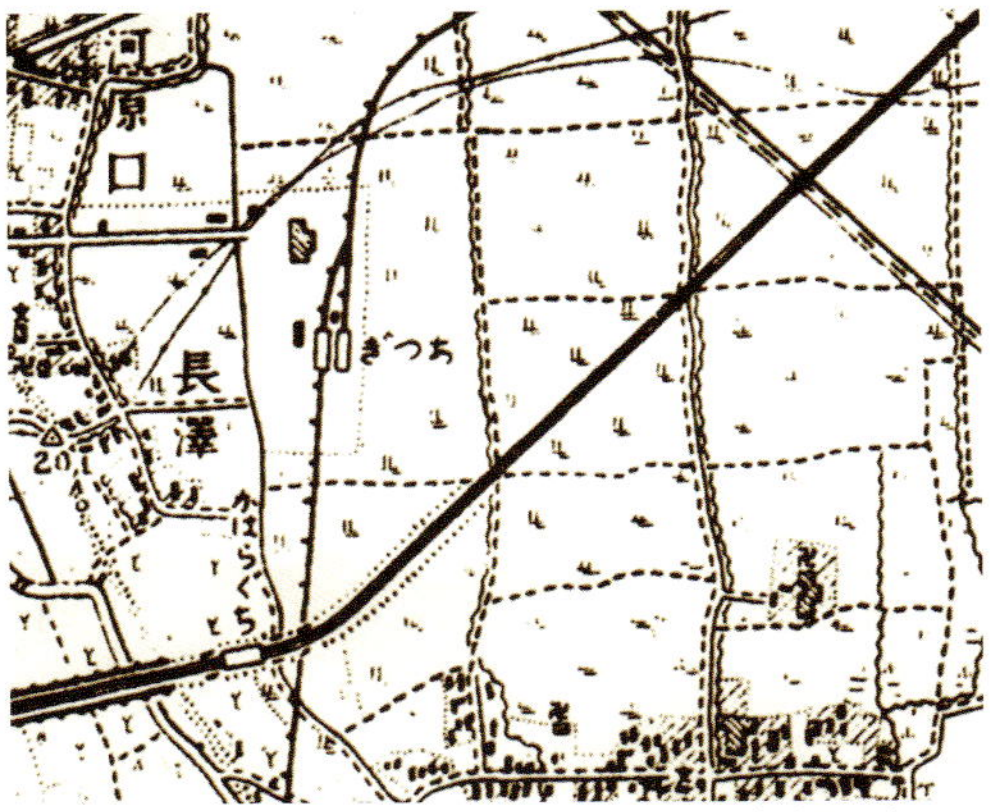

開通当時の河原口駅付近（旧版 2 万 5000 分の 1 地形図 大正 10 年測図 昭和 2 年鉄道補入）。神中鉄道（現・相鉄線）と相模鉄道（現・JR 相模線）の厚木駅が北側に見える（現在はホームが小田急線厚木駅寄りに移動している）

本厚木《ほんあつぎ》

東海道線開通で水を差されるも 小田急開通が復活の足がかりに

相模川橋梁を渡った下り電車は「本物の」厚木に入る。

すでに対岸の海老名村に神中鉄道の厚木駅が存在していたため、昭和二年の開通時にやむなく「相模厚木駅」と名乗る。河原口駅が厚木駅と名を改めるのを機に、こちらが本来の厚木であるとの意味を込め、「本厚木駅」と改称。十九年初夏のことである。

衰退と復活

厚木は古くから交通の要衝として栄えた。相模川の船便で、上流の丹沢や津久井からは木材や炭、下流からは相模湾の魚や塩が集まった。厚木の語源を「集め木」とする説もあるほどだ。陸路では相模川の鮎が竹籠で江戸に運ばれ、関東各地から大山をめざす巡礼の宿場ともなった。南北の水路と東西の陸路が交差する厚木は、江戸時代に隆盛を極め「小江戸」と呼ばれた。

厚木の旅籠と花柳界は神奈川随一ともてはやされた。天保二年に当地を訪れた渡辺崋山はこの町の賑わいぶりに「家のつくりさまは江戸にかはれとも、女男の風俗かはる事なし」と日記に驚きを記している。

しかし、この繁栄に明治二十年に横浜以西に延伸した東海道線が水を差す。大量輸送時代の幕開けは、相模の地にも大きな変革をもたらした。流通の中心は相模湾岸に移行し、東海道沿線の湘南各都市が急成長を遂げる。相模川の水運も衰退の一途をたどった。

さらに大正十二年の関東大震災が追い討ちをかける。震源に近く、もろい地質から、火災よりも揺れそのものによって厚木は壊滅状態に陥った。

しかし、繁盛の記憶を持つ街には復活への底力があった。転機となったのが小田急開通。都心との直結は、厚木に新時代の到来をもたらす。開通日の横浜貿易新聞からその興奮が伝わる。

…厚木地方は明治初年まで相当繁栄を見ていたが、東海道鉄道の敷設と共に、海岸地方に繁栄を奪われて…然るに今日は此の地方にとって如何なる好き日ぞ。

しかし、せっかく駅ができたものの、開設時はマンサード屋根の南口が表口で、北口には満足な道すらなかった。厚木一番の繁華街は駅の北西寄りの国道沿いである。そこで地主の中野再五郎が身銭を切って国道へと通じる道を造る。この通称「中野通り」が後の厚木一番街となる。本厚木駅北口は戦後急速に発展し、街の顔となった。

昭和38年の本厚木駅南口。マンサード屋根がなくなり、簡素な駅前風景　撮影／荻原二郎

マンサード屋根が威容を誇った昭和初期の相模厚木駅南口（絵葉書）　所蔵／飯田孝

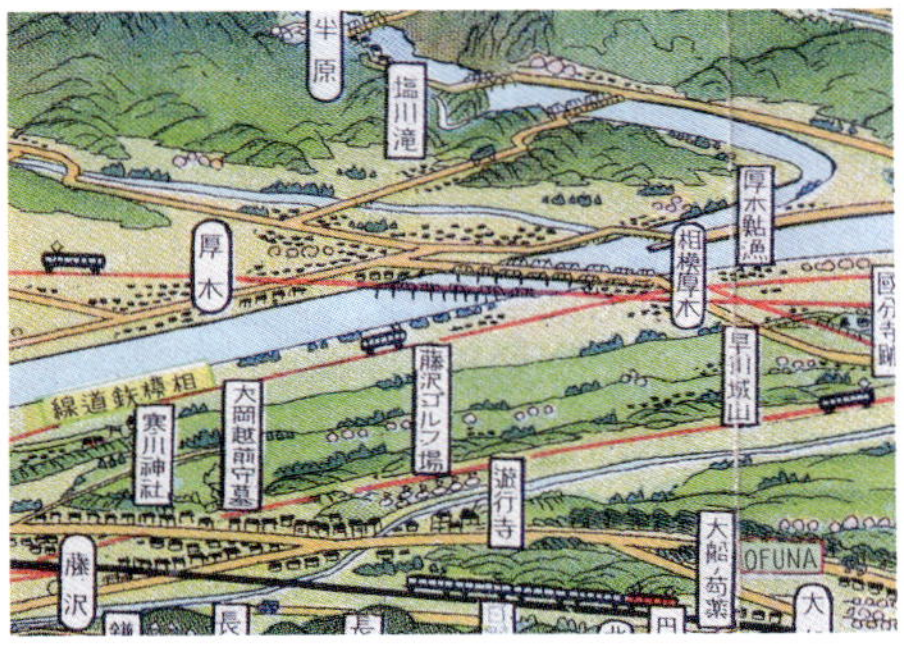

昭和８年に神奈川県が発行した『神奈川県観光図絵』。相模厚木駅と厚木駅が入れ違いになっている。当時から変則的な駅名が混乱のもとだったことがうかがえる　所蔵／飯田孝

鮎料理の料亭のひとつ、大島屋の前に芸者衆が勢揃い（昭和 10 年頃）。
鮎で賑わった厚木の歴史を物語る貴重な一枚　所蔵／飯田孝

昭和 10 年頃の相模厚木駅北口（『厚木名勝写真帖』より）　所蔵／飯田孝

昭和初期の鮎漁の風景（絵葉書）　所蔵／飯田孝

昭和 28 年の本厚木駅。新宿方面からの駅舎の様子　撮影／生方良雄

鮎まつり花火大会が相模川で行われていた（昭和 11 年）　所蔵／飯田孝

昭和 20 年代後半の本厚木駅北口バス待合所　写真提供／神奈川中央交通

昭和 30 年代の中央通り商店街。高度成長の足音が聞こえてきそうな一枚　撮影／清水正勝

昭和 39 年の本厚木駅北口広場。ペプシコーラの看板が懐かしい
撮影／清水正勝

昭和 38 年の本厚木駅北口　撮影／荻原二郎

昭和 39 年の本厚木駅北口商店街。正面が今の厚木一番街で、かつては中野通りとも呼ばれた
撮影／清水正勝

昭和 39 年の小田急踏切。右が今の厚木バスターミナル方面　撮影／清水正勝

駅舎移転を知らせる看板（昭和 38 年）。高架工事が始まった　撮影／荻原二郎

昭和 40 年頃の本厚木駅南口。長閑な駅前だった　撮影／清水正勝

昭和 35 年頃の天王町通り　撮影／清水正勝

昭和 30 年代の本町通り（現・東町）　撮影／清水正勝

昭和 45 年の本厚木駅北口。厚木一番街がこの前年にオープンした　撮影／清水正勝

●市境の真上にある駅

愛甲石田《あいこういしだ》

駅誘致で 厚木と伊勢原が対立

厚木の市街地を抜け、下り電車は相模野の田園地帯へと入る。愛甲石田駅は厚木市と伊勢原市のほぼ市境の上にある。昭和二年の開通時からある駅で、南毛利村愛甲（現在の厚木市愛甲）と成瀬村石田（現在の伊勢原市石田）の両方の地名をとって名付けられた。

互いに譲らぬ誘致合戦

「愛甲」の名は、相模川をさす古名の「鮎川」が語源であるという。いずれも鮎で知られる相模川と中津川、小鮎川の三河川が合流する厚木は、昔から鮎漁で賑わった。また、現在も厚木の地名に名を残す毛利庄は、後に戦国の名将毛利元就《もうりもとなり》へとつながる毛利氏発祥の地とされる。鎌倉時代、この毛利庄の愛甲三郎季隆《あいこうさぶろうすえたか》が源頼朝に重用されたとの記録がある。その弓の腕前は将軍をうならせたと伝わる。

一方、「石田」の語源は一説によれば美しいことを表す古語「イシ」であり、「美田」を意味するという。『吾妻鏡《あづまかがみ》』で平安末期の武将木曾義仲《きそよしなか》を討ったと記述される石田次郎為久《ためひさ》はこの石田郷の住人である。

昭和の初め、この由緒ある隣村同士が対立することとなった。原因はもちろん小田急の駅の誘致である。

当初の路線計画では、この駅は現在の位置より一キロほど南西の小金塚（現在の伊勢原市高森）に建設が予定されていた。しかし、それでは伊勢原駅に近過ぎると愛甲側が反発。厚木寄りに決まりかけたところで、今度は石田側が猛抗議というわけで、二転三転の結果、現在のところに落ち着き、駅の名前も仲良く分け合った形となる。今でもこの駅の公衆電話は、厚木と伊勢原の市外局番のものが並んでいる。

保線泣かせの難所

愛甲石田から伊勢原にかけては、田んぼが線路際まで迫る田園風景が続く。長閑な車窓からは想像がつかないが、愛甲石田から伊勢原にかけては、開通工事最大級の難所だったという。

北側にそびえる大山に降った雨が地表にしみ出すのがこの辺り。水はけが悪く「底なし田んぼ」と呼ばれた。砂利を入れても沈下が治まらず、工事の障害となったばかりか、開通後も速度制限が続いた。県の道路新設計画で小田急が高架化され、速度制限がなくなったのは平成になってからのことである。

昭和 38 年の愛甲石田駅　撮影／荻原二郎

昭和 15 年頃の愛甲石田駅　写真提供／小田急電鉄

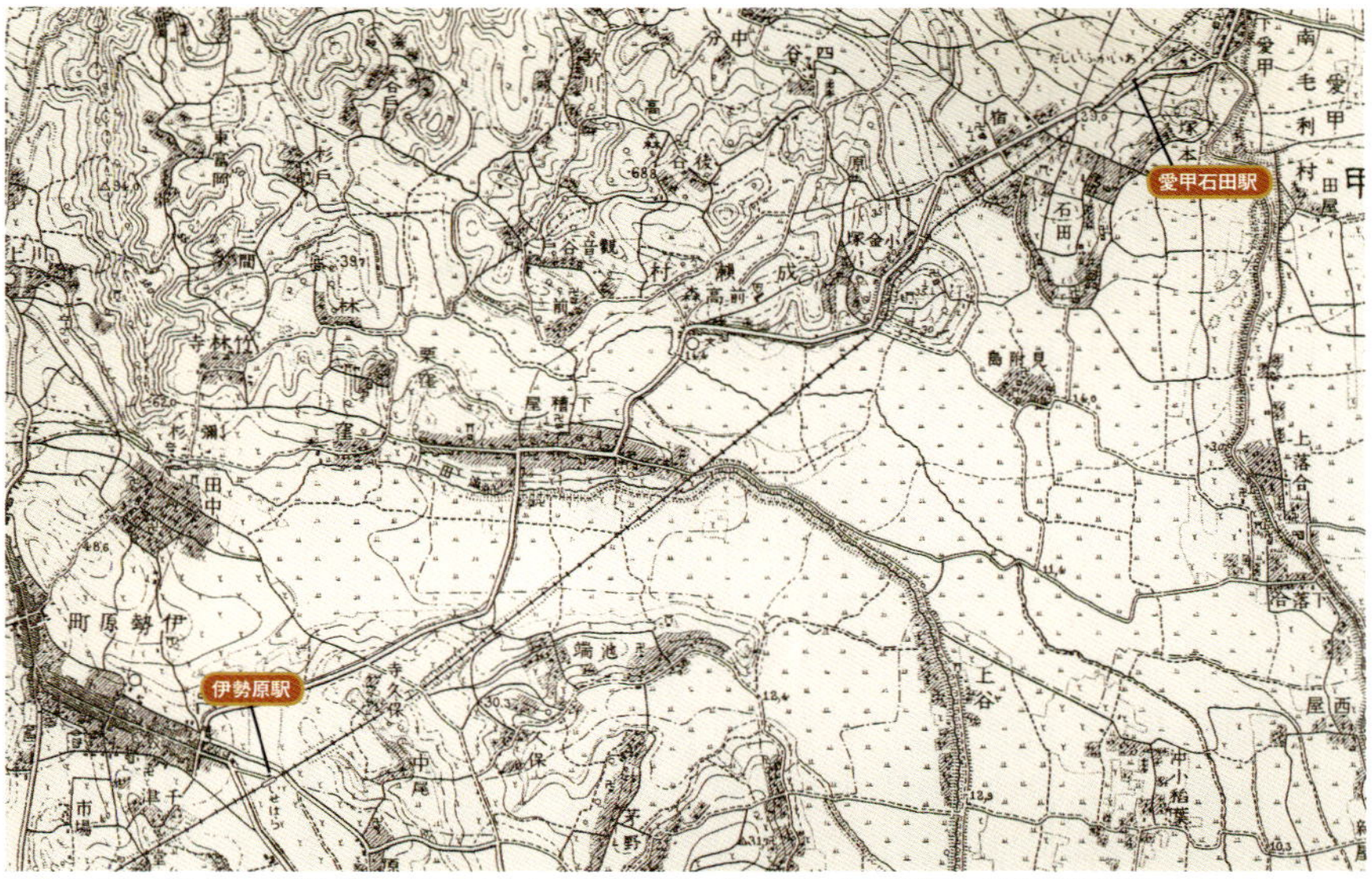

開業当時の愛甲石田～伊勢原間。田んぼの中を一直線に線路が走るが、地盤が弱く、速度制限が行われていた
（旧版 2 万 5000 分の 1 地形図　大正 10 年測図　昭和 2 年鉄道補入）

昭和 46 年の愛甲石田駅ホーム　写真提供／小田急電鉄

昭和初期の愛甲石田駅遠望　写真提供／小田急電鉄

昭和 28 年の愛甲石田駅ホーム。高森道了尊下車駅を示す看板が見える　撮影／赤石定次

大山の玄関口

伊勢原《いせはら》

古来、巡礼人が目指した霊峰も現代はロマンスカーで初詣

相模川を渡る前から見え隠れしていたピラミッド形の端正な山が、次第に車窓いっぱいにまでひろがってくる。伊勢原は霊峰大山の門前町として有名である。毎年大晦日には新宿からロマンスカー「ニューイヤーエクスプレス」が大勢の大山初詣客を乗せて新宿から五〇キロの道のりをやってくる。

雨乞いと巡礼

大山は古くから知られた山である。関東の各地からすぐそれとわかる均整のとれた山容で、古来相模の漁場を知るための「山あて」や航路の守護神とされたほか、伊能忠敬《いのうただたか》の伊能図にも測量の一端を担った跡が見える。火山灰土に覆われた相模野に慈雨をもたらす「雨降山」としても崇められ、雨乞い神事が各地で行われた。大山にかかる雲は農民の生命線でもあった。

山中の阿夫利《あふり》神社は、第十代崇神《すじん》天皇時代の創建と伝わる古社で、頂上に上社、中腹に下社がある。また、同じく中腹の天平勝宝七（七五五）年創建と伝わる雨降山《あぶりさん》大山寺は、大山不動として有名である。江戸時代から大山を目指す「大山講」がさかんに行われ、江戸からこの山を目指す大山道が各地に整備された。その内の一本が国道二四六号の原型になったといわれる。

「いっそ小田急で逃げましょか」の『東京行進曲』を作詞した西條八十は、少年時代に東京牛込の自宅から大山詣でをした様子を後に語っている。この時代の大山参りには育成祈願としての意味合いがあった。大山への登拝ができれば一人前の大人の仲間入りという訳である。もちろん小田急開業のはるか前のことで頼りは自分の足のみ。西條八十の場合も、初日に牛込から大山のふもとまで向かうという、現代からすれば大変な強行軍だった。江戸時代の大山巡礼も、霊島と呼ばれた江の島参りとセットで行われたというから、昔の人の脚力には恐れ入る。

大神宮と道灌

伊勢原の名の起こりは、伊勢の宇治山田の曾右衛門がこの地を開拓し、後にこの地に伊勢神宮を勧請して伊勢原大神宮を建てたのが始まりという。また伊勢原は江戸城を築城した太田道灌が非業の死を遂げた場所としても知られている。毎年十月に催される伊勢原観光道灌まつりは市内最大のイベントになっている。

昭和38年の伊勢原駅北口　撮影／荻原二郎

所蔵／飯田孝

昭和初期の伊勢原駅。周囲に建物がなく、大山が見渡せた　写真提供／小田急電鉄

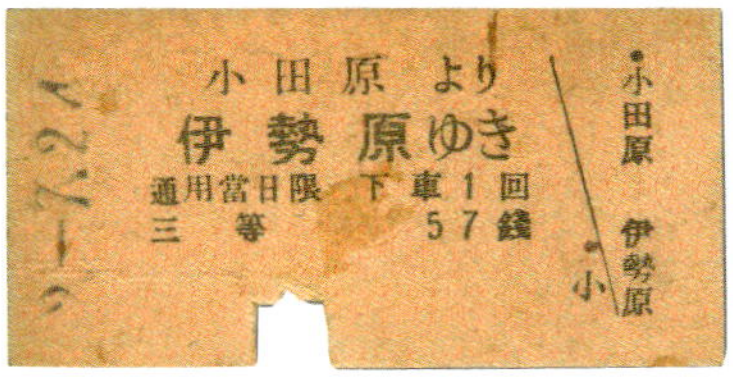

開業当時の小田原～伊勢原間の乗車券（昭和 2 年）
所蔵／小田急電鉄

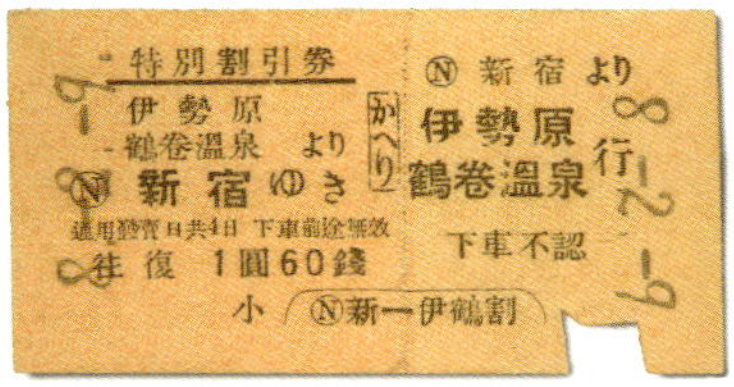

昭和 8 年の新宿～伊勢原・鶴巻温泉間の特別割引券　所蔵／小田急電鉄

昭和 30 年代の伊勢原駅構内　写真提供／小田急電鉄

伊勢原駅を通過する特急はこね（昭和 29 年）　撮影／生方良雄

昭和 43 年の大鳥居と伊勢原駅　撮影／荻原二郎

現在　錦秋の大山寺。紅葉の名所としても人気がある

昭和 43 年の大山ケーブル　撮影／生方良雄

大山鋼索鐵道（現・大山ケーブル）。戦前の絵葉書より　所蔵／生方良雄

鶴巻温泉

つるまきおんせん

カルシウム分世界一の温泉
王将戦とアニメの舞台にも

駅名が戦時色を帯びて変遷したケースは全国に見られる。小田急でも座間駅が軍の施設を標榜して昭和十二年に士官学校前駅に改称、十六年には逆に軍の施設があることをわかりにくくするために相武台前駅に変わったという例がある。そして「非常時に相応しくない駅名は即刻変えるように」と横槍が入るケースもある。鶴巻温泉駅の名も時代に翻弄された。

温泉の二文字

鶴巻温泉駅は、昭和二年の本線開通時に「鶴巻駅」としてデビューした。世界一のカルシウム分含有量を持つという鶴巻温泉は、開通とともにその名を知られるようになる。小田急初代社長利光鶴松が旅館と別荘地の誘致を積極的に推し進め、三年後に「鶴巻温泉駅」と改称した。

戦時色が増した昭和十九年秋、東急東横線の綱島温泉駅（現・綱島駅）とともに槍玉に挙げられ、「温泉」の文字が消されて元の名前に戻る。傷病兵の温泉治療にも使われるのに、温泉即遊興という感覚は如何なものかとの批判も当時あった。

そして戦後の混乱を経て高度成長期の三十三年、再び「温泉」の文字を復活させ、現在に至っている。

話題の多い温泉

鶴巻温泉は明治末期頃に湧き出したという比較的新しい温泉である。

元湯・陣屋（関東大震災以前の名は平塚園）は温泉街の中で最も老舗で、将棋の王将戦が開催されることで知られる。昭和二十七年の王将戦で升《ます》田《だ》幸《こう》三《ぞう》八段（当時）が第六局を突如拒否した、世にいう陣屋事件があり、将棋ファンには忘れられない名前である。また、宮崎駿《はやお》監督がアニメ『千と千尋の神隠し』の着想を得た旅館としてマニアの間で知られている。

かつて温泉街に、利光が贔屓にしていた料亭の女将に勧めて開かせたという割烹旅館、光鶴園《こうかくえん》があった。社長と女将の名前から名付けられ、当時は陣屋と双璧と呼ばれたが、今はもうない。

立ち寄り湯が一軒ある。「弘法の里湯」は美術館を併設した変わり種の共同浴場。ロマンスカーSE車のカラーリングやポスターなどを手がけた秦野出身の画家、宮永岳彦《みやながたけひこ》の作品が常設展示されている。鶴巻は、小田急電鉄と何かとゆかりの深い地である。

昭和 38 年の鶴巻温泉駅　撮影／荻原二郎

昭和 30 年の鶴巻駅。まだ駅名に温泉の文字が復活していない
所蔵／秦野市

開業直前の鶴巻駅（現・鶴巻温泉駅）と山並み。長閑な風景がひろがっていた　写真提供／小田急電鉄

昭和 32 年春の鶴巻駅　所蔵／秦野市

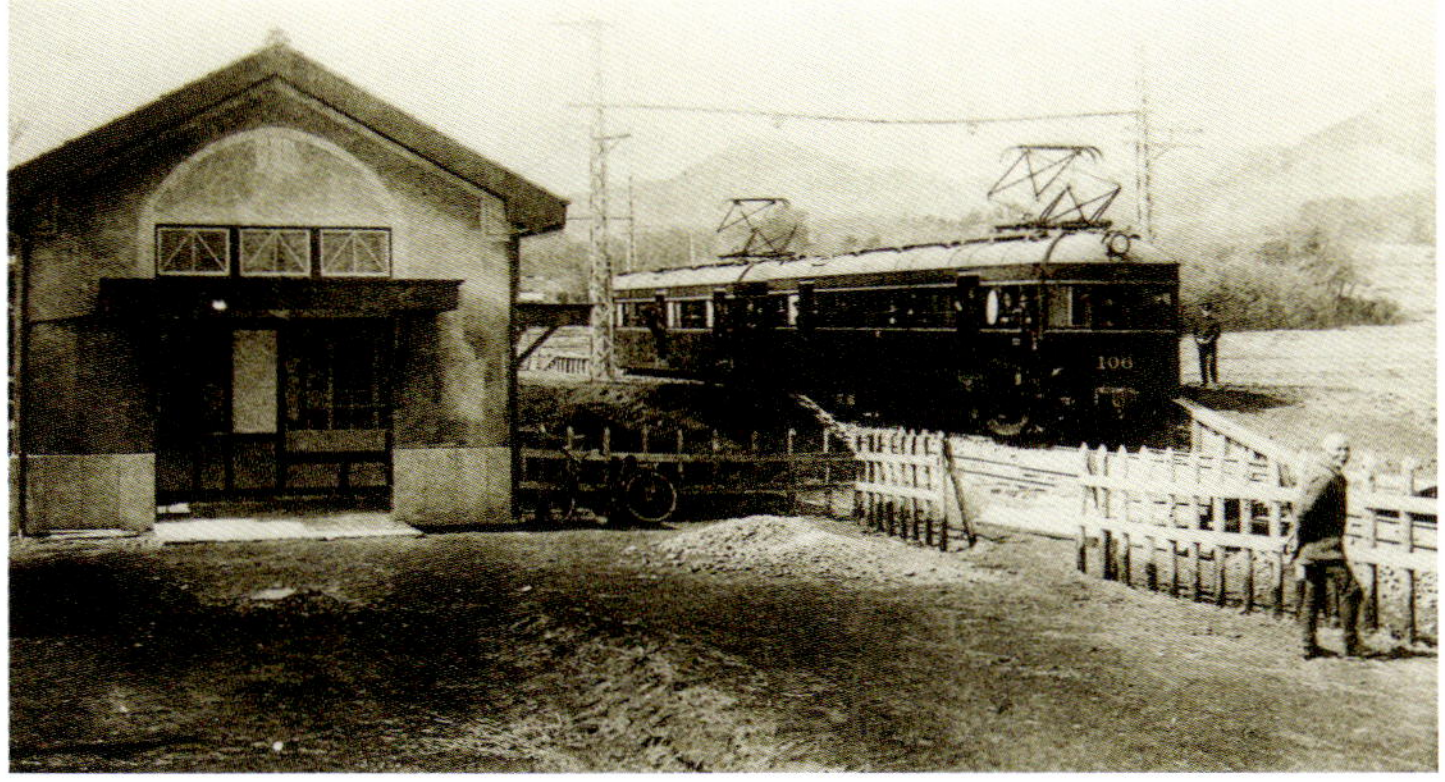

開業当時の鶴巻駅（昭和 2 年）　写真提供／小田急電鉄

昭和 43 年の鶴巻
温泉駅前の夜景
所蔵／秦野市

上・光鶴園別館の大広間とひょうたん池（昭和 30 年）　所蔵／秦野市
右・光鶴園案内パンフレット（昭和 2 年）。「新宿驛より小田急電車にて鶴巻温泉驛へ一時間十五分賃壹圓五銭」とある　所蔵／飯田孝

昭和 59 年の鶴巻温
泉駅　所蔵／秦野市

●富士を望む高台に白亜の校舎が出現

東海大学前《とうかいだいがくまえ》

広大なキャンパス出現で 地域も駅名も変貌

地名と駅名の関係は時として微妙である。瀟洒な駅として有名なJR中央線国立駅は当初の計画では「谷保駅」。「野暮」に通じるとこれに新興住民が反発、天神の由緒ある名は結局見送られ、国分寺と立川の頭文字となった。

昭和二年、この駅は「大根《おおね》駅」として開業した。名の由来は明治二十二年にできた大根村の名。ダイコンを思わせるとか、アルファベットでは「ONE」となって縁起がいいなどと賛否両論あったという。高度成長期になってもこの駅の乗降客は一日二〇〇〇人ほどで、「小田急のチベット」とも言われた。こうした情況を変えたのは、言うまでもなく東海大学の進出である。

東海大学湘南校舎

東海大学の前身は、技術者育成を唱えた松前重義《まつまえしげよし》が昭和十八年に静岡県清水市（現・静岡市清水区）に創設した航空科学専門学校である。二十一年に大学に昇格して以来、主に航空科学と電波科学の分野で人材を輩出。代々木で現在のFM東京の礎を築いた。

昭和三十七年、小田急線に程近い平塚市北金目の高台に湘南キャンパスを建設開始。まだ藁葺き屋根の残る田畑の上に、タワーを擁する白亜の一号館が姿を現す。設計は日本武道館などを手がけた建築家山田守の手による。

翌年、まだ大半が造成中の中、湘南校舎を開設。土埃の舞う通学路は「湘南砂漠」と揶揄されたが、学園も活性化を夢見る地域も、新時代への期待に溢れた。広大なキャンパスがその全貌を現したのが十年後。駅名も六十二年に大学の名を冠することとなった。

逆走する車両

この駅から渋沢駅にかけては、全線の中で最も長い上り坂になる。信じられない出来事が起こったのは戦後間もない昭和二十一年一月のことである。

小田原行き下り二両編成が大秦野駅を過ぎたところで突然停止。乗務員が降りて点検している最中に、あろうことか列車が後戻りを始めた。長い勾配があだとなり、大秦野駅、大根駅を列車は猛スピードで逆走。鶴巻駅のカーブで脱線転覆した。折しもこの日は大雄山最乗寺一月の大祭の日。車内は多くの参拝客が乗っていたという。死者三〇名、怪我人一六〇余名という小田急電鉄史上最悪の事故は、その後に多くの教訓を残した。

昭和 40 年代末の大根駅（現・東海大学前駅）　写真提供／秦野市

街も駅名も変えた白亜のキャンパス

学生で満杯の大根駅ホーム（昭和 38 年頃）　所蔵／東海大学

昭和 38 年の大根駅　撮影／荻原二郎

開校当時の東海大学湘南校舎通学路（昭和 38 年）。湘南砂漠と呼ばれた風景。1 号館の完成も間近　所蔵／東海大学

個性的な建築群。Y 字型が最初にできた 1 号館　所蔵／東海大学

キャンパス竣工の脇には近隣住民の営みがあった（昭和 38 年）　撮影／青木猛

近隣農家と学生の交流もあった（昭和 38 年）　所蔵／東海大学

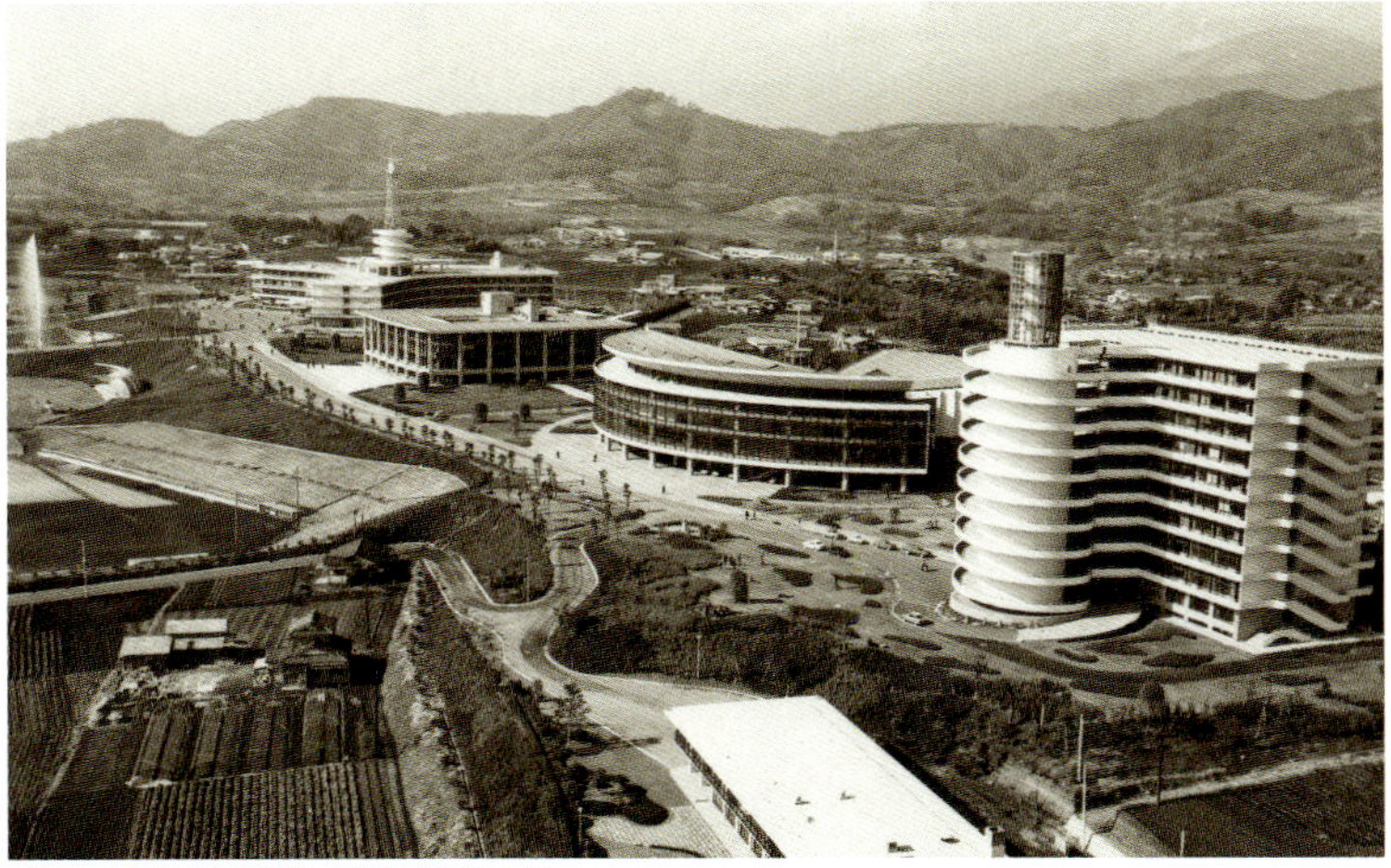

竣工した高台の校舎群　所蔵／東海大学

学生であふれる大根駅（昭和 52 年）　所蔵／東海大学

秦野《はだの》

丹沢山麓で繁栄を極めた煙草栽培の街

様々な事情で駅名が変わることはあるが、駅名にある地名自体の読み方が変わることは全国的にも珍しい。昭和二年の開通当時、この駅は「大秦野駅《おおはたのえき》」と称した。

秦野の煙草栽培

丹沢山麓の秦野市は市内随所に清冽な湧水が見られる名水の郷である。

静かな山里の名を全国に知らしめたのが煙草栽培。江戸宝永年間の富士山大噴火による降灰がこの地に多大な被害をもたらすが、逆にこれをきっかけとして栽培が加速した。江戸の文献に「佳品」と紹介され、明治時代に隆盛を極めた。しかし、大消費地の東京市に運ぶには交通の便が悪い。

そこで注目したのが東海道線である。秦野から近い大磯と国府津の間に新駅を設けるようにはたらきかけ、明治三十五年に二宮駅開設が実現。四年後に秦野～二宮間に湘南馬車鉄道が開通し、ターミナルである初代秦野《はだの》駅が誕生した。現・秦野駅からやや離れた水無川対岸の台町付近である。

大正に入ると軽便鉄道の湘南軌道になり、ミニSLが走るようになる。路線はその後延伸され、二代目の秦野《はだの》駅ができた。

昭和二年に小田急が開通。二重傾斜のマンサード屋根が威容を誇る大きな駅舎が姿を現した。秦野《はだの》駅がすでにあるため、駅名に「大」をつけ、読み方も「おおはたの」として差別化した。湘南軌道が廃止された十二年以降もこの駅名は継続したが、六十二年に改称した。五〇年の時を経て「秦野《はだの》駅」が復活したのである。

秦野《はだの》か秦野《はたの》か

それにしても秦野の読み方はややこしい。古くは十世紀の『和名類聚抄《わみょうるいじゅしょう》』に「幡多郷」の文字が見えるほか、平将門討伐で知られた藤原秀郷《ふじわらのひでさと》の後裔、波多野氏が治めた地であり、江戸時代の『新編相模国風土記稿』には「葉駄廼」の字が当てられている。やはり「はだの」が正しいのかと思いきや、現在渋沢駅のある地域はかつて西秦野《にしはたの》村を名乗っていた。市内の大秦野《おおはたの》高と秦野《はだの》南が丘高の二校は平成二十年に統合して秦野《はだの》総合高校となった。

なお、秦野の繁栄を支えた煙草栽培は昭和四十九年に終了したが、繁栄への感謝を込めて毎年「秦野たばこ祭」が催され、大盛況である。

マンサード屋根が際立つ大秦野駅構内（昭和31年） 所蔵／秦野市

昭和初期の大秦野（現・秦野）駅（絵葉書）　所蔵／秦野市

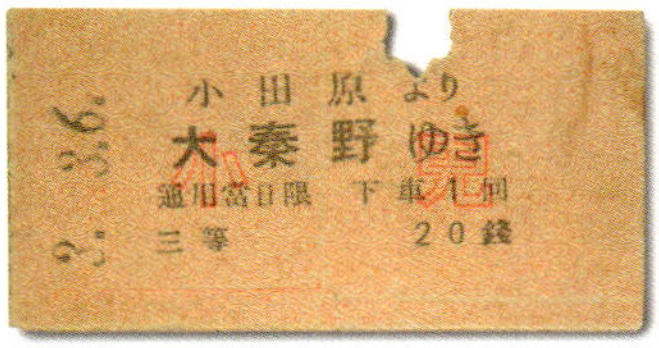

昭和３年の小田原〜大秦野間の切符（小児用）　所蔵／小田急電鉄

大秦野駅前バス乗り場（昭和 28 年）。ボンネットバスが発車する　所蔵／秦野市

食堂や娯楽施設が軒を連ねる大秦野駅前（昭和 28 年）　所蔵／秦野市

昭和 61 年頃の大秦野駅。間もなく秦野駅に変わる　所蔵／秦野市

昭和初期の大秦野駅前通り（絵葉書）　所蔵／秦野市

大秦野駅前の乗合自動車乗り場（昭和初期）。後方の山は大山　所蔵／秦野市

昭和 30 年の大秦野駅前（昭和橋付近より）　所蔵／秦野市

大秦野駅空撮（昭和 40 年頃）。マンサード屋根がなくなっている　所蔵／秦野市

秦野の名が轟いた 煙草栽培と湘南軌道

葉選の作業。1枚1枚の葉に目を通す　所蔵／秦野市

昭和30年頃の煙草畑。1軒で7反も耕作する家もあった　所蔵／秦野市

至るところで見られた煙草の乾燥場　所蔵／秦野市

連干しの風景。夏の秦野の風物詩でもあった　所蔵／秦野市

全国でも屈指の規模を誇った葉煙草の試験場　所蔵／秦野市

出荷の風景。収穫期には夜通しの作業が続いた　所蔵／秦野市

煙草栽培で賑わいを見せた本町四つ角（昭和28年）。湘南軌道の2代目の秦野駅がこの辺りにあった　所蔵／秦野市

東京地方専売局の秦野出張所（大正時代の絵葉書）　所蔵／秦野市

明治 41 年の湘南馬車鉄道（常磐橋下） 所蔵／秦野市

水無川に架かる常磐橋（大正初期）。SL が煙を上げているところが初代秦野駅（その後延伸によって台町駅となる） 所蔵／秦野市

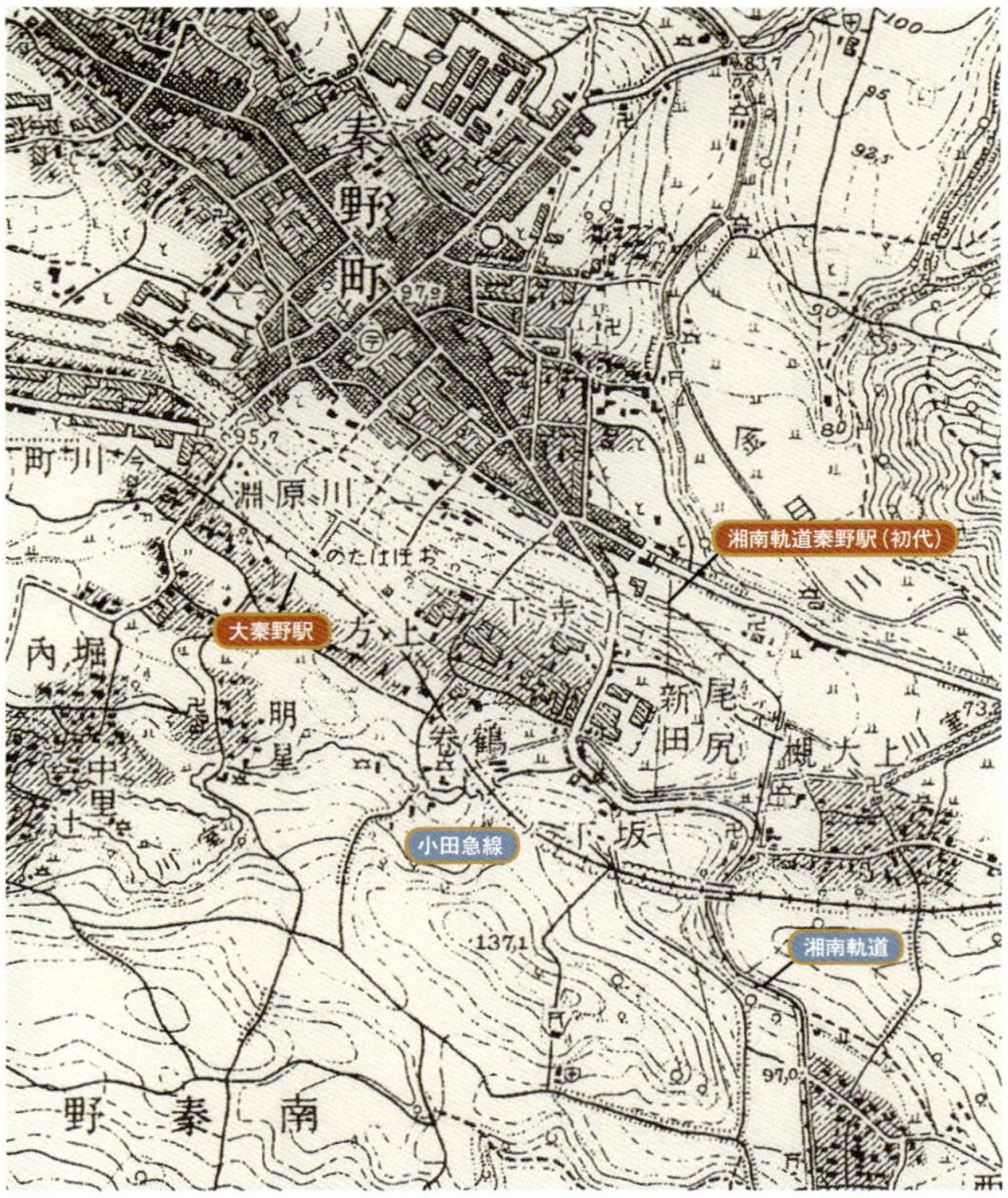

小田急線開業当時の秦野。大秦野駅は煙草で栄えた秦野町の中心部からはずれた水無川南岸に開設された（旧版 2 万 5000 分の 1 地形図　大正 10 年測図　昭和 2 年鉄道補入）

湘南軌道の車内（大正 13 年） 所蔵／秦野市

湘南軌道の二代目秦野駅（大正 13 年） 所蔵／秦野市

水無川を渡る湘南軌道の SL（大正 13 年） 所蔵／秦野市

●丹沢登山の西の玄関

渋沢《しぶさわ》

沢登り客で賑わった駅は今も高原の駅のたたずまい

秦野駅から渋沢駅にかけての下り線はやや北向きに進路を取る。このため、右窓に見え隠れしていた富士山が左窓に移る。「小田急七不思議」があるとすれば、そのひとつに数えられようか。

沢登りの基地

渋沢駅は昭和二年の開通と同時に開業した。新宿から六五・六キロ。JR中央線に置き換えると新宿から山梨県内に届く距離である。また、駅の所在地の標高が一六三メートルで小田急の駅の中では最も高い。そのためか、ベッドタウン化が進んだ近年でも、どこか高原の駅に来たという印象がある。

かつては丹沢登山基地の駅といった色彩が強かった。同じ丹沢の最寄り駅である大秦野が表丹沢の尾根歩きの登山客で賑わったのに対し、渋沢は西丹沢の沢登り客が多いという特徴があった。大秦野では登山靴やキャラバンシューズ、渋沢では沢登りの地下足袋姿が見受けられた。

水無川や四十八瀬川遡行は、殊に西丹沢の沢登りの象徴的な存在である。登竜門とされる水無川本谷や、やや難易度の高い勘七ノ沢などに人気が集まった。週末ともなれば、拠点となる大倉行きのバスは満杯の登山客を乗せて渋沢駅を発車していった。

マイカーを使う山登りが主流の昨今では、以前ほどの賑わいはない。休前日深夜に新宿を出て渋沢まで運行された小田急名物ネームドトレイン「丹沢号」も、昭和五十八年を最後に運行されていない。それでも、首都圏に近く、電車で気軽に出かけられる丹沢の週末ハイクの人気は根強い。

渋沢の名

渋沢駅の駅舎や駅前広場は開業時からずっと線路の南側にあったが、平成五年に南北自由通路のある橋上駅舎へと様変わりした。どこか山小屋を思わせるつくりで、北口にバスターミナルが整備され、丹沢への西の玄関口といった風情を新たにしている。

橋上駅舎に建て替えるとき、駅名を「丹沢高原駅」にという案もあったと聞く。結果的には開通時からの名を残すことになったが、この渋沢という地名は「シボサワ」から来たものといい、沢がしぼまったところ、つまり水無川などの大きな河川の源流に近いところという意味を持つ。登山客にとっては玄人好みの懐かしい名前なのである。

昭和 38 年の渋沢駅　撮影／荻原二郎

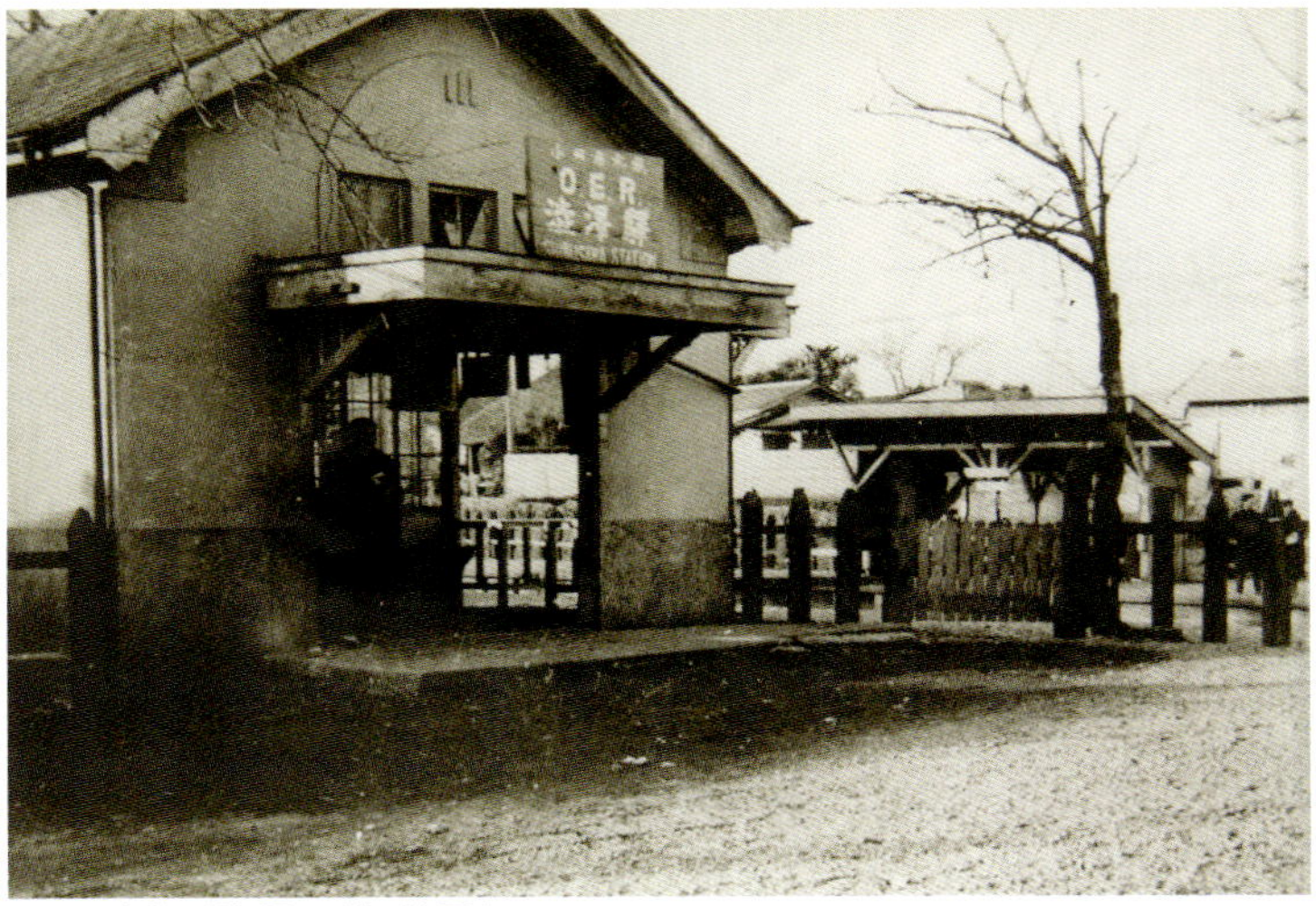
昭和 20 年代の渋沢駅　所蔵／秦野市

開業当時の渋沢～大秦野間の乗車券（昭和 2 年）。片道料金は 8 銭
所蔵／小田急電鉄

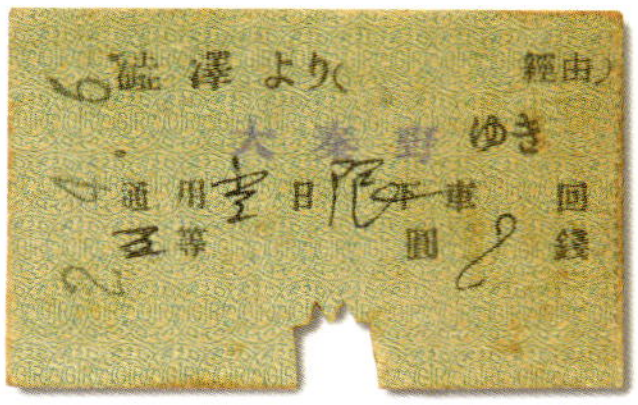

渋沢駅付近にあった柿の大木　撮影／赤石定次

昭和 38 年の渋沢駅ホーム。クハ 1850 形が停車中
撮影／荻原二郎

昭和 30 年の渋沢駅ホーム　所蔵／秦野市

昭和 33 年の渋沢駅ホーム　写真提供／小田急電鉄

登山客で賑わう渋沢駅前（昭和 54 年）　写真提供／小田急電鉄

渋沢～新松田間の第 2 菖蒲トンネル（昭和 30 年代）　撮影／赤石定次

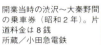

●御殿場線の栄華の記憶

新松田

しんまつだ

大動脈時代に異彩を放った マンサード屋根

渋沢駅を発ってしばらくすると、下り路線はそれまでの連続上り勾配から一転して下り勾配へと転じる。車窓も丹沢山麓の広々とした風景から、四十八瀬川の狭い峡谷へと一変する。渓流と木々が四季折々に美しく、ロマンスカーの宣伝ポスターにも度々登場するが、右に左にカーブが続き、高速運転にはネックとなるところだ。新宿〜梅ヶ丘間にも匹敵する長い距離を走り終えると、下り電車は新松田へと到着する。

マンサード屋根

新松田駅は昭和二年の開通時にデビューした。「新」をつけたのは、御殿場線の松田駅が先輩としてすでにあったためである。向ヶ丘遊園駅や大秦野駅などとともに二重傾斜のマンサード屋根を持つ、小田急自慢の五駅のひとつで、開業から半世紀の間、瀟洒な外観を誇った。五十五年にこの駅舎は向ヶ丘遊園の園内に移転。しばらくの間、鉄道資料館として利用されたが、今はもう見ることはできない。

一日の乗降客数は全駅中で後ろから数えた方が早い。御殿場線への乗り換え駅とはいえ、乗客は新松田駅から一旦外に出て、駅前の道路を渡らなければならない不便な駅である。ではなぜ開業時、マンサード屋根を構えるほど重要な駅とされたのか。

ローカル線へ降格

昭和九年、日本の鉄道史を大きく塗り替える出来事があった。東海道本線丹那トンネルの開通である。

それまで東海道本線は、国府津から北に進路をとり、御殿場から沼津に至るルートで、箱根外輪山の急勾配が常にネックとなっていた。熱海経由のルートを開くべく、トンネル開削に着工したのが大正七年。想像を絶する難工事の末、開通したのは小田急開通から七年後のことである。そしてこの時から御殿場線は、日本の大動脈から一本のローカル線へと降格。小田急線新松田駅のマンサード屋根だけが、東海道本線との乗り換え駅だった賑やかなりし頃の縁《よすが》として残ったのである。

かねてから富士山麓進出の機をうかがっていた小田急は、昭和三十年に御殿場線に乗り入れ開始。特別準急「銀嶺」「芙蓉」「朝霧」「長尾」が登場した。四十三年には急勾配向きのSSE「あさぎり」がデビューを飾った。

昭和 38 年の新松田駅　撮影／荻原二郎

新松田駅構内（昭和 33 年）。到着したのは「みかん列車」 写真提供／小田急電鉄

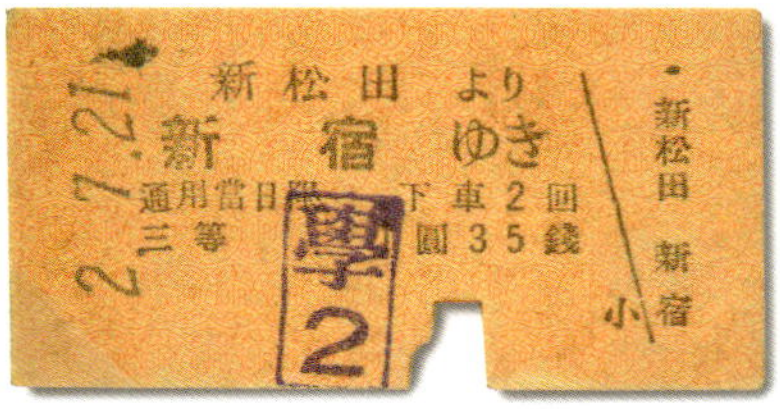

開業当時の新松田～新宿間の乗車券（昭和 2 年）
所蔵／小田急電鉄

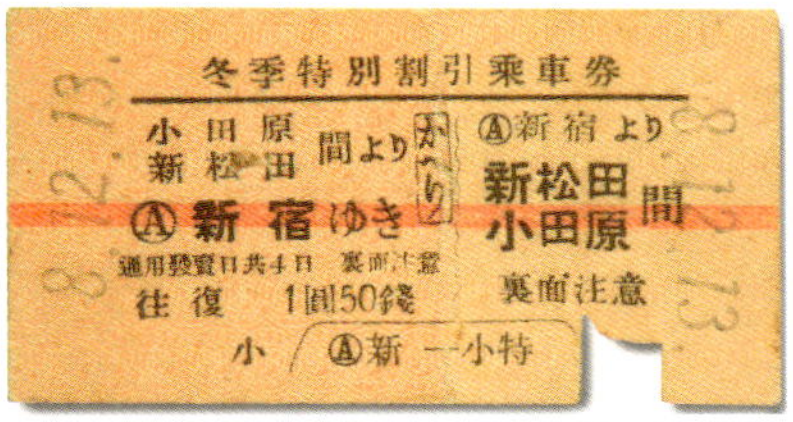

昭和 8 年発売の小田原・新松田～新宿間の冬季特別割引乗車券　所蔵／小田急電鉄

昭和 29 年の渋沢～新松田間　撮影／生方良雄

御殿場線をくぐる 2 両編成（昭和 24 年）
撮影／荻原二郎

昭和 41 年の新松田駅ホーム。ロマンスカー SE さがみが停車中
写真提供／小田急電鉄

駅舎移転間近の新松田駅（昭和 54 年）　撮影／赤石定次

開成《かいせい》

かつての水害の地は 紫陽花咲く美しい田園に

新松田駅を発車した下り電車は、すぐに酒匂川橋梁を渡る。小田原方面に向けて大きくカーブを切ると、そこから先は酒匂川沿いにほぼ八キロの直線になる。見通しがよく踏切も少ない足柄平野のこの区間は、小田急の路線の中で最もスピードを出せる場所。そしてここで、高速運転のための種々の測定データがとられ、後の東海道新幹線の車両開発に大きく貢献した。まさに日本の高速鉄道の揺りかごとなった区間である。

縁起のよい名

開成駅は、新松田と栢山の間に昭和六十年に開業した。小田急六八番目で、小田原線の中では最も新しい駅である。開成町は小田急全路線中、唯一駅のなかった市区町村。町民の強い要望が叶った。もともと線路が町の中心から離れた位置にあったため、現在もこの駅から市街地に出るのは少々不便だが、それは致し方ないところだろう。

駅名は中国の古い言葉「開物成務」に因む町名から名付けられた。これを「希望成り、道開けゆく」ともじり、かつて「開運入場券」をこの駅で売っていたこともある。

水との闘い

開成町は酒匂川の扇状地にひろがる町である。箱根の山並みを借景に田園風景が広がり、民家の軒先をかすめるように、町の至るところに網目のように疎水が流れる。

町に潤いをもたらす酒匂川も、時に「暴れ川」となって牙をむく。宝永年間の富士の噴火は、この川の上流に大量の火山灰を降らせ、下流の川床を一気に押し上げた。以来、酒匂川と川音川の合流部に位置する扇状地を幾度となく水害が襲う。町の歴史は水害との闘いの歴史でもある。

この扇状地を守るために江戸時代に文命堤が造られ、昭和初期にはそこから文命用水が引かれた。現在町で唯一の中学校が文命中学校。文命とは、治水に功労があったとされる古代中国の皇帝の名である。

開成町では毎年六月に開成あじさい祭が開かれる。かつて水害の憂き目を見た田んぼの畦道が種々の紫陽花で彩られる。平成十七年からはこの時期にロマンスカーも臨時停車するようになった。また、開成駅の公園には、ロマンスカーNSEの先頭車が静かに余生を送っている。

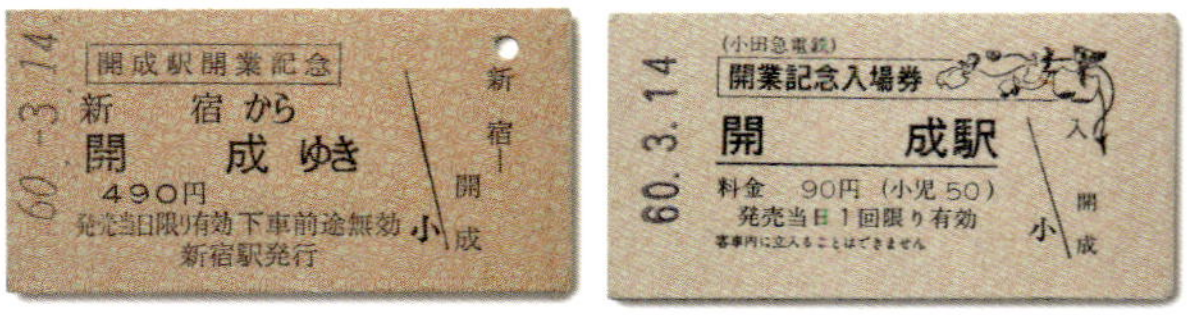

左・開成駅開業記念の新宿～開成の乗車券（昭和60年） 右・開成駅開業記念入場券（昭和60年） 所蔵／赤石定次

開成駅開業記念式典（昭和60年） 写真提供／小田急電鉄

美しく晴れ渡った開業当日（昭和60年） 写真提供／小田急電鉄

現在 酒匂川橋梁をゆくロマンスカーEXE

現在 山々を借景に紫陽花が畦道を彩る

現在 開成駅前で余生を送るNSE。月に2回ほど公開され、地元では「ロンちゃん」と呼ばれて親しまれている

●二宮尊徳ゆかりの地

栢山《かやま》

報徳思想を育んだ 酒匂川河畔の田園風景

栢山駅は昭和二年の開通と同時に開設された。「栢」とは柏のことを意味するが、むかしは「賀山」の字が使われ、それがいつから栢山になったのかよくわかっていない。

栢山は金次郎の名で知られる二宮尊徳の生誕の地である。

薪を背負って

二宮尊徳は天明七（一七八七）年、相模国栢山村で生を受けた。両親の死後、叔父のもとに預けられた金次郎は寝る間も惜しんで読書に励み、油代のことを叔父に言われると、今度は自分で油菜畑を作って油をとったと伝わる。昭和二年にたてられた油菜栽培地跡碑が仙了川のほとりに見られる。

油菜畑の他にも、栢山には尊徳ゆかりの場所が散見される。酒匂川土手には「尊徳ゆかりの松並木」。金次郎が子守りの駄賃にもらったわずかな金で松の苗を買い、治水のために植えたものという。収穫の悪い湿田を良田に変えたという「報徳堀」も見られる。

尊徳の名を有名にしたのは、かつて日本中の小学校で見られた薪を背負って読書する金次郎像であろう。栢山で薪を拾って売り、得た金でまた勉学に励んだことは事実だが、薪を拾う行き帰りも読書しながら歩いたという事実はないとされる。幸田露伴《こうだろはん》の『二宮尊徳翁』の挿絵が後にひとり歩きをしたものという。

戦前に造られた銅製の金次郎像は戦時の金属供出で、また戦後の石像は、本を読みながらの歩行が交通事故につながるとのことで今はだいぶ減ってしまったと聞く。少し寂しい話ではある。

尊徳はその後、小田原藩の農村救済の労が認められ、下野国に赴いて報徳仕法と呼ばれる農村復興政策を確立することになる。およそ三五年間過ごした生家は、二宮尊徳記念館となって一般に公開されている。

尊徳が開いたとされる報徳堀（昭和 16 年頃）
所蔵／小田原市立図書館

昭和 38 年の栢山駅　撮影／荻原二郎

小田原線開通と同じ昭和２年にたてられた油菜栽培地跡碑。「享和三年（二宮）先生十七歳ノ時夜學ノ燈油ニ代ヘンタメ餘暇ヲ以テ油菜ヲ作ラレシ當時ノ仙了堤ナリ」と刻まれている

現　在

油菜栽培地跡付近の春の景色。仙了川の岸辺に菜の花が咲く。後ろではロマンスカーEXE と各駅停車がすれ違う

水に因む美しい名

富水・螢田

とみず・ほたるだ

富士山麓と足柄の山並みからの贈り物

新宿からすでに八〇キロ近い道程である。ここまで来ると足柄の山々が間近に迫り、小田原に近いことを実感する。また、これまで長く続いてきた関東平野の終焉を思わせる地でもある。

その名も示す水の里・富水

富水駅は、昭和二年の開業時からある駅である。現在は富水という地名はなく、駅と付近の学校に名を残している。水の豊富な場所という意味で付けられた名前なのだろうと察しがつく。

酒匂川本流、灌漑用に酒匂川から引かれた仙了川や要定川。さらに、これに足柄山地を水源とする狩川が加わる。家々には多くの自噴井戸。富水はまさに水の里である。

灌漑用水は土手近くまで豊かな水をたたえ、ゆるゆると音もなく流れゆく。夏には水面ぎりぎりまで夏草で覆われ、護岸されていない昔ながらの川を思い起こす。実際、竹を使った自家製のもぎりで天然のうなぎとりをしていたと聞く。羨ましい光景である。

蛍が舞う水郷・螢田

美しい名前では、次の螢田駅も負けてはいない。開設は昭和二十七年。戦後生まれの駅としては一番手である。

駅名は、古来この辺りが酒匂川と狩川の合流点で、細かな疎水が集中し、蛍が多く舞っていたことに由来するという。地名をとって「蓮正寺駅」とする案もあったが、あえなく却下。「抹香臭い」がその理由だったとか。

狩川土手は、心のふるさととして小田原市民が選んだ「ふるさとの原風景百選」のひとつに名を連ねている。初秋には彼岸花の赤で縁取られる。

昭和 38 年の富水駅　撮影／荻原二郎

昭和 38 年の螢田駅。戦後の駅らしく、シンプルな造り　撮影／荻原二郎

●煙草輸送に活躍

足柄《あしがら》

同じ名の駅が 酒匂川上流と下流に存在した

足柄駅は昭和二年の小田急開業と同時にデビューした。当初、所在地の多古村から名前をとり「多古駅」となる予定だったが、語呂がよろしくないと横槍が入る。そこで足柄駅という名が浮上した。

二つの足柄駅

足柄山は、金時山を中心とした箱根北部の峰々をさす。「足柄山の金太郎」でよく知られた名である。

当時、国鉄御殿場線に「足柄」という名の信号所が存在していた。乗客には関係のない話で混乱もなかろうと、小田急のこの駅で足柄駅を名乗ることになる。しかし、問題があった。後にこの足柄信号所が駅に昇格し、そのまま足柄駅となったのである。こうして、所在する県こそ静岡と神奈川に分かれるものの、同じ酒匂川の上流と下流に、全く同じ駅名が存在することになった。

同じ語源からの同じ駅名は全国でも例がない。しかし混乱を来すどころか、これを逆手にとって「足柄から足柄ゆき」の切符が御殿場線の足柄駅で売り出されていた時期もある。

足柄駅は小田急の七〇駅の中で、現在一日の乗降客数が最も少ない駅である。昔はどの駅にも日常的に見られた構内横断場が最後まで残っていた駅でもある。

この小さな駅が大活躍した時代がある。戦後の需要急増により、専売局が秦野の煙草工場を足柄に増設。足柄駅から引き込み線も敷かれた。昭和五十九年に廃線となるまで、三十余年もの長きにわたって材料の搬入と製品の出荷に活躍した。今は線路跡が残るのみだが、その先には現在も日本たばこ産業の小田原工場がある。

足柄駅に入るデハ1303 新聞電車。広い扉が特徴で荷物輸送に多用された（昭和42年） 撮影／荻原二郎

昭和38年の足柄駅 撮影／荻原二郎

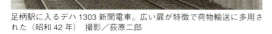

小田原《おだわら》

東海道で栄え 東海道線で衰退の憂き目に

新宿から八二・五キロ。下り電車はいよいよ小田原に至る。平成十五年に各社線共用の新駅舎に生まれ変わった小田原駅。開放感のあるコンコースには柔らかな自然光が降り注ぐ。これが、東口から小田急や新幹線まで続くあの長く暗い地下通路と同じ駅かと、にわかには信じられない思いがする。

栄華再び

小田原は東海道最大の宿場町と呼ばれた。街の骨格は北条早雲が築いた大城郭。江戸時代には東国の要衝、小田原藩の城下町として栄えた。東海道をゆく旅人は「天下の嶮《けん》」箱根越えを前にここで旅装を整え、また箱根越えを終えて草鞋《わらじ》を脱いだ。ひとたび長雨になれば、酒匂川を前に長逗留となる。

人が集えば、様々な食文化も生まれる。相模の魚を使った白かまぼこは粋を好む江戸で人気を博した。早雲が兵食として推奨したというのが梅干。腐りにくいと箱根路の携帯食に喜ばれた。ういろうの本店は、北条時代からの丸薬の老舗で『東海道中膝栗毛』の弥次喜多の会話にも登場する。

栄華は続くはずだった。明治二十二年のその日までは。

『鉄道唱歌・第一集・東海道篇』十二番初版はこんな歌い出しで始まる。

♪国府津おるれば馬車ありて
　酒匂小田原とほからず

明治二十二年二月一日、東海道線国府津〜静岡間開業。箱根の山を遠巻きにした今の御殿場線ルートで、小田原は本線から外れて「遠からず」の存在となる。国府津〜湯本間に小田原馬車鉄道が通じていたものの、衰退ぶりは目を覆うばかり。百十を超えたという旅籠や旅館は次々に姿を消した。大正九年に国府津〜小田原間に熱海線が開業するが、一ローカル線に過ぎず、集客には結びつかない。十二年の関東大震災がさらに追い討ちをかける。震源に近い小田原は無惨な姿をさらした。

救世主となったのは昭和二年の小田急の開業である。一気に新宿と結ばれ、街は徐々に活気を取り戻す。一部に「小田救」の異名まであったという。九年、丹那トンネルの開通により改めて東海道本線小田原駅が陽の目を浴びた。

元来箱根を控えた好立地が復興を支えた。観光の目玉と注目されたのが小田原城。三十五年、天守閣が復元され、以来観光小田原の象徴となる。三十九年に東海道新幹線が開通。曲折あった小田原にこの上ない贈り物となった。

昭和40年の小田原駅
所蔵／小田原市立図書館

栄華を極めたモダン都市
明治・大正の小田原

関東大震災前の漬物店ちん里う。「塔の店」と呼ばれた瀟洒な外観が評判を呼んだ　所蔵／櫻木達夫

F. ベアトが撮影した幕末の小田原宿（現在の本町国道沿い）。右手かめやの手前が現・ういろう。西洋から来た写真家の求めに応じてポーズをとる　所蔵／横浜開港資料館

大正９年頃の小田原駅。ちん里うの塔が威容を誇った（陸軍特別大演習記念絵葉書）　所蔵／小田原市立図書館

全線電化を祝う小田原電気鉄道本社前（明治 33 年）。「オダデン」と呼ばれたこの会社の前身は小田原馬車鉄道。後年、箱根登山鉄道となる　所蔵／小田原市立図書館

大正 11 年に小田原駅前にできたカフェーレゾート。震災で倒壊してしまった　所蔵／櫻木達夫

関東大震災前のういろう。派手な破風が旅人の目を引いた（絵葉書）　所蔵／小田原市立図書館

明治末の国府津駅。小田原電気鉄道の軌道が見える（絵葉書）　所蔵／小田原市立図書館

大正時代のお洒落な写真館　所蔵／五十嵐写真館

開業当初の国鉄小田原駅（大正９年）　所蔵／櫻木達夫

震災からの復興 激動の小田原

国鉄小田原駅開業を祝う幼稚園児たち（絵葉書）
所蔵／小田原市立図書館

関東大震災前の大手前幸町交差点。左は文具店の積善堂（現・平井書店）　所蔵／櫻木達夫

関東大震災前の郵便局前　所蔵／櫻木達夫

関東大震災後の小田原駅前の惨状（大正12年）。ちん里うの塔も倒壊した
撮影／五十嵐写真館

かろうじて倒壊を免れた駅舎　所蔵／小田原市立図書館

崩れ落ちたういろうの破風
撮影／五十嵐写真館

根府川では橋脚が落下した　所蔵／小田原市立図書館

根府川駅構内から海岸まで東海道線の車両が落下。大惨事となった　所蔵／小田原市立図書館

大正末期の幸町停留所付近　撮影／五十嵐写真館

町内電車の幸町車庫前（昭和12～17年頃）。車両は東京市電からの譲り受け　所蔵／小田原市立図書館

震災後の小田原駅。自慢の塔がなくなってしまった　所蔵／小田原市立図書館

昭和11年の小田原駅。新宿行きが停車中　撮影／荻原二郎

郵便局前を走る町内電車（絵葉書）。幸町から駅方面を望む（昭和12年頃）　所蔵／小田原市立図書館

昭和15年の幸町交差点。交差点を左方向に直進すると小田原駅。東海道（現・国道1号線）はここを右折　所蔵／小田原市立図書館

高度成長時代へ
戦禍を乗り越えて

昭和15年の小田原城二の丸　所蔵／小田原市立図書館

昭和15年の小田原中学（現・小田原高校）。明治34年に現在の小田原駅付近に開校。駅開設の時に八幡山に移転した。駅東口に「小田原高校発祥之地」碑がたつ　所蔵／小田原市立図書館

昭和15年の復興館。東宝館、冨貴座とともに震災後から人々の心を癒した映画館のひとつ　所蔵／小田原市立図書館

昭和15年の幸1丁目通　所蔵／小田原市立図書館

昭和10年に小田原駅東側にできた町内電車乗り場　所蔵／小田原市立図書館

昭和15年の青物町商店街（現・本町2丁目）　所蔵／小田原市立図書館

小田原駅に英霊帰る（昭和20年）　撮影／五十嵐写真館

小田原駅頭で合同で行われた出征兵士歓送会　撮影／五十嵐写真館

昭和 34 年の小田原駅前　撮影／五十嵐写真館

学校給食が始まる（昭和 20 年代）　所蔵／小田原市立三の丸小学校

小田原商工祭り（昭和 30 年）　所蔵／小田原市立図書館

町内電車最後の日（昭和 31 年）。車両は東急玉川電車からの譲り受けだった　所蔵／小田原市立図書館

拡幅工事が進む国道 1 号線（昭和 31 年）。右にういろうの看板が見える。電車の車両は旧王子電車　所蔵／小田原市立図書館

東海道新幹線開業を祝うモニュメント（昭和 39 年）　所蔵／小田原市立図書館

現 在

春爛漫の小田原城址公園。天守閣は昭和 35 年に復興された。昭和 25 年にタイから来たゾウのウメ子は健在

昭和 51 年の小田原駅。現在は駅ビルが建ち、駅前にはペデストリアンデッキができて、さらに様変わりしている　所蔵／小田原市立図書館

箱根登山鉄道

Hakone Tozan Railway

高級保養地を身近な存在にした山岳鉄道

小田原から先は箱根登山鉄道区間に入る。箱根湯本までの延伸は初代社長利光鶴松時代からの夢。乗り入れ直通運転という形でその夢が叶ったのが、昭和二十五年のことだ。

箱根登山鉄道の開業は明治二十一年。国府津～湯本間を走る小田原馬車鉄道としてスタートした。

国内にまだ電気鉄道というものがなかった時代から研究を重ね、八年後に小田原電気鉄道と改称。日本初の電気鉄道が京都にお目見えした五年後の明治三十三年、国府津～湯本間で念願の路面の電気鉄道開業を果たす。その間に名古屋と川崎で相次いで電車が生まれ、日本で四番目の電車となったが、距離といい規模といい、当時の日本一を誇った。まだ東京にも電車が走っていなかった頃のことである。

天下の嶮へ

しかし、小田原電気鉄道の夢には続きがあった。それは湯本の目の前に立ちはだかる「天下の嶮」。もし箱根連山の中腹にある観光地や温泉街を電車で結ぶことができたら……。スイスの山岳鉄道を参考に研究を重ねた。歯車によって勾配を上るアプト式は何かと効率が悪く箱根の山には向かない。そこで粘着式＋スイッチバックという方法が編み出された。大正八年、箱根湯本・強羅間を開業。高級避暑地だった箱根はこうしてぐっと身近になり、一般大衆のものになった。

大正九年、国鉄熱海線が国府津～小田原間に開通。国鉄にかなうべくもなく、小田原電気鉄道のこの区間は撤収。代わりに、国道一号から国鉄小田原駅までの区間を新設した。その後、本社火災、関東大震災という苦難を乗り越え、併合の歴史を経て、昭和三年、現在の箱根登山鉄道として再建された。懸案だった小田原～強羅直通運転が開始されたのは同十年のことである。

そしていわゆる大東急時代を経て、昭和二十五年、ついに小田急の悲願でもあった新宿～箱根湯本直通運転が実現する。標準軌（一四三五ミリ）の箱根登山鉄道と狭軌（一〇六七ミリ）の小田急が同じ線路を走るために、小田原～箱根湯本は、三本レール区間となった（平成十八年に小田原～箱根湯本間の運行中止。入生田～箱根湯本間を除いて標準軌は撤去された）。

単線でもあり、最新鋭のロマンスカーも、ここではゆっくり走る。人間サイズの路線は今も健在なのである。

入生田駅を出発するモハ3形115号（昭和45年）　撮影／荻原二郎

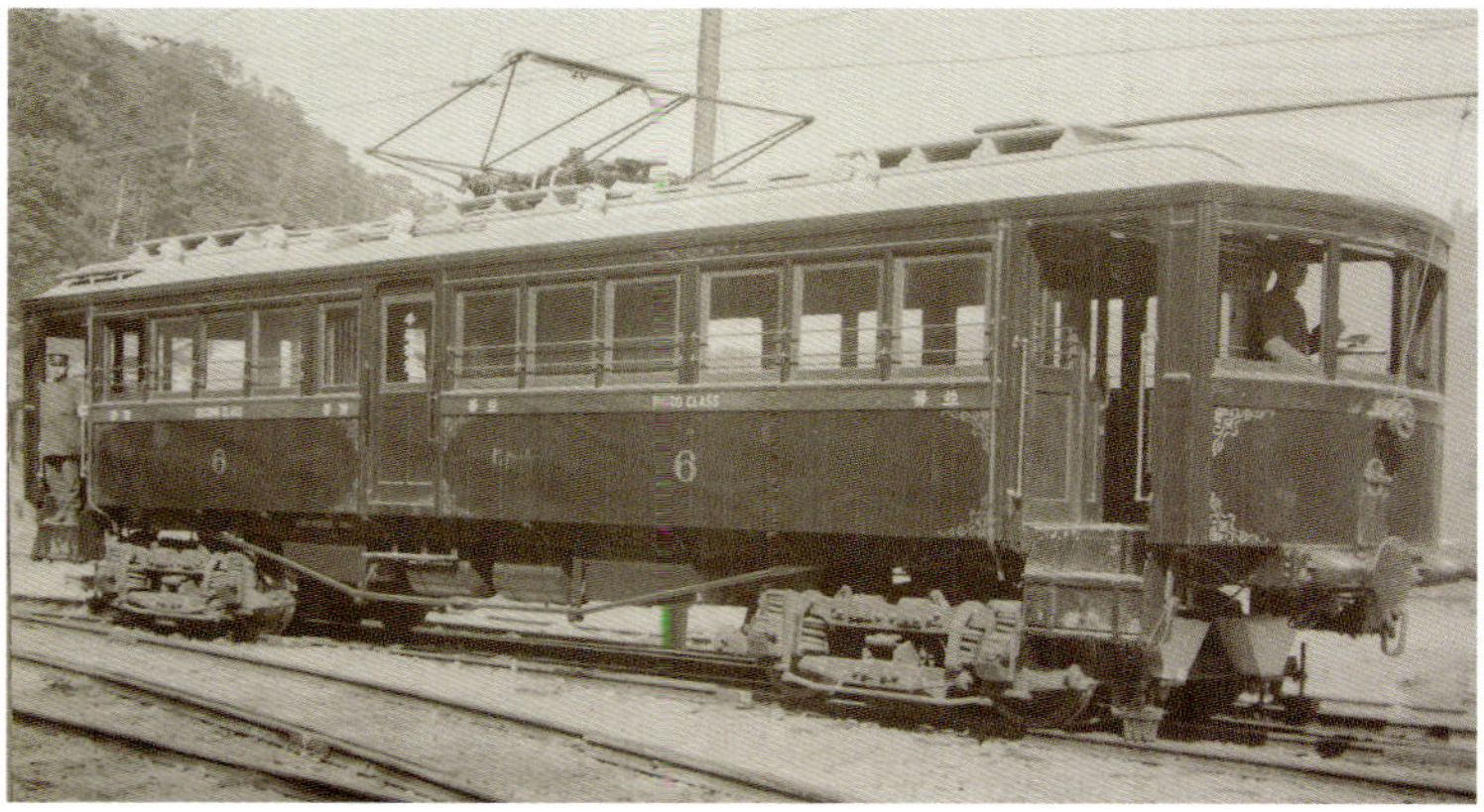
大正時代の車両。手荷物室をはさんで、特等と並等に座席が分かれていた　所蔵／櫻木達夫

昭和30年の三線軌条（風祭三線分岐器）　写真提供／小田急電鉄

長閑な早川の川縁から箱根登山鉄道を遠望（昭和31年）　所蔵／小田原市立図書館

箱根板橋《はこねいたばし》

箱根板橋駅は箱根旧街道の南側、早川に面した位置にある。北条時代に早川から取水して小田原城下に供給する早川上水が整備され、そこに架かっていた板橋が名の由来という。

また享和二（一八〇二）年には、水に恵まれない北部の荻窪村のために、近隣村民が早川から取水して荻窪用水を開く。この用水は童謡『めだかの学校』の舞台として知られる。

早川を渡った対岸の高みにそびえるのが石垣山。豊臣秀吉が北条を欺くために山中に造営した一夜城はあまりにも有名である。

風祭《かざまつり》

箱根登山鉄道は、もともと小田急の乗り入れを想定していなかったため、小田急の大型車両の乗り入れに不都合が生じた。乗り入れまで交換線がなく、登山電車二両分のホームしかなかった風祭駅では、小田急の車両から非常用コックを使って乗客が乗り降りするという牧歌的な風景がしばらくの間見られた。現在は小さな島式から大型車対応の相対式にホームが衣替えし、このような光景は見られない。

下車して国道一号線に出ると、かまぼこ博物館を併設した老舗の鈴廣本店がある。年始に行われる箱根駅伝で、「山くだり」の六区から七区へと襷が渡される小田原中継所となる有名な場所。「山のぼり」の五区とともに幾多のドラマの舞台となった。

入生田《いりうだ》

入生田駅は、往事の面影が残る箱根旧街道に面している。普段は静かなこの駅が、年に一度大変込み合う時がある。四月の初め、桜花の頃だ。

駅背後の山の中腹にあるのが長興山紹太寺《しょうたいじ》。小田原藩主を務めた稲葉氏一族の菩提寺である。初代正成《まさなり》の継室で、後に徳川三代将軍家光の乳母春日局となった福の墓所でもある。かつて山上に七堂の大伽藍を構えたが、安政期の火災で焼失した。

花見客が向かう先は、長興山のしだれ桜。樹高一三メートル、樹齢三〇〇年を超えるという。四方に白の花傘を広げたような姿は、まるで「静止したスターマイン」。そのたたずまいは美しいというよりも荘厳である。

昭和 45 年の入生田駅付近　撮影／荻原二郎

大正時代の風祭変電所　所蔵／小田原市立図書館

昭和 9 年頃の箱根板橋駅付近　所蔵／小田原市立図書館

昭和 35 年の入生田旧道。まだ舗装されていない　所蔵／小田原市立図書館

現在　満開の長興山のしだれ桜

早川の取水口（昭和 15 年）
所蔵／小田原市立図書館

箱根湯本《はこねゆもと》

馬車鉄道から
時代は地下鉄直通ロマンスカーへ

箱根登山鉄道は、早川に架かる三枚橋を左に見て湯本へと急ぐ。

三枚橋は古くから箱根に向かう旅人の分岐点となった。橋を渡れば北条早雲の菩提寺、早雲寺。石畳が残る急峻な箱根旧街道が箱根宿へと続く。途中には箱根細工の畑宿や甘酒茶屋がある。真っ直ぐに進めば、塔ノ沢や宮ノ下のある「箱根七湯」へと至る。戦国時代には防衛上の拠点となった橋でもある。

箱根湯本駅のホームの標高は一〇八メートル。ここまで来ると心なしか、空気の爽やかさを感じる。小田急の乗り入れ終点のホームと、さらにここから四五〇メートルの標高差を駆け上がる箱根湯本～強羅線が同居し、やや変則的な印象を持つ駅。しかしそれが「いよいよ箱根の玄関口に来たな」という思いを強くさせてくれる。

待ちに待ったロマンスカー

箱根湯本駅の起源は、明治二十一年。国府津から敷かれた小田原馬車鉄道の終点、湯本駅として産声を上げた。箱根の山中に初めてお目見えした鉄道である。

大正八年に湯本～強羅間で登山電車が開業。これに伴って駅名を箱根湯本と改称する。昭和二年の小田急開通で小田原と新宿が結ばれたことにより、観光客が急増した。

この駅にとっても、昭和二十五年の小田急乗り入れは一大事だった。

昭和十年から土曜と休日に運行されていた「週末温泉特急」、さらに戦後に再開された「復興整備車」は、ともに新宿～小田原間をノンストップで走ったが、結局小田原乗り換えで時間をロスしていた。この年の八月、新宿からのツートンカラーの特急列車が颯爽と箱根湯本に到着。「ロマンスカーで箱根」時代がいよいよ幕を開けた。駅舎には「東京方面のりば」の文字が誇らしげに躍った。

現在では、一日二十数本のロマンスカーが箱根湯本まで直通で運行されている。平成二十年には地下鉄直通の青いロマンスカーMSEが登場。馬車鉄道開通から一二〇年の時を経て「地下鉄からロマンスカーで箱根」時代が到来した。

そして平成二十一年、エスカレーターを備えた橋上駅舎として生まれ変わり、箱根湯本駅は歴史の新たな一頁を開いた。馬車時代の湯本駅の古写真を見るにつけ、隔世の感が募る。

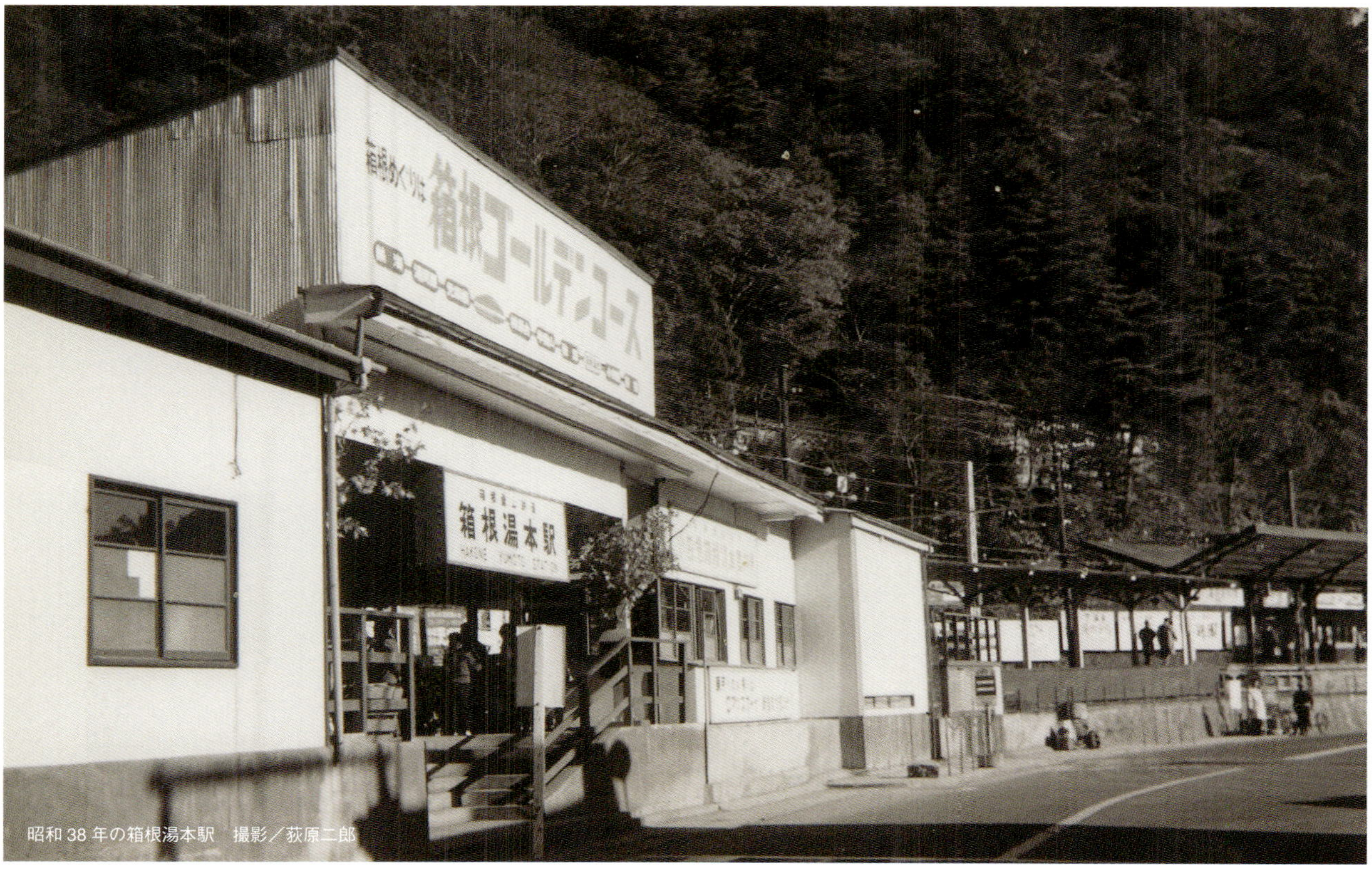

昭和 38 年の箱根湯本駅　撮影／荻原二郎

明治 33 年の湯本停車場　所蔵／小田原市立図書館

明治時代末頃の箱根湯本全景　所蔵／小田原市立図書館

明治時代の箱根湯本。右手の平屋が馬車鉄道の湯本駅。旭橋の左に、箱根で最も古い洋風建築といわれる福住旅館が見える　所蔵／神奈川県立歴史博物館

大正時代の湯本駅。自動車や人力車が待機している　所蔵／櫻木達夫

F. ベアト撮影による湯本の三枚橋。旧街道はこの橋を渡って左奥に進み、箱根宿へと至る。箱根湯本駅は右手から早川を遡って写真のほぼ中央にあたる　所蔵／横浜開港資料館

小田原電気鉄道（現・箱根登山鉄道）の湯本駅延伸工事（大正末期）　所蔵／下田組　提供／小田急電鉄

箱根湯本乗り入れ初日のホーム（昭和 25 年）　写真提供／小田急電鉄

昭和 10 年頃の湯本温泉街（陸軍特別大演習記念絵葉書）　所蔵／小田原市立図書館

箱根湯本に乗り入れた 1900 形急行電車（昭和 29 年頃）。左に現・湯本富士屋ホテル、三枚橋が見える　撮影／赤石定次

まばゆい「東京方面のりば」の電光掲示（昭和 26 年頃）　写真提供／小田急電鉄

昭和 32 年の箱根湯本駅。町道踏切を人が渡る　撮影／生方良雄

昭和 29 年の箱根湯本駅。2200 形の箱根登山線入線のテストが行われたときの写真　写真提供／小田急電鉄

昭和 30 年頃の箱根湯本駅　写真提供／小田急電鉄

箱根湯本駅付近をゆく箱根登山鉄道モハ 2 形 111（昭和 38 年）撮影／荻原二郎

箱根湯本駅に向かうロマンスカー SSE はこね（昭和 45 年）
撮影／荻原二郎

昭和 37 年の箱根湯本駅。ロマンスカー SE と箱根登山鉄道モハ 1 形 2 形が揃い踏み　撮影／生方良雄

現 在　バリアフリーの橋上駅舎となった現在の箱根湯本駅。周辺はまだ工事中（平成 21 年 4 月）。手前は強羅行きの箱根登山鉄道クモハ 1000 形

思い出の休日
セピアカラーの箱根

明治 24 年に完成した富士屋ホテル本館。欧風の超一流ホテルとして君臨した　所蔵／神奈川県立歴史博物館

富士屋ホテルと西洋人客獲得を争った奈良屋旅館（大正時代）。この西洋館は震災で倒壊。奈良屋旅館は平成 13 年に 300 年近い歴史に幕を閉じた　所蔵／櫻木達夫

F. ベアト撮影の幕末の宮ノ下温泉全景　所蔵／横浜開港資料館

昭和初期の宮ノ下全景（陸軍特別大演習記念絵葉書）　所蔵／小田原市立図書館

大正時代の宮ノ下駅　所蔵／櫻木達夫

大正時代の小涌谷駅。箱根湯本との標高差は 400m を超える　所蔵／櫻木達夫

大正 8 年に開業した小涌谷駅　所蔵／櫻木達夫

昭和 12 年の強羅駅　所蔵／小田原市立図書館

昭和 2 年の小涌谷駅。地名の読みは「こわくだに」だが、駅名は「こわきだに」　所蔵／小田原市立図書館

大正時代の強羅駅。大正 8 年に開設された。現在の駅舎は関東の駅百選に名を連ねている　所蔵／櫻木達夫

大正時代の箱根強羅温泉観光旅館（絵葉書）。赤い屋根の瀟洒な外観が評判を呼んだ　所蔵／高野肇

昭和初期の強羅公園（陸軍特別大演習記念絵葉書）　所蔵／小田原市立図書館

大正末期の早雲山駅（絵葉書）。当時は上強羅駅。階上に食堂があった　所蔵／高野肇

大正時代の強羅公園。「強羅遊園地」の看板が見える　所蔵／櫻木達夫

大正時代の箱根神社二の鳥居。左に古釜がおかれていた　所蔵／櫻木達夫

大正時代の大涌谷。藁葺き屋根は極楽茶屋　所蔵／櫻木達夫

大正末期頃の芦ノ湯温泉。外国人を受け入れた松坂屋旅館（左）と日本人客を贔屓にした紀伊国屋旅館（右）が双璧だった　所蔵／高野肇

F.ベアト撮影の幕末の芦ノ湖。箱根神社付近より箱根宿を望む
所蔵／横浜開港資料館

F.ベアト撮影の幕末の箱根宿　所蔵／横浜開港資料館

芦ノ湖畔にひろがる箱根宿（明治末期）　所蔵／櫻木達夫

上／明治時代の旅館はふや。後に箱根ホテルとなる（絵葉書）　所蔵／高野肇
右・大正時代の箱根ホテル。欧文表記の名前が見える　所蔵／櫻木達夫

明治時代末の箱根宿　所蔵／櫻木達夫

昭和 14 年の元箱根（絵葉書）　所蔵／小田原市立図書館

大正時代の長尾峠の茶屋　所蔵／櫻木達夫

多摩線

Tama-Line

戦後の大都市への人口集中は、「スプロール」と呼ばれる現象を招いていた。無計画・無秩序な開発により、虫食い状態に郊外へと宅地が増えていくことを指す。

これを懸念した政府は、昭和三十八年、新住宅市街地開発法を制定。国主導で、郊外の大規模な住宅供給を目指すことになる。そこで白羽の矢が立ったのが多摩川南岸の丘陵地である。のどかな里山に鉄道を新しく敷設することが急務となった。

西武も名乗りを上げたが、曲折の末に小田急、京王二社による新線敷設が決定した。小田急多摩線は、四十九年に新百合ヶ丘～小田急永山間で開通、翌五十年には小田急多摩センターまで延伸し、平成二年に唐木田まで全通した。

南多摩丘陵は、大栗川や乞田川《こったがわ》をはじめ、多摩川の大小の支流が蛇行する複雑な谷戸の地形が特徴である。ここに踏切ゼロ、カーブは最小限という厳しい目標を掲げた、難工事の末の開通だった。

しかし、多摩ニュータウンと都心を結ぶ小田急の新しい顔も、新百合ケ丘での乗り換えという不便さをかかえていた。並走する京王相模原線に乗客数で水をあけられる状態がおよそ三〇年続くことになる。

平成十二年、新宿直通の特急ロマンスカー「ホームウェイ」が登場。さらに地下鉄千代田線との直通運転が始まって利便性が劇的に向上した。二年後には「多摩急行」が走り始めた。

五月台 さつきだい

当初の駅名は、所在地名から「五力《ごりき》田《だ》」が有力候補だった。近江から来てここに水田を開いたという伝説の五人力の力持ちが名の由来という。しかし、もっと明るく新しい多摩のイメージをとのことで、五の字を使い、新緑を想起させる名に落ち着いた。開設後しばらくは無人駅だった。

栗平 くりひら

駅名は、開設当時の駅舎の所在地である「栗木《くりぎ》」（現在は栗平）と、ホーム所在地の「旧片平村」から一文字ずつとって名付けられたとされる。小田急の中でも標高が最も高い駅のひとつである。登下校時間には桐光学園の生徒で賑やかになる。

黒川 くろかわ

かつては「川崎の秘境」とも呼ばれた山村。深い谷間に炭焼きの煙がたなびく深山幽谷の地だったという。現在

駅周辺の開発が進む多摩センター駅付近（昭和 51 年）（⬇の箇所が現在のパルテノン多摩）　所蔵／公益財団法人多摩市文化振興財団（UR 都市機構寄贈資料）

の黒川駅は、太陽光発電パネルを備えた最新鋭の駅である。

はるひ野《はるひの》

小田急七〇駅中で最も新しく、平成十六年に開設された。駅名は公団の分譲地名から。

小田急永山《おだきゅうながやま》

北海道宗谷本線に永山駅があるため、小田急、京王共に社名を冠した駅名となった。当初予定は「乞田《こった》駅」。

昭和四十九年の永山までの開通時には、諏訪・永山団地の入居開始からすでに三年がたっていた。それまで通勤客は京王本線などへのバス通勤を強いられ、「陸の孤島」といわれた。

開発前のはるひ野～小田急永山駅間（昭和 43 年）。のどかな里山風景がひろがる　撮影／大石武朗

昭和61年の小田急永山駅。京王バスは黄色と赤の懐かしいカラーリング。
所蔵／公益財団法人多摩市文化振興財団（UR都市機構寄贈資料）

昭和61年の小田急永山駅。ショッピングセンターのグリナード永山は多摩線開通の年に開業。所蔵／公益財団法人多摩市文化振興財団（UR都市機構寄贈資料）

小田急多摩センター《おだきゅうたまセンター》

京王、多摩都市モノレールと共に、多摩ニュータウンの中心地の役割を担う。昭和六十二年に今や多摩センターのシンボルとなったパルテノン多摩、平成二年に屋内型テーマパークのサンリオピューロランドがオープンした。

開発前の多摩センター駅付近。旧家の見事な屋敷林が見られた。現在のサンリオピューロランドのやや永山寄り（昭和 41 年）撮影／大石武朗

現在のパルテノン多摩の南寄りにあたる場所。農作業にまだリヤカーが活躍していた（昭和 41 年）　撮影／大石武朗

昭和 58 年の多摩センター駅前。駅前のスロープができている。左の白い建物はコミュニティ館（現在の多摩都市モノレールの多摩センター駅付近にあたる）。所蔵／公益財団法人多摩市文化振興財団（UR 都市機構寄贈資料）

昭和 49 年の開業当時の多摩センター駅付近（⬇の箇所が現在のパルテノン多摩）。所蔵／公益財団法人多摩市文化振興財団（UR 都市機構寄贈資料）

パルテノン多摩大階段から見た多摩センター駅前（昭和 63 年）。左に京王プラザが完成するのはこの２年後のことになる。撮影／半田友英　提供／公益財団法人多摩市文化振興財団

昭和 61 年の多摩センター駅前。イトーヨーカドー（丘の上プラザ）ができている。パルテノン多摩の完成はこの翌年。撮影／半田友英　提供／公益財団法人多摩市文化振興財団

唐木田《からきだ》

多摩線の終着駅。将来相模原まで構想されている延伸ルートにある。駅名は西寄りにある古くからの集落名からで、地元民の請願が叶ってできた。

駅南に、喜多見検車区唐木田出張所があり、高い位置から車両ウォッチングが楽しめる。谷状の地形の中で、一日の務めを終えた電車が眠る。

開発前の神奈中バス唐木田バス停。１日に数本しか便がなかった。区画整理反対の立て看板がたつ（昭和 42 年）　撮影／大石武朗

今は見られない唐木田の春の風景（昭和 42 年）　撮影／大石武朗

開業当時の唐木田駅（平成２年）。所蔵／公益財団法人多摩市文化振興財団

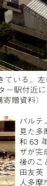

江ノ島線

Enoshima-Line

各駅停車 沿線の1世紀

昭和四年四月一日。
江の島弁天開帳のその日、
「海の江ノ島」の声高らかに
小田急江ノ島線が開業。
林間都市への壮大な夢があった。
ジョッキ片手に
夕涼みを楽しむ人々の語らいがあった。
浮き輪を手にした
子どもたちの笑顔があった。
江ノ島線と共に発展した
相模野の沿線各駅の表情を追う。

新宿駅で出番を待つ片瀬江ノ島行き急行電車（昭和 12 年）
撮影／荻原二郎

行楽客で賑わう片瀬江ノ島駅（昭和 46 年） 写真提供／小田急電鉄

東林間《ひがしりんかん》

規模縮小の憂き目を見た相模野の一大林間都市構想

小田急江ノ島線は、小田原線開通のちょうど二年後、昭和四年四月一日に開業した。

江ノ島線の上りは小田原線と立体交差して相模大野駅に入る。この立体交差は、まだこの辺りが見渡す限りの原野だった開業時からのもの。改めてその先見性には目を見張るものがある。

東林間駅は昭和四年の開通と同時に開業した駅である。当初の予定では「中和田駅」となるはずだったが、開通までひと月を切った頃、急きょ「東林間都市駅」と変更になり、この名前で開業の日を迎えた。もちろんこれには小田急の思惑がからんでいる。

林間都市構想

初代社長利光鶴松が描いた構想は、相模の広大な原野に一大林間都市を造ることだった。相模野の三つの駅を中核に据え、駅前から放射状の道路が延びる、お洒落で文化の香り溢れる郊外都市建設と、五〇〇〇戸という当時としては壮大な規模の住宅の分譲をも目指した。

この時すでに、大正十一年発足の目黒蒲田電鉄（現・東京急行電鉄）は田園都市の開発とこれを省線へと結び付ける鉄道事業に乗り出していた。大正末年、調布駅を「田園調布駅」と改称。昭和二年には東横線が開通する。

利光がこれに刺激を受けたことは想像に難くない。東急の「田園都市」に対し、小田急は「林間都市」を前面に打ち出すことになった。

しかし、昭和初期からの不景気に戦争突入が追い討ちをかける。新宿～南林間都市駅間に下見客用の無料乗車券を配布するなどの懸命の努力も実らず、当初の計画は大幅縮小を余儀なくされた。昭和十六年に、やむなく駅名から「都市」の文字を消すことになったのである。

また、集客のために小田急の名所を東林間に造ろうという動きもあった。

白羽の矢が立ったのが成田の宗吾霊堂。昭和七年に分祀、入仏式は増発の臨時列車が超満員になるほどの大盛況となる。しかし成田側とのトラブルがあったらしく、極めて短命に終わった。

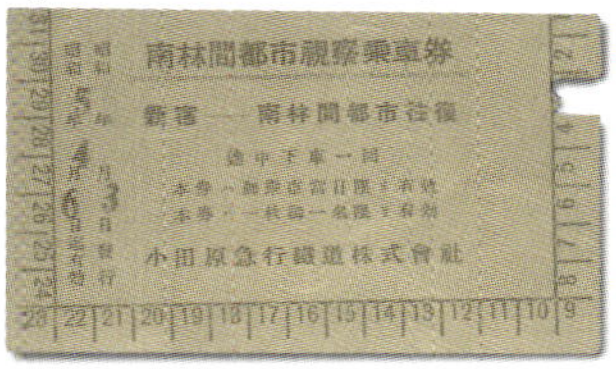

新宿～南林間都市間の視察用往復乗車券。採算向上のための努力の一環（昭和5年）所蔵／小田急電鉄

昭和40年の東林間駅。進駐軍を意識してか、欧文で大きく駅名が表示されている　撮影／荻原二郎

●林間都市構想の中心地

中央林間《ちゅうおうりんかん》

田園都市線開通で一気にお洒落なイメージに

中央林間駅も、当初は「公所《ぐぞ》駅」となるはずだった。

「公所」とは、町田市と大和市の市境をなす境川の西岸をさす古い呼び名である。北の厚木と南の平塚にも同じ地名が見られ、古鎌倉街道を取り締まる公文所があったのが地名の由来ではないかとする説がある。付近には浅間神社があり、かつては富士塚があったといい、古来人々が行き交った証でもある。現在、公所の名は地名から消え、バス停などに名残があるのみである。

東林間と同じように、この駅も昭和四年に「中央林間都市駅」の名でデビューした。将来的に林間都市の中核を担うと期待されての命名であろう。東林間と同様に昭和十六年に「都市」がとれて現在の名になった。

東林間が成田の古寺分祀なら、こちらは相撲興行である。

江ノ島線開通の二年後の昭和六年、相撲専修学校を中央林間都市に造ることを当時の大日本大相撲協会と合意。六月に三〇〇人もの力士を集めて盛大な土俵開きを行い、秋までに九日間をかけて相撲大会が興行された。臨時電車を多数増発、割引き乗車券も売り出されて、連日超満員になったという。しかし、こちらも力士脱退というトラブルで、間もなく中止に追い込まれる。開業当時の江ノ島線の歴史をひもとくと、小田急側の構想と厳しい現実とのギャップが感じられる。

田園都市線延伸

この駅に転機をもたらしたのは、昭和五十九年の東急田園都市線延伸である。それまでの相模大野経由で新宿へという都心へのルートは、一気に渋谷直通となった。しかも五十八年放映のテレビドラマで田園都市線沿線ブランドに火がついた時期でもある。当然のことながら乗降客数はうなぎ上り。延伸前に一万人余りだったこの駅の一日の乗降客数は、現在九万人を超え、小田急七〇駅中一二位である。

「田園都市」対「林間都市」の様相を呈していた開業時から八〇年。図らずも小田急と東急がこの駅で交わって相乗効果を上げているのも、何か不思議な縁である。

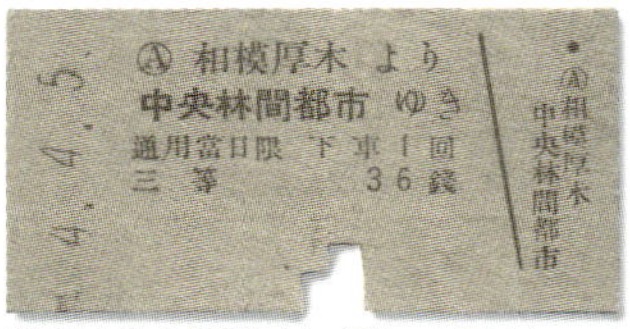

昭和４年の相模厚木（現・本厚木）〜中央林間都市間の乗車券　所蔵／赤石定次

昭和40年の中央林間駅。丸いポストや電話ボックスが見える　撮影／荻原二郎

南林間《みなみりんかん》

一信徒の信仰心がカトリック学園創設へと結実

この駅も林間都市構想三駅のひとつで、昭和四年に「南林間都市駅」として開業。他の二駅と同じように、当初の「相模ヶ丘駅」の名が開業直前に変更になった。「都市」がとれて今の駅名になったのは昭和十六年のことだ。

東林間は古寺分祀、中央林間は相撲誘致。そしてこの駅の小田急の目玉商品は映画撮影所である。当時、付近の騒音で撮影に支障を来していた松竹蒲田撮影所が林間都市への移設を計画していたという。しかし、結局は実現せず、撮影所は大船へ。林間都市で女優を目にする時期もあったという。

大和学園開校

林間都市構想は教育の充実をも図った。江ノ島線開通と同じ昭和四年、南林間に大和学園が開校する。創立者は伊東静江、小田急初代社長利光鶴松の娘にあたる。

聖心女子学院語学校で外国人修道女の精神に深い感銘を受けた伊東静江はカトリック信徒となり、卒業後にその教えを具現する学園創設を目指す。そして昭和四年、「人を愛し、社会に奉仕する人材」の育成を目的としたカトリック学園を創始。一信徒による学園創設は世界でも例がないという。昭和二十年には、国内では珍しい女子の農業専門学校、大和学園女子農芸専門学校を立ち上げ、農業のもとで愛と奉仕の心を学ぶ場とした。

静江の遺志を継いだ次女千鶴子は、「信じ、希望し、愛深く」をモットーとして強く打ち出すとともに、創立五〇年にあたる昭和五十四年、学園名を聖セシリアと改称。三世紀頃にローマで殉教した音楽の守護聖人の名に校風を託した。現在は幼稚園から短大までを含み、「大和学園　聖セシリア」と称している。

「林間都市構想」の数少ない遺産とも言うべき大和学園は、平成二十一年に創立八〇年を迎えた。

開設当時の大和学園女学校　所蔵／大和学園　聖セシリア

昭和40年の南林間駅　撮影／荻原二郎

●古道行き交う街

鶴間《つるま》

矢倉沢往還と滝山街道
古来賑わった下鶴間宿

南林間駅を出ると、大和駅まで三キロ余りにわたって真っ直ぐな線路が続くが、列車はすぐに減速して鶴間駅に到着する。南林間～鶴間間は江ノ島線の中で最も駅間が短い区間である。

鶴間駅は、昭和四年の開業と同時に開設された。駅名は地名の鶴間から。かつて吉兆の印とされた鶴の姿が見られ、「鶴舞」から転じたのではないかと言われている。

しかし、今は宅地化が進んだとはいえ、当時はまだこの辺りは相模野の原野だったはず。なぜ隣の駅が目視できるほどの至近距離に駅が造られたのだろうか。

東西と南北を結んだ古道

鶴間駅のある場所は、その昔「矢倉沢往還」が東西に通っていた。大山街道とも呼ばれ、現在の国道二四六号の原型のひとつとされる古道である。

矢倉沢往還の別名は「脇東海道」。箱根越えの東海道が整備される前に、すでに東国と畿内を結ぶ主要ルートとなっていたとされる。足柄峠越えのルートで、その名は足柄峠の麓の地名「矢倉沢」に由来する。

また、下鶴間には南北に滝山街道と呼ばれる古道が通っていた。北条早雲が築城したとされる鎌倉の玉縄城と八王子の滝山城を結ぶ、後北条氏の重要なルートであったという。

下鶴間はこの東西と南北の古道が交差するところ。江戸時代には多くの旅籠や商家が建ち並んでいた。幕末の蘭学者で絵師でもあった渡辺崋山も下鶴間宿で草鞋を脱いだ。近代には八王子から横浜港へ通じる「絹の道」も通り、繭の市場が活況を呈した。

賑やかな下鶴間をよそに、大正十年の測量図を見ても、まだ鶴間駅周辺は民家も疎らである。しかし、古代からの交通の要衝の近くにあり、将来的な発展を見越したからこそ駅を造ることになったのであろう。

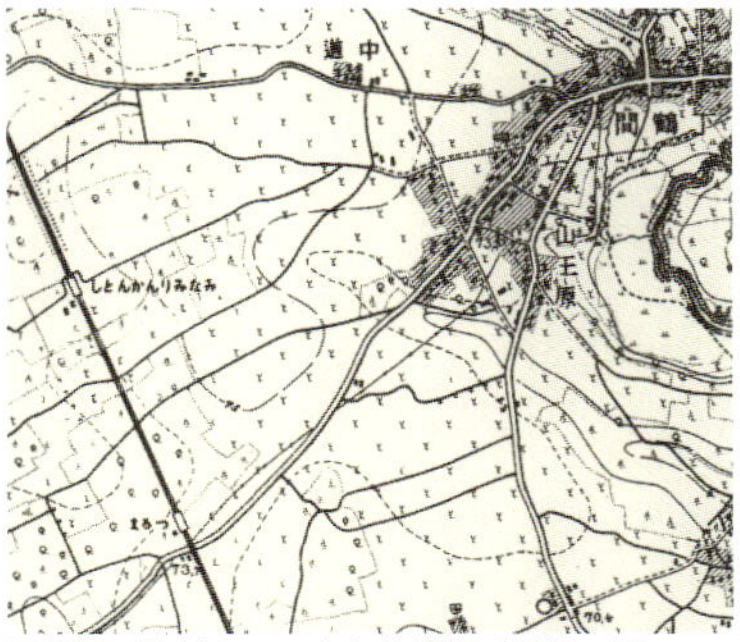

下鶴間の町外れにできた鶴間駅（旧版２万 5000 分の１地形図 大正 10 年測図 昭和４年鉄道補入）

昭和 40 年の鶴間駅　撮影／荻原二郎

大和《やまと》

県知事まで調停に 村を二分した村名論争

大和駅は、江ノ島線開通時に「西大和駅」として開業した。「西」とついたのは、大正末年開業の神中鉄道（現・相鉄線）大和駅が、やや横浜寄りに先輩として存在したことによる。昭和十九年に本家の大和駅が二〇〇メートル西の小田急側に移動。両社の接続駅として大和駅が再スタートした。

駅名は開通当時の地名の大和村から名付けられた。この「大和」という地名の由来には、少々込み入った事情がある。

和合をもって

明治二十二年、下鶴間、深見、上草柳、下草柳の四か村が合併。下鶴間の「鶴」、深見の「見」をとって鶴見村と命名された。しかし、面白くないのは他の二村。紛糾し、分村問題に発展した。もともと旧街道沿いで町場の下鶴間と、静かな農村地帯の三村には意見が対立しやすい土壌があった。農作業そっちのけの反対運動が長い間続いた。

村議会は機能せず、最後は県知事まで巻き込んだ。調停の結果、知事の提案で「和合をもって大をなす」の意味を込めて「大和村」と名付けられた。

大和は国のまほろば　たたなづく
青垣　山籠れる大和しうるはし

『古事記』にも詠われた大和。この名を冠する自治体は、「だいわ」などと読むものも含め、平成元年当時、他に全国に一一の町村があった。この年大和市に首長が集結。「まほろばサミット」が開かれた。

基地の街

大和市は平成二十一年に市制施行五〇周年を迎えた。この半世紀は「基地の街」の歴史でもある。

戦後、大和の街の至るところに厚木基地の関係者や米兵の姿が見られるようになる。米兵を相手にした飲食店や衣料品の店が急増し、街に横文字が溢れた。朝鮮戦争やベトナム戦争の時には、基地に最も近い相鉄線の相模大塚駅周辺では、日本人が立ち入れない場所まであったという。この状態は昭和四十年代まで続いた。

開業当初は一日二〇〇人程度だった大和駅の乗降客数は、今小田急側で一一万人、相鉄を含めると二二万人を数える。平成五年に相鉄が地下化され、地上のプロムナードでは骨董市や風鈴市が呼び物になっている。「基地の街」も大きく変わろうとしている。

昭和28年頃の大和駅駅前風景　写真提供／相模鉄道

昭和 34 年頃の大和駅前。大和駅は 33 年に火災にあっている　撮影／千村和五

米兵の姿と英文表記の看板が目立った（昭和 25 年）　写真提供／小田急電鉄

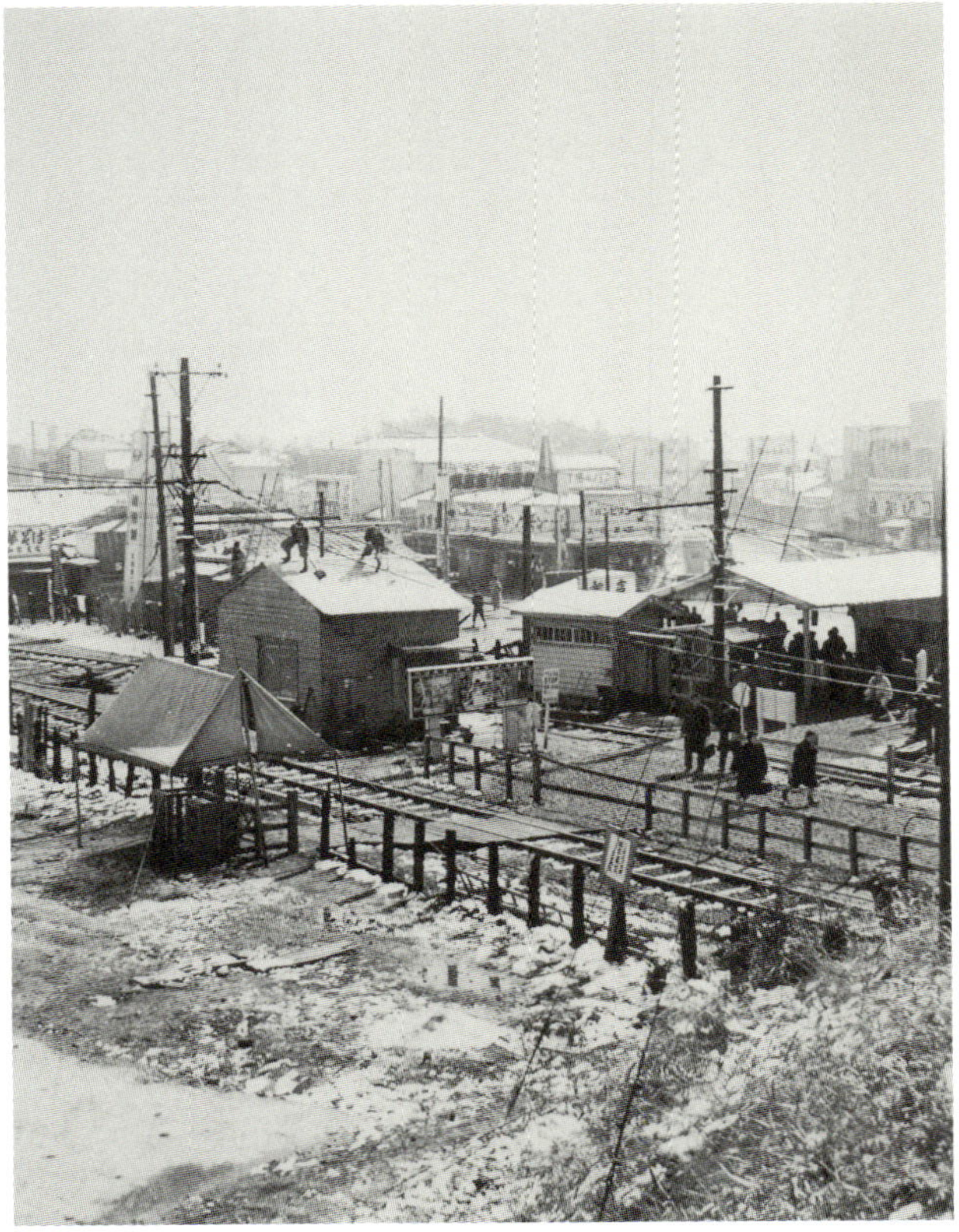

火災後の昭和 34 年頃の冬の大和駅　撮影／千村和五

大和駅を通過するデユニ 1000 形（昭和 39 年）。緑に黄色のラインが荷物車の印
撮影／荻原二郎

●その名は判官に由来

桜ヶ丘《さくらがおか》

爆音が響く街は
小栗判官ゆかりの地

桜ヶ丘駅は昭和二十七年に開業した。小田原線の螢田駅に続く、戦後二番目の駅である。大和～高座渋谷間の四キロ余りに駅がなく、近隣住民の長年の念願でもあった。徳川家康の命で平塚の中原に築かれた鷹狩御殿と、東京虎ノ門とを結ぶ江戸以前からの古道、中原街道と江ノ島線が交差する場所である。

桜ヶ丘の由来

新興住宅地にありがちな名前のひとつだが、この「桜ヶ丘」には小栗判官《おぐりはんがん》伝説に基づく古い由緒がある。この付近で追手から逃げる小栗判官の鞍から落ちたのが桜の小枝。その後大木になって「桜株」と呼ばれた。今でもバス停にその名を残している。

昭和十一年、桜株踏切で悲劇が起きた。秋祭りからの帰路にあったオート三輪と江ノ島行きの電車が接触。一一名が犠牲になった。駅名の候補に「桜株駅」も挙がったが、こうした事情で見送られ、現代風の名がついた。

厚木基地

駅の西口商店街を抜けると、程なく在日米軍厚木航空施設、通称厚木基地に行き当たる。

約五〇七万平方メートル。厚木基地は大和、綾瀬、海老名の三市にまたがる広大な敷地を持ち、中央には南北に二四〇〇メートルを超えるジェット機用の滑走路がある。昭和十六年に旧日本海軍の帝都防衛海軍基地としてスタートした。

厚木市域にないのになぜ「厚木基地」なのか。当然のことながら論議を呼んだ。近隣で厚木の名が最も全国的に知られていたため、奈良の大和や東京の綾瀬などと混乱させないため、基地の所在を欺くため……。いわれは諸説があるが、今もって真相は謎という。

終戦により、米軍が接収。連合軍のマッカーサー総司令官が降り立った。さらに米海軍に移管されて米第七艦隊の後方支援基地となる。昭和四十六年に一部が海上自衛隊に移管、米海軍と海上自衛隊の共同使用基地として今に至る。空母が横須賀に入港する際は、ここに艦載機が飛来する。

三十年代からジェット機の離発着が本格化。昼夜不問の訓練が行われた。墜落事故の恐怖とともに騒音が大きく社会問題化。現在も「対テロの大義」と市民生活とのせめぎ合いが続く。

昭和 40 年の桜ヶ丘駅　撮影／荻原二郎

●新幹線の上にある駅

高座渋谷《こうざしぶや》

東京にその名を伝えた渋谷氏の一大勢力

高座渋谷駅は、昭和四年の江ノ島線開通の時に開業した。現在の大和市にある小田急の駅としては、中央林間から数えて六つ目の駅である。駅名は、かつての地名、高座郡渋谷村から名付けられた。

二十七年、桜ヶ丘駅開業に伴って、数百メートル南にある現在地に移転した。三十九年には東海道新幹線が開通。駅の下を丸鼻の一〇〇系が走り抜けるようになる。

高座と渋谷

現在は寒川町の一町のみとなったが、高座郡は明治まで、北は現在の相模原市、南は現在の藤沢市までを含む大きな郡で、馬入川（相模川）東岸の約一〇〇の村が所属していた。横浜開港後、居留外国人の豚肉需要を賄うために飼育が行われ、改良を重ねて高級豚肉ブランドとなった高座豚の名が知られている。

渋谷村の名は、中世にこの地域で勢力を張った渋谷氏が由来である。平安末期から鎌倉時代には、現在の綾瀬市から藤沢市までの広い一帯を支配下とし、合わせて六六か村を「渋谷庄」と称した。東京にも分派が移住し、渋谷区の名のもとになったと言われる。

渋谷小学校

駅の東寄りに渋谷小学校がある。明治六年に常泉寺にできた桃鶏学舎が前身という大変古い学校である。

明治二十七年に創立。翌年の開校祝賀会で打ち上げられた花火で校舎を焼失。二年後に再建されるも暴風雨で再び倒壊。また常泉寺に戻るという不運な過去があったが、平成十一年に創立一〇〇周年を迎えた。天正年間創建と伝わる常泉寺は花の寺として有名で、特にミツマタは見事の一語。開花期には多くの参拝客で賑わう。

高座渋谷駅付近を走るロマンスカー SE なぎさ（昭和40 年）　撮影／荻原二郎

昭和 40 年の高座渋谷駅　撮影／荻原二郎

長後《ちょうご》

繁栄の街に遠慮がちにつけられた開業当時の名

江ノ島線はここから藤沢市に入る。長後から終点片瀬江ノ島まで九つの駅が藤沢市に属する。

新長後になったわけ

長後とは珍しい響きの地名である。名の由来は、高座郡の長としての「長郷」からというが定説はないという。

長後駅は江ノ島線開通と同時に「新長後駅」として開業。昭和三十三年に改称されるまでこの駅名が続いた。開設当時「長後駅」がこの駅付近にあるはずもない。ではなぜ、わざわざ「新」の字をつけたのだろうか。

この駅の東側にかつて「藪鼻《やぶはな》」と呼ばれた場所がある。南北に走る八王子と藤沢を結ぶ滝山街道と、東西に走る大山参詣の大山街道が交差する辻で、江戸時代から交通の要衝として栄え、店や宿が建ち並んでいた。明治から大正にかけては養蚕がさかんになり、付近に製糸工場まで備え、大変な賑わいを見せた。村であったにもかかわらず、藪鼻だけは「長後町」と呼ばれた。昭和二十年代には「長後銀座」の称号まで付いた。

昭和四年に江ノ島線の駅ができることになったが、「長後町」の最寄りにもかかわらず、駅の予定地は隣の六会村に属していた。六会駅は別に予定されていたため、長後最寄りの駅という意味で「新長後」とつけたのではないかという。昭和三十三年、「新」がとれて現在の駅名になった。

その昔藪鼻と呼ばれた辺りには、現在も立派な構えの商店が軒を連ね、往時を偲ばせている。中でも羽根澤屋本店は、創業一一〇年を超える老舗呉服店である。

昭和 40 年の長後駅　撮影／荻原二郎

反物を店先に出して売り出す羽根澤屋呉服店。店頭にマネキンも（明治末期頃）　所蔵／羽根澤屋本店

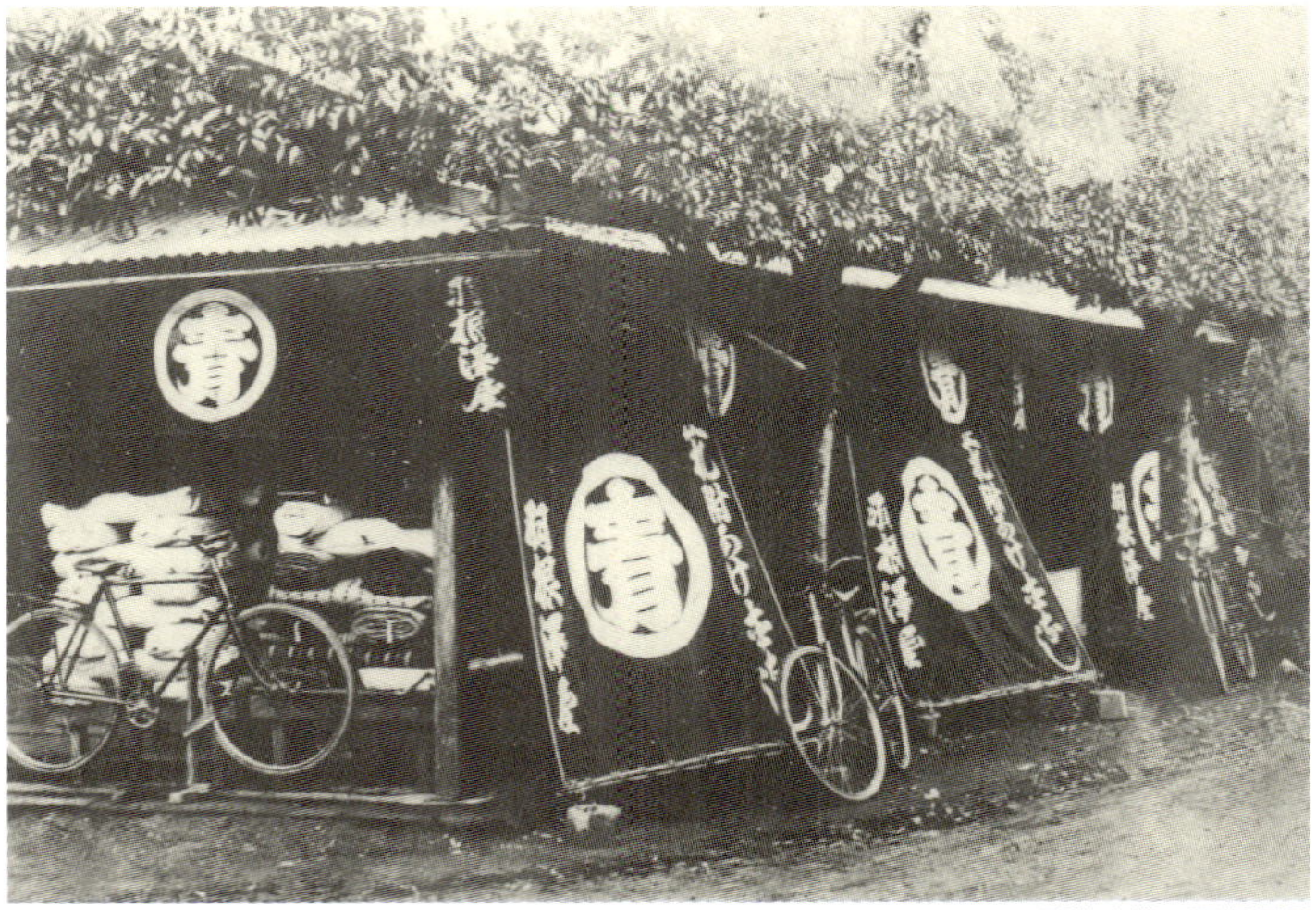

明治末期の羽根澤屋呉服店。丸に青は青木姓から。暖簾には「正札附かけ値なし」と記されている
所蔵／羽根澤屋本店

大正～昭和初期の長後の街並み
所蔵／羽根澤屋本店

昭和初期の長後の新聞店
所蔵／羽根澤屋本店

●相模野の小さな駅

湘南台・六会日大前《しょうなんだい・むつあいにちだいまえ》

中国の景勝に因む名と村のまとまりを示す名

湘南台駅は昭和四十一年に開設された比較的新しい駅。湘南地方を一望する高台という意味の名である。

「湘南」という地名の定義については諸説ある。藤沢や茅ヶ崎を中心とした、鎌倉から小田原辺りまでの相模湾岸というのが大方の見方。近年では車の湘南ナンバーができ、秦野や伊勢原近辺を含めてこう呼ばれることもある。

もともとは中国湖南省を流れる湘江からとられたとされ、徳冨蘆花の名著『自然と人生』で相模の海のイメージが一般化した。しかし、小田原という特定の地域をさす地名であるとする説もあるほか、津久井湖に面した県北の城山（現在は相模原市）には明治三十九年創立という湘南小学校が実在する。中国の洞庭湖に起源があるように、海に限らず、水辺の美しい風景を想起させる場所に与えられる称号とも言える。

藤沢市の区画整理事業と工場誘致によってできた駅だが、平成十一年に相鉄いずみ野線、横浜市営地下鉄一号線（通称ブルーライン）が相次いで乗り入れ、一日の乗降客数は小田急全七〇駅の一四位にまで浮上した。また、小田急初となる太陽光発電システムが導入されたことでも話題になっている。

日本大学の進出

六会日大前駅は、昭和四年の江ノ島線開通の時に「六会駅」として開設された。日本大学からの要請を受け、平成十年に現在の駅名になった。

「六会」という地名は、亀井野、石川、西俣野、円行、今田、下土棚の旧六か村が明治二十二年に合併して六会村になったのが由来である。昭和十七年に藤沢市に編入。地名から消えることになったが、「むすび会った」かつての六つの村のまとまりを示す地域名として今も残る。「湘南日大前駅」とする案があったが、地域住民の強い要望で、「六会」の文字が駅名に残った。

日本大学がこの湘南の地に農学部を設置したのは昭和十八年のこと。多くの大学がひしめく小田急沿線では、数少ない戦前生まれである。明治末に渋谷に創立された東京獣医畜産大学を吸収合併して、二十七年に農獣医学部となる。そして平成七年に生物資源科学部と改称し、現在に至る。自然との共生を軸に、人間性あふれる人材育成を目指している。

日大進出と藤沢市の北部ベッドタウン化により、沿線人口が急速に増えた駅のひとつである。

開設当時の湘南台駅をゆく 1960 形（昭和 41 年） 撮影／荻原二郎

開設当時の湘南台駅（昭和 41 年） 撮影／荻原二郎

昭和 40 年の六会駅 撮影／荻原二郎

昭和 40 年の六会駅付近を走る 1200 形 撮影／荻原二郎

●あやかり駅として人気

善行《ぜんぎょう》

時代に翻弄された 藤沢カントリー倶楽部

長後、六会と、江ノ島線には一風変わった駅名が見られるが、締めはこの善行駅である。昭和三十五年、善行団地が造られることを機に、六会～藤沢本町間に開設された。

駅名の由来は小字の善行に基づく。もともとこの地にあったとされる善行寺が地名の起源。しかし、釣鐘などが出土したものの、なぜか古い文献でも寺そのものの存在は確認できず、由来は今もって不明であるという。

世なおしキップが大当たり

北海道の「銭函駅」や「幸福駅」、栃木県の「大金駅」などのように、かつてあやかりたい駅名が流行り、入場券がもてはやされた時期があった。

「善い行い」に通じると、開設当初から入場券が人気だったこの駅。ならばと、昔風の厚紙を使って特製「世なおしキップ」を発売し、これが大当たりした。他の駅名の多くは「裕福になりたい」との個人的な願望をストレートに駅名に託すのに対し、こちらはいわば社会貢献したいという謙虚な気持ちを表すもの。遠路買い求めに来る人々は切符マニアに限らず、老若男女幅広い層にわたったという。

ベーブ・ルースが善行に

昭和初期の不況対策にと善行に開設されたのが藤沢カントリー倶楽部。昭和九年に野球の全米代表として来日していたベーブ・ルースもここでプレーしたという。敷地は善行駅南側のトンネルを跨ぐ広大なもので、東側にはメリーゴルフ場という女性専用コースまで備えていた。

しかし、戦時色が次第に強まった昭和十八年、このゴルフ場は横須賀海軍航空隊の基地となり、終戦とともに連合国軍が進駐したが、程なく撤退した。

クラブハウスのその後

このゴルフ場のクラブハウスは数奇な運命をたどった。フランク・ロイド・ライトとともに帝国ホテルを手がけたチェコの建築家アントニン・レーモンドが設計。飛行場時代には海軍司令部が置かれ、進駐軍時代には戦争孤児の養護にあたった。現在は県立体育センターの合宿所になっている。

また、クラブハウスの南側に引揚者保護のために聖心愛子会が設立された。現在の聖園女学院の前身である。

昭和37年の善行駅　撮影／荻原二郎

●藤沢宿の本家筋

藤沢本町《ふじさわほんまち》

御殿も本陣も置かれた旧東海道の賑わい

藤沢本町駅は昭和四年の江ノ島線開通と同時に開業した。「本町」とつけたのは、東海道本線藤沢駅に対し、旧東海道の藤沢宿を擁する本来の藤沢という意味を込めたのだという。

藤沢宿

慶長元（一五九六）年、徳川家康はここからやや遊行寺《ゆぎょうじ》寄りに将軍宿泊用の藤沢御殿を置いた。三代家光の時まで将軍上洛の際に頻繁に使われたといわれる。周りには陣屋や番所が置かれ、総面積は実に六〇〇〇坪に及んだという。参勤交代が始まると、今度は大名が泊まる本陣が置かれた。この辺りは今でも古い家並みが見られ、宿場町の賑わいを今に伝えている。

遊行寺界隈

江戸から来て藤沢宿の玄関口にあたるのが遊行寺。正中二（一三二五）年に創建された古刹で、一遍上人《いっぺんしょうにん》を宗祖とする時宗の総本山である。境内には樹齢七〇〇年と伝わる大銀杏がそびえ、黄金色に染まる晩秋は壮観である。東海道と江ノ島道との分岐にあたり、『東海道中膝栗毛』では、寺の手前で江の島への行き方を尋ねる旅の御仁を、弥次喜多が何度もはぐらかし、最後には怒らせてしまう。

弥次喜多といえば、飯盛女とのやりとりがよく登場する。藤沢宿には二七の飯盛旅籠があったという。

本陣近くに構えたのが小松屋。裏手の永勝寺には主人の小松屋源蔵の墓の前衛をなすように飯盛女たちの墓が並ぶ。墓すら存在しない飯盛女にとって、小松屋で働いた彼女らは幸運だったようだ。遠く伊豆や遠州からこの地に身を売られ、遊女として生涯を終えた女性たち。墓碑に「ロク」「ミヨ」の俗名が見える。

藤沢本町駅を通過する 2200 形急行（昭和 40 年）
撮影／荻原二郎

昭和 40 年の藤沢本町駅　撮影／荻原二郎

湘南の海の玄関口

藤沢《ふじさわ》

向きを変えて江ノ島へ
国内でも稀なホームとスイッチバック

藤沢駅の歴史は一二〇年を超える。明治二十年に東海道線（旧横浜～国府津間）の開通と同時に開業した。当初は北寄りの旧東海道に沿って線路敷設が計画されたが、住民からの猛反対にあう。当時の鉄道といえば蒸気機関車。煙や騒音が敬遠されるのは無理からぬことだった。やむなく海岸寄りに変更。人家もまばらな「町外れ」に駅を開設することになる。

しかし鉄道の威力は人々の想像をはるかに超えていた。藤沢宿の馬車や人力車頼みだった交通に大変革が起こり、旧街道の賑わいは急速に色褪せ始める。そして三十五年、江之島電気鉄道が藤沢～片瀬（現・江ノ島）間で開業すると、今度は藤沢の賑わいは駅から海岸方面へと移り始めた。「歴史ある宿場町」から、「湘南の海の玄関口」へと藤沢のイメージが大きく変貌を遂げる転機となったのである。

スイッチバックの藤沢駅

そして昭和四年、江ノ島線が開通し、小田急の藤沢駅が開業する。

こちらも当初は国鉄藤沢駅を通らず、江ノ島めがけて辻堂寄りを一気に南下する計画だったという。しかし、変貌する藤沢駅界隈を目の当たりにして計画変更。一旦東海道線を跨いで南側から駅に接続する形をとる。こうして、日本の鉄道では数少ない途中駅での行き止まりホームとなった。当然、運転はスイッチバック方式。今でも新宿や相模大野から到着した列車は、この駅で進行方向を変えて江ノ島を目指す。地域住民はわかっているが、観光客が一瞬解せない表情になるのも、この駅の特徴的な風景である。

江ノ電と小田急百貨店

江ノ電は日本の私鉄で六番目の開業という古い歴史を持つ。藤沢～片瀬間に続き、明治四十三年に藤沢～小町（現・鎌倉）間で全通した。

観光客に絶大な人気を誇るが、苦しい経営が続いた。大東急時代を経て、昭和二十八年に小田急の傘下に入る。四十九年には江ノ電百貨店（現・小田急百貨店）の二階に藤沢駅を移設した。

時には民家の軒先ぎりぎりを、時には陽光きらめく海辺を快走し、時には車を押し退けて路面を行く。運が良ければ床が板張りの古参車両に当たることもある。いつまでも走り続けてほしいと思う路線のひとつである。

昭和 37 年の藤沢駅　撮影／荻原二郎

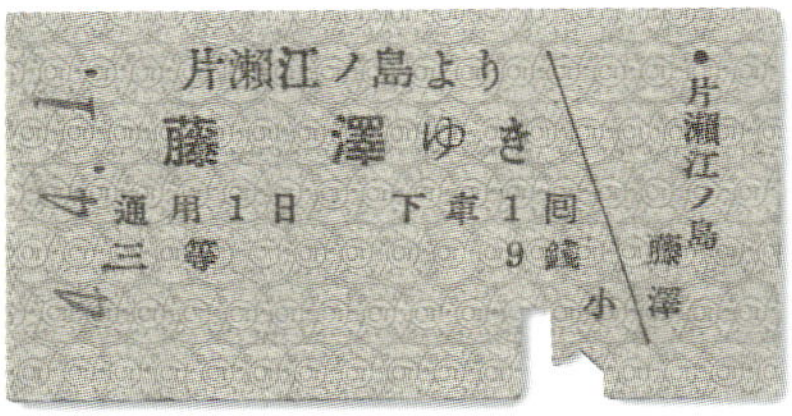

江ノ島線開通当日の片瀬江ノ島～藤沢間の乗車券（昭和4年） 所蔵／赤石定次

大正時代（震災前）の本町通り 所蔵／藤沢市文書館

震災後に新築された省線藤沢駅（大正末期）。この駅舎は昭和30年代まで使用された 所蔵／藤沢市文書館

昭和20年の藤沢駅。米兵も日本人も入り交じってすし詰め 所蔵／赤石定次

昭和30年頃の藤沢駅。小田急の駅舎は右奥 写真提供／小田急電鉄

昭和27年のバス・ハイヤー乗り場 写真提供／神奈川中央交通

駅前開発が進む藤沢駅（昭和52年）
写真提供／小田急電鉄

●都心からも至便の美しい海

本鵠沼・鵠沼海岸《ほんくげぬま・くげぬまかいがん》

新宿から海水浴客が続々　プールガーデンも大人気

進行方向を逆に変えて藤沢を出発した江ノ島線は、大先輩の江ノ電に遠慮するかのように、大きく辻堂寄りを回って南下する。

本鵠沼駅は昭和四年の開通と同時に開業した。明治時代からあった江ノ電の鵠沼駅と区別する意味もあってこの名になったが、鵠沼駅は実際には鵠沼の街の中心からは遠く、この駅の方が街に隣接していた。従って「本鵠沼」は相応しい駅名とも言える。

金属供出の波

戦局が悪化の一途をたどる中、昭和十六年から全国に金属供出の波が押し寄せる。武器に必要な金属資源の不足を補うための措置である。全国の学校から二宮尊徳の銅像が消え始めた。

矛先は鉄道にも向く。「不要不急線」のリストに国営民営を問わず、全国の路線が挙がる。「輸送力が小さく軍事上の影響がない」「観光輸送が主目的」「代替輸送が可能」などを理由に、休止や単線化が始まった。江ノ島線も例外ではなかった。十八年に藤沢〜片瀬江ノ島間で単線化を強いられた。

往時は東海道線として活躍した御殿場線さえも単線化のリストに挙がる時代だった。御殿場線は今もって単線のままである。金属供出をきっかけに廃線となる路線も続出する中、二十四年に江ノ島線は複線復旧した。

鵠沼海岸

それまで別荘を持つ富裕層に限られていた海水浴が、大衆の娯楽となったのは昭和初期のことである。

江ノ島線開通により、新宿と湘南の海が一時間半で結ばれた。海水浴客は大挙して片瀬海岸や鵠沼海岸を目指した。殊に鵠沼の海は、海水浴発祥の地大磯に比肩する美しさと称された。

鵠沼海岸駅は江ノ島線開通と同時に開業した。浜辺の静かなたたずまいのこの駅も、夏場の週末には、下り電車が停車すると一斉にパラソルが花開いた。十三年に海辺に県営鵠沼プールが開業。幻の東京オリンピックを見越して計画されたものという。三十六年に小田急が引き継ぎ、鵠沼プールガーデンを開業させた。

昭和三十年代、海水浴人気は絶大だった。休日の新宿駅は朝六時から海水浴客で溢れかえり、急行電車はラッシュ時並みの混雑。車両が間に合わず、相鉄から借りるほどだったという。

昭和 39 年の本鵠沼駅　撮影／荻原二郎

開通当時のくげぬま海岸安全プールと温泉の共通入場券　所蔵／小田急電鉄

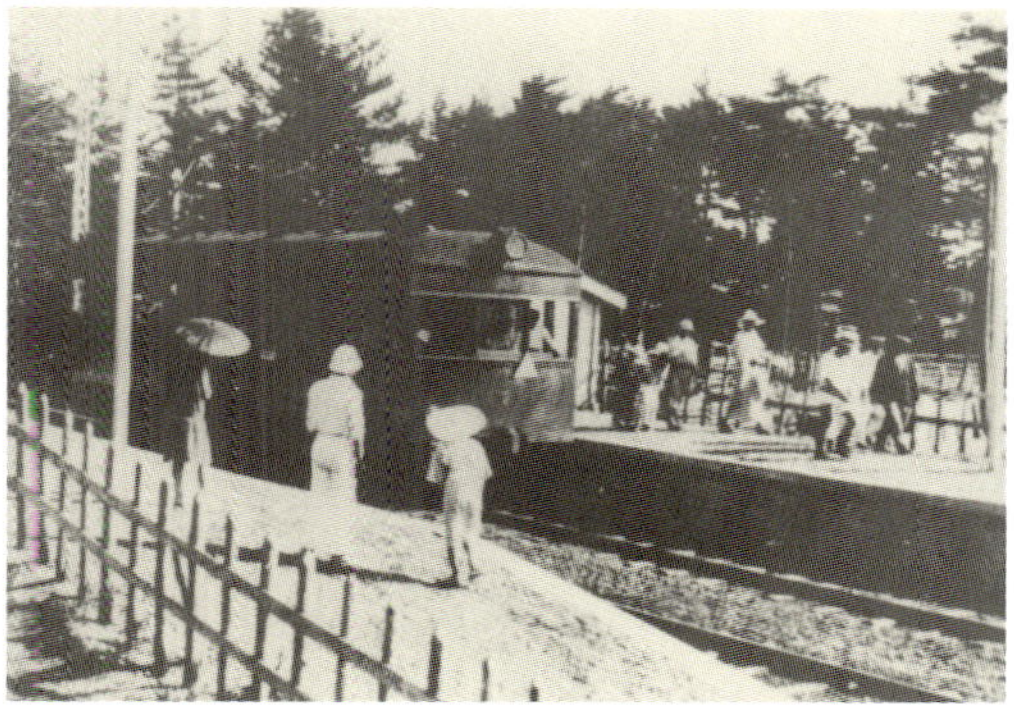
開業当時の鵠沼海岸駅ホーム（昭和４年）　写真提供／小田急電鉄

昭和 37 年の鵠沼海岸駅　撮影／荻原二郎

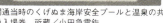

●江の島が目と鼻の先

片瀬江ノ島

かたせえのしま

竜宮城を思わせる駅舎
弁天様開帳と同時開業で大賑わい

江ノ島線もいよいよ終着駅へ。シーズン週末の賑わいもこの駅らしいが、オフシーズン平日の閑散としたたたずまいもまた味わい深い。

竜宮城

昭和四年、江ノ島線の終着駅として開業した。直前に先輩格の江ノ電片瀬駅が「江ノ島駅」と改称。こちらは海岸の地名を冠した駅名となった。場所も江の島参道からはずれ、境川を渡った対岸にやや遠慮がちに開設された。

しかし、ふたを開けてみれば遠慮などどこへやら。地元住民や乗客の度胆を抜いたのは「竜宮城」をかたどった赤い駅舎である。まだ付近に人家もまばらな時代、初日からライトアップされて闇夜に異様に浮かび上がった。しかし、この駅の特異な形は、実は登記上「仮の姿」だった。

江ノ島線開業前から懸案があった。大船～茅ヶ崎間に先に存在していたのが東海土地電気という別会社の路線免許。こちらがもし開業すれば、片瀬江ノ島駅は撤去しなければならない。ならばと、観光地アピールの「遊び心」で竜宮城を模した造りにしたという。結局この会社は予算が折り合わず免許も失効。仮の駅舎はそのまま居残って、海水浴ブームの牽引役として活躍することになる。平成十一年に「関東の駅百選」に選出された。

江の島弁天開帳

折しも開通の年は、六〇年に一度の江の島弁天開帳の年にあたっていた。昭和四十年代に奉安殿ができ、いつでも拝めるようになったが、この時代、裸身の姿を拝めるチャンスは一生に一度きり。小田急江ノ島線開通と同じ四月一日から五〇日間開かれ、様々なイベントも催された。大変な人出だったことは言うまでもない。

江の島の名の由来は「絵の島」とも言われる。社伝によれば、江島神社の創建は欽明天皇十三（五五二）年。海運の神として島最奥にある岩屋に祀られたのが起源であるという。すでに一四五〇年余りの時を刻む。

鎌倉で悪行を重ねた五頭の龍を諫めに天女が舞い降りたというのが江の島弁天の縁起。正式には妙音弁財天といい、江戸時代から信仰を集めた。琵琶をひく姿の裸身の弁財天は大変珍しく、今でも音楽や芸能関係の願いごとを携えて訪れる人が多いという。

開通当時に掲げられていた入場門
写真提供／小田急電鉄

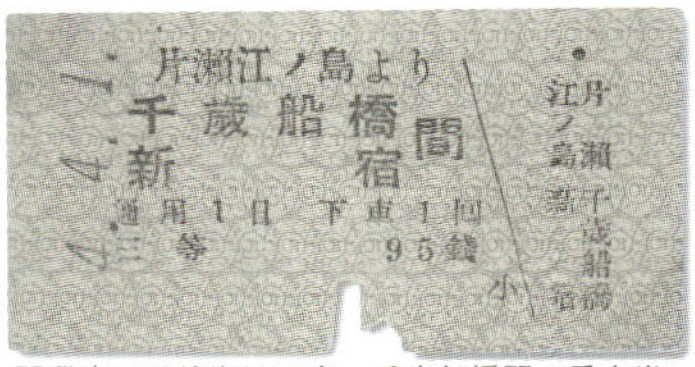

開業当日の片瀬江ノ島～千歳船橋間の乗車券
（昭和４年）　所蔵／小田急電鉄

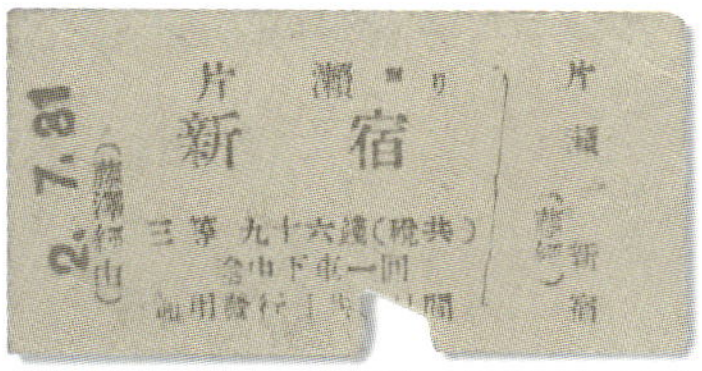

片瀬（現・江ノ電江ノ島駅）～新宿間の乗車券
（昭和２年）　所蔵／小田急電鉄

混雑する片瀬江ノ島駅ホーム（昭和26年）
写真提供／小田急電鉄

昭和39年の片瀬江ノ島駅　撮影／荻原二郎

※文中、地名は江の島、駅名などは江ノ島と表記

江戸時代から人気の観光地「絵の島」の絶景

幕末の江の島。横浜居留地からの外国人のために旅館の看板が英文表記になっている　所蔵／片野写真館

絵葉書「江之島　片瀬海岸ノ絶景」（大正９年）。砂州で完全につながっている
所蔵／片野写真館

初代歌川広重『東海道五十三次　藤澤宿』。遊行寺門前から見た江の島といわれる

絵葉書「相州江之島入口」（大正時代）　所蔵／片野写真館

絵葉書「七里ヶ浜」（大正時代）　所蔵／片野写真館

江の島から見た片瀬海岸方面（昭和５年）。アサリ採りだろうか、遠浅の海岸に人の姿が見える　所蔵／片野写真館

江の島空撮（昭和54年頃）。手前の片瀬海岸は海水浴客でごった返している　写真提供／小田急電鉄

片瀬江ノ島駅付近空撮（昭和60年）。境川にかかる右側の橋が片瀬江ノ島駅前の弁天橋　写真提供／小田急電鉄

岩屋の海岸に設けられた海水浴場（昭和30年代）。40年代から遊泳禁止の区域になっているため、貴重な記録となる一枚　所蔵／片野写真館

八〇年の星霜

旧版地形図に見る昭和初期の駅周辺

昭和二年の小田急小田原線、四年の江ノ島線。昭和、平成と時代は移り、開通からの月日は八〇年余り。開通当初の旧版地図をもとにそれぞれの駅と沿線のかつての風景を振り返る。（タイトルの駅名は現在の名で表記）

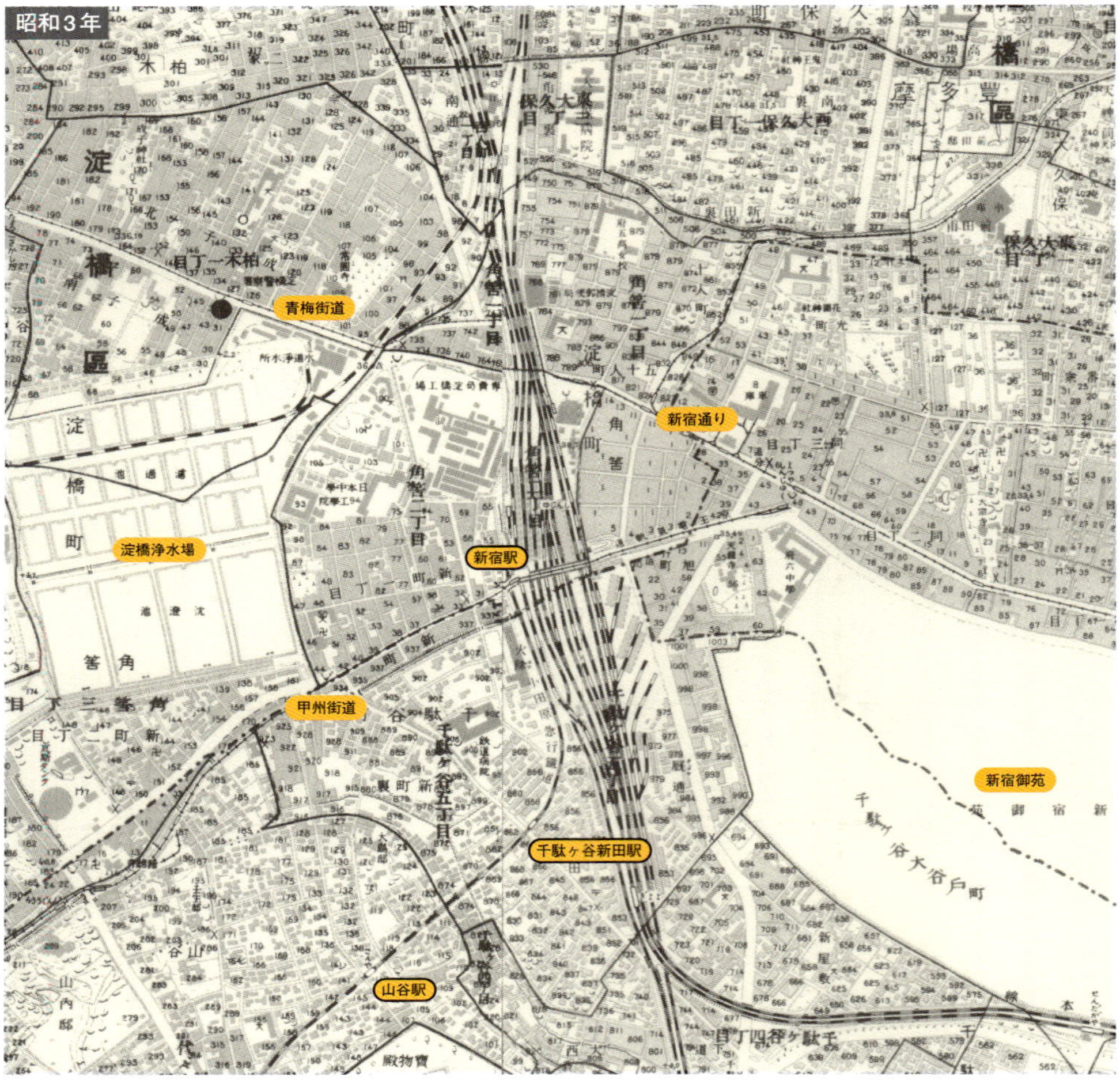

淀橋、角筈、柏木などの地名や市電が見える。西口に淀橋浄水場があり、引き込み線が敷かれている。小田急線に山谷駅が存在している。千駄ヶ谷新田駅は現在の南新宿駅。靖国通り、明治通りはこの時代には幹線になっていない

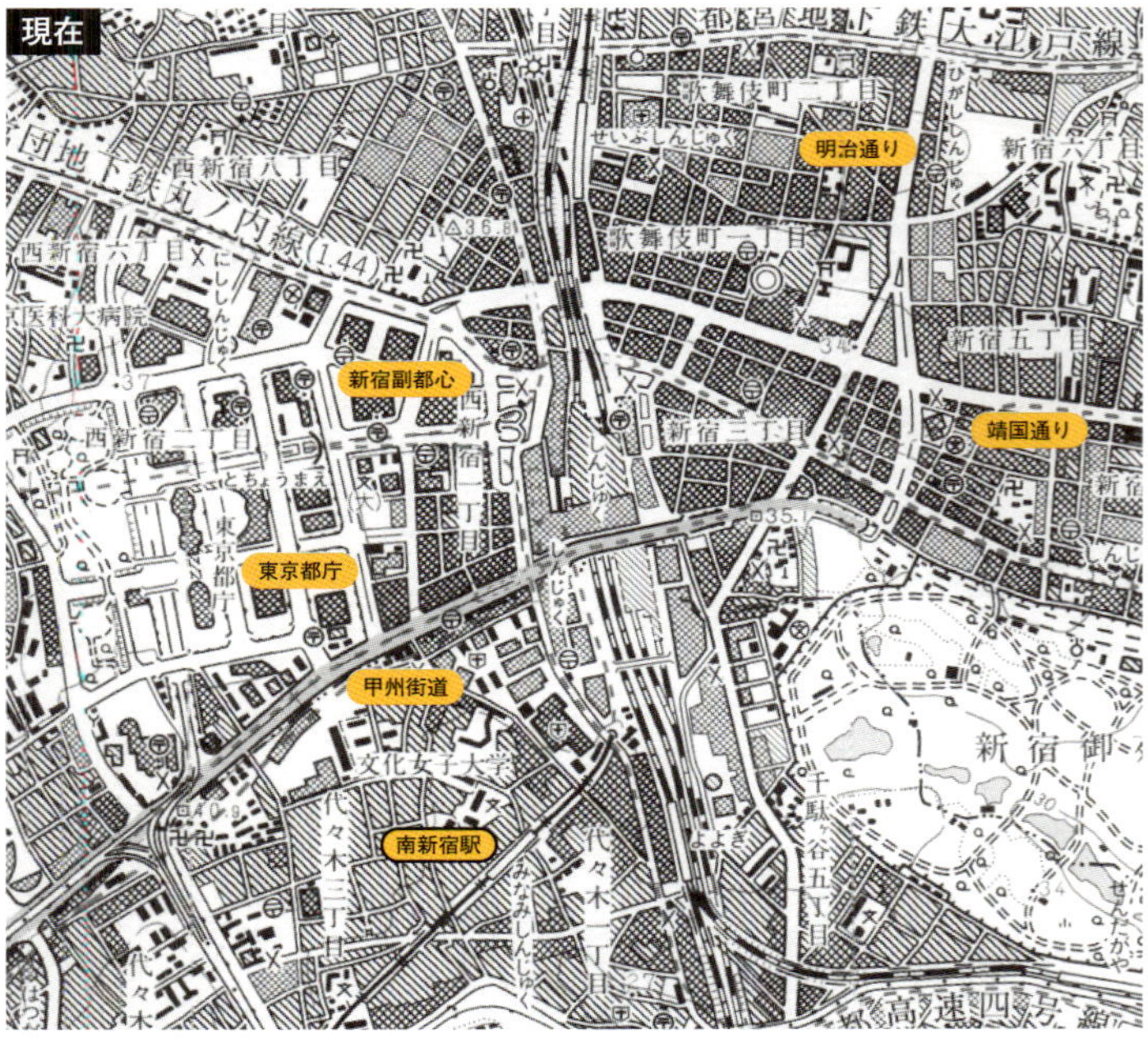

淀橋浄水場跡地に新宿副都心、都庁。靖国通りや明治通りが幹線となり、3丁目や5丁目に交差点ができている。甲州街道は新宿御苑で地下に。山谷駅は消え、南新宿駅が南に移動している

小田原線

新宿
南新宿

旧版地図

●新宿～千歳船橋
旧版一万分の一地形図　明治四十二年測図
昭和三年修正・昭和四年測図より

●祖師ヶ谷大蔵～箱根湯本
旧版二万五〇〇〇分の一地形図　大正十年測図
昭和二年鉄道補入より

●東林間都市（東林間）～片瀬江ノ島

●五月台～唐木田
旧版二万五〇〇〇分の一地形図　大正十年測図
昭和四年鉄道補入より

代々木八幡

駅の北東寄りに代々木練兵場がひろがる。その南側は現在 NHK 放送センターになっている。山手通りなどの幹線道路はまだできていない

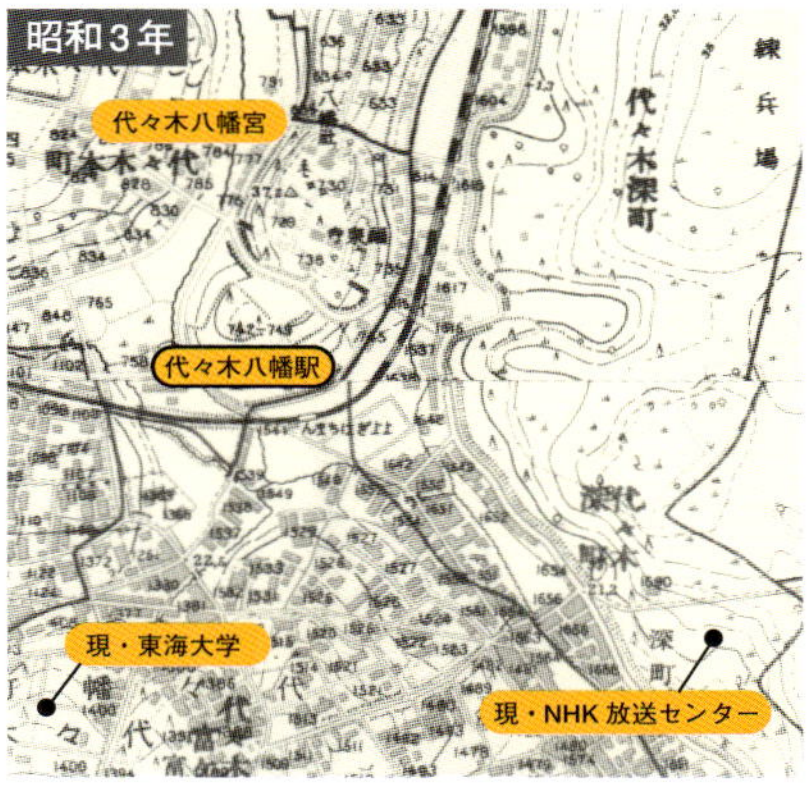

参宮橋

代々木山谷町や代々木外輪町の地名が見える。駅の南側は代々木練兵場。その一部が現在の青少年総合センターになっている

東北沢

駅周辺には民家がまばら。東南に見える航空研究所は、後の東大先端科学技術研究センター

代々木上原

開通当時は代々幡上原駅。代々木上原町と代々木西原町に民家があるが、駅周辺はまばら。地下鉄乗り入れの勾配緩和のために、昭和52年に駅舎を水道道路より に移動

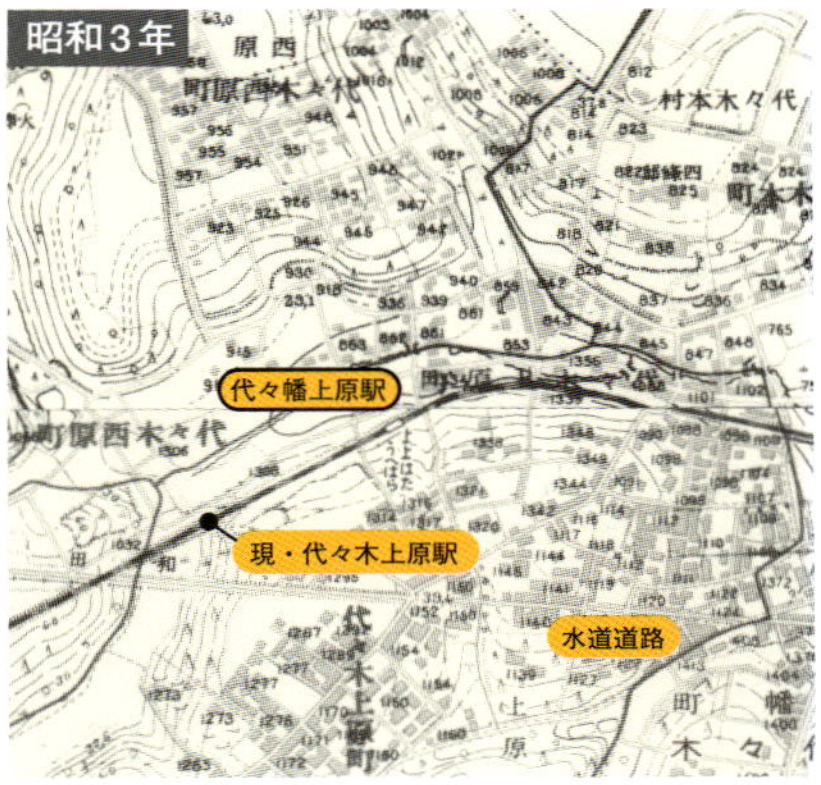

梅ヶ丘

開通当初は田畑。北東側に根津山が迫る（一部が現・羽根木公園）。東西に流れるのは北沢川。西寄りに青山脳病院本院（現・都立梅ヶ丘病院）が見える

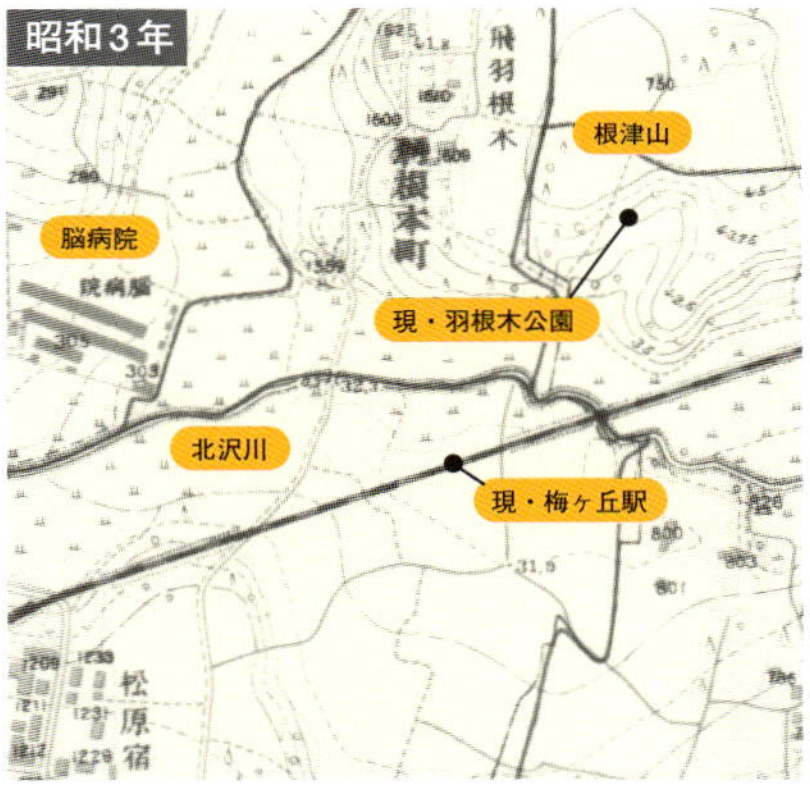

豪徳寺

豪徳寺に「井伊大老墓」の表記が見える。東急世田谷線の宮の坂駅は現在よりも北寄りにあった。現在の豪徳寺駅は、東急世田谷線を跨ぐ位置まで拡張している

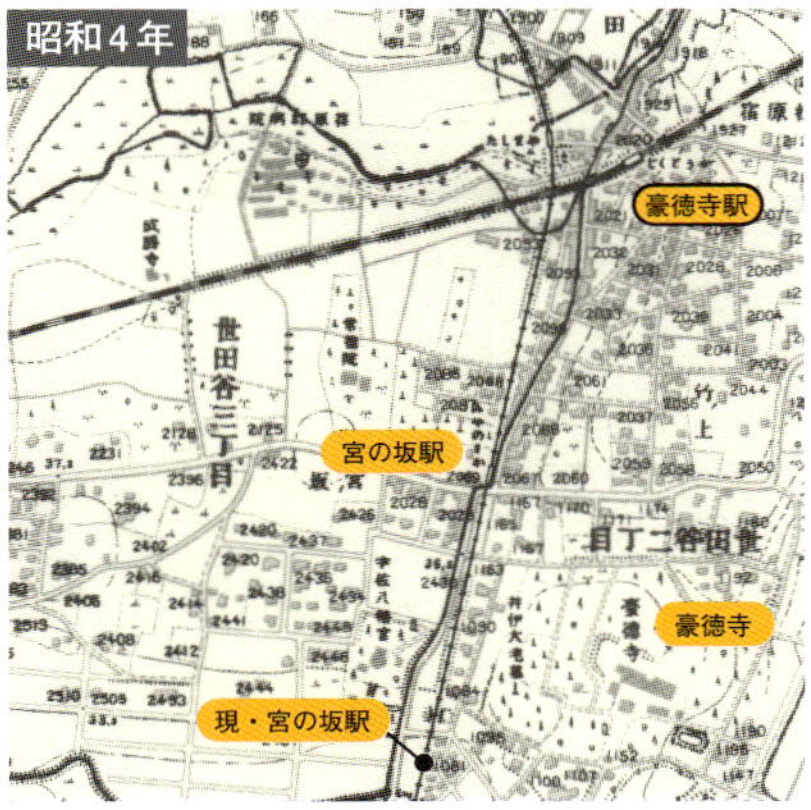

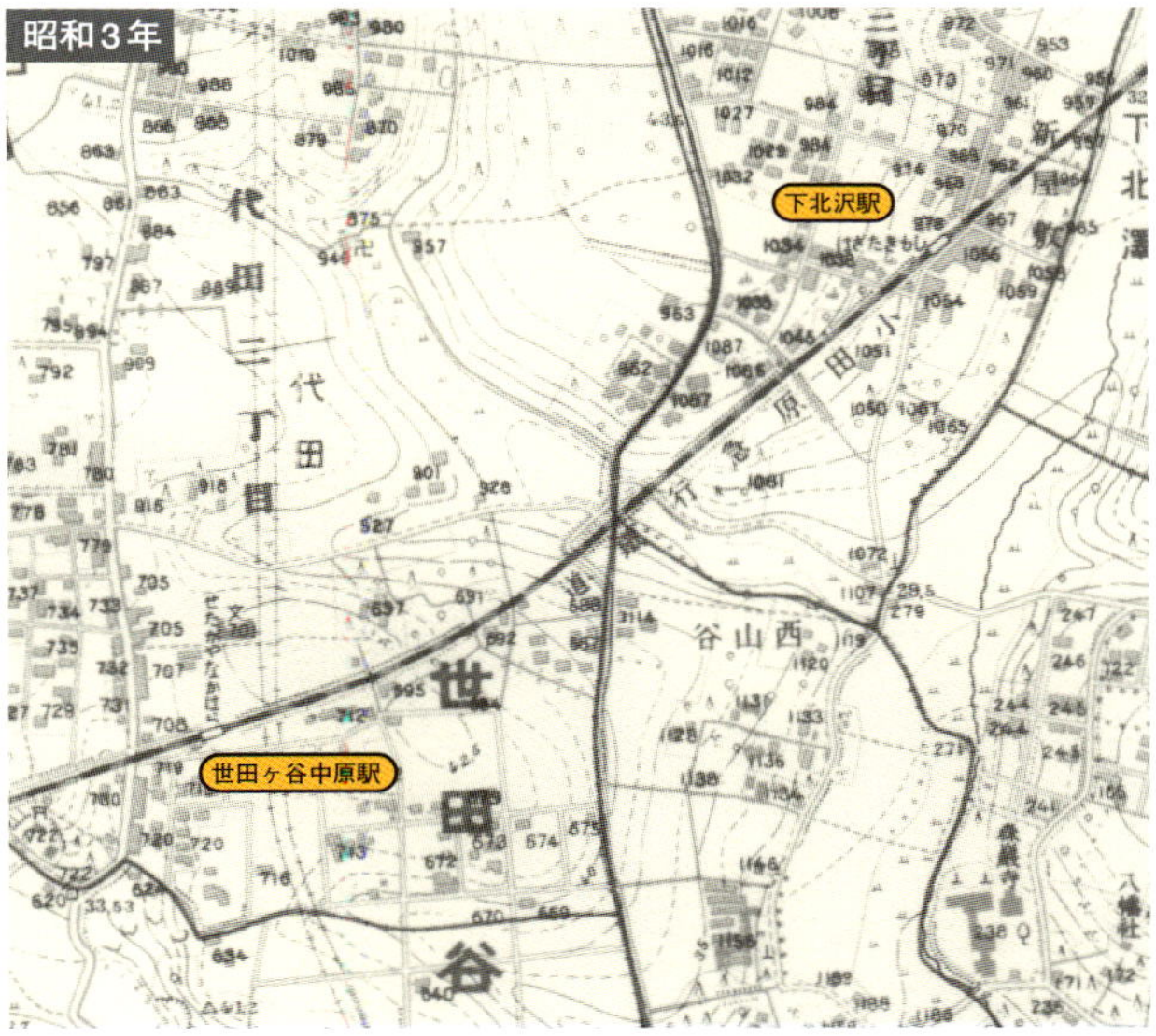

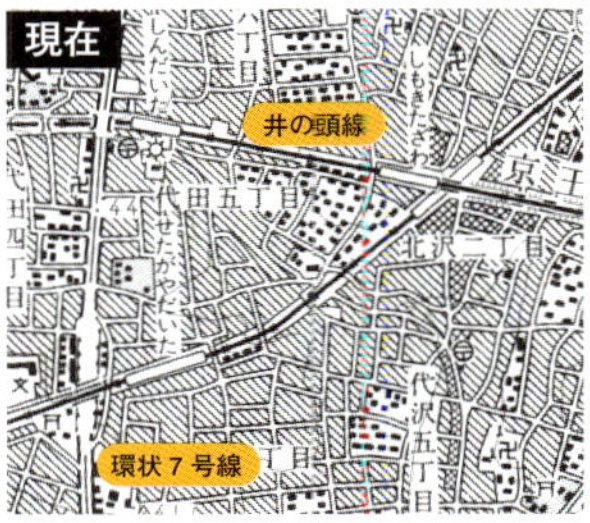

下北沢
世田谷代田

世田谷代田駅は開業当時、世田ヶ谷中原駅の名。帝都線（現・井の頭線）は昭和8年に開通（渋谷〜井ノ頭公園間）、環状7号線は東京オリンピックに合わせて昭和39年に完成した

千歳船橋

駅にかかる太線は世田谷区と千歳村の境。南東方向に見える陸軍自動車学校の跡地には、昭和21年に東京農業大学が移転

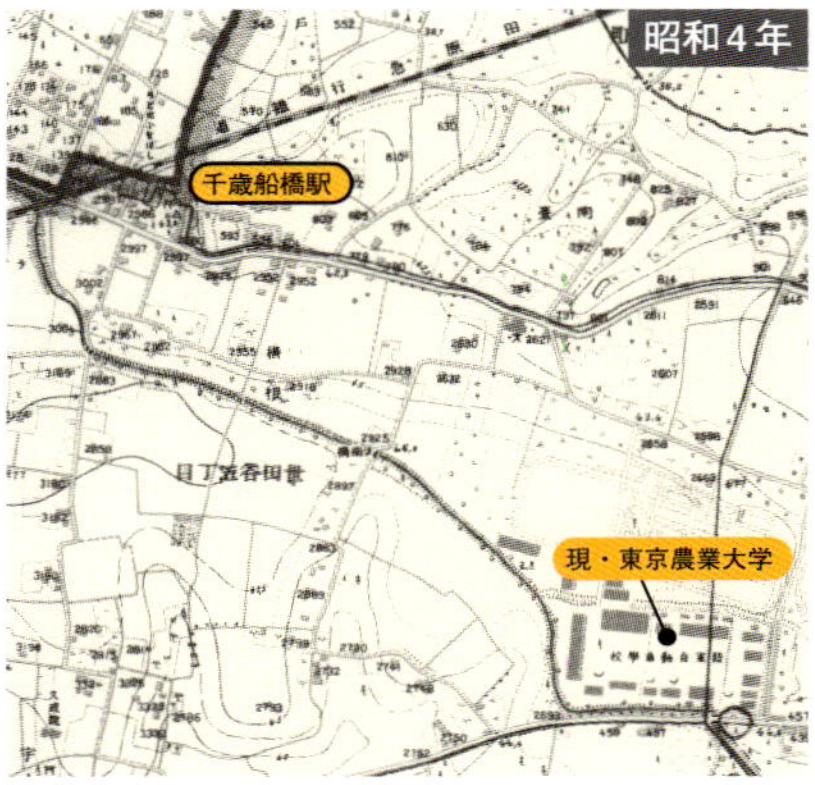

経堂

駅の北側に車庫が見える。駅北東側と南西側は人家もまばら。南には烏山用水があり、周りには田んぼがひろがっている

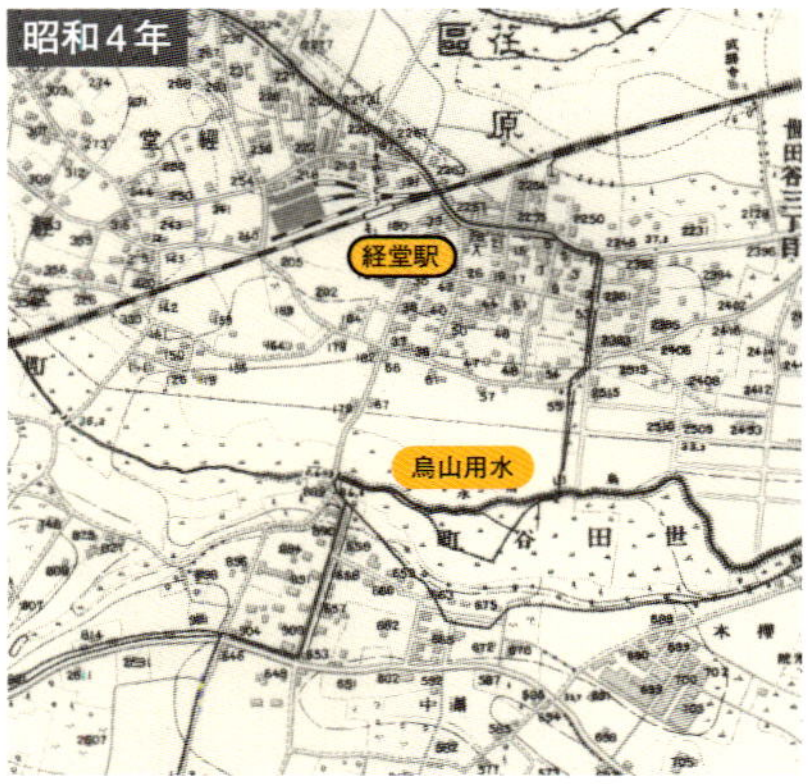

成城学園前

駅北に成城学園の学び舎が見える。この頃から整然とした街並みができている。仙川をやや下ったところに、昭和7年に写真化学研究所（後の東宝スタジオ）ができる

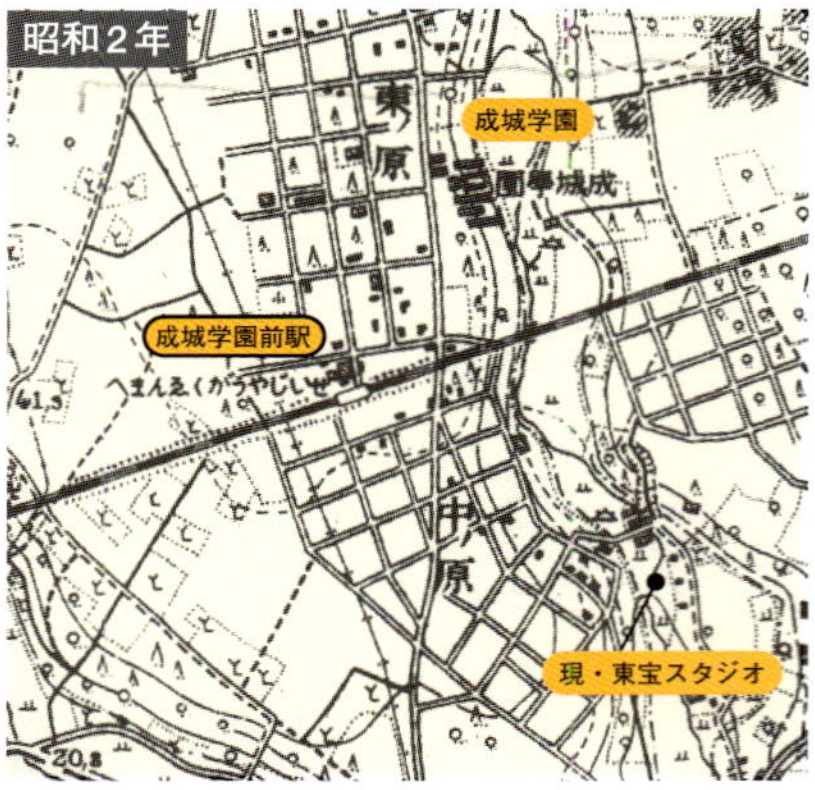

祖師ヶ谷大蔵

開通当時から南北をつなぐ道路があったが、駅周辺は集落もまばら。まだ荒玉水道道路が通っていない

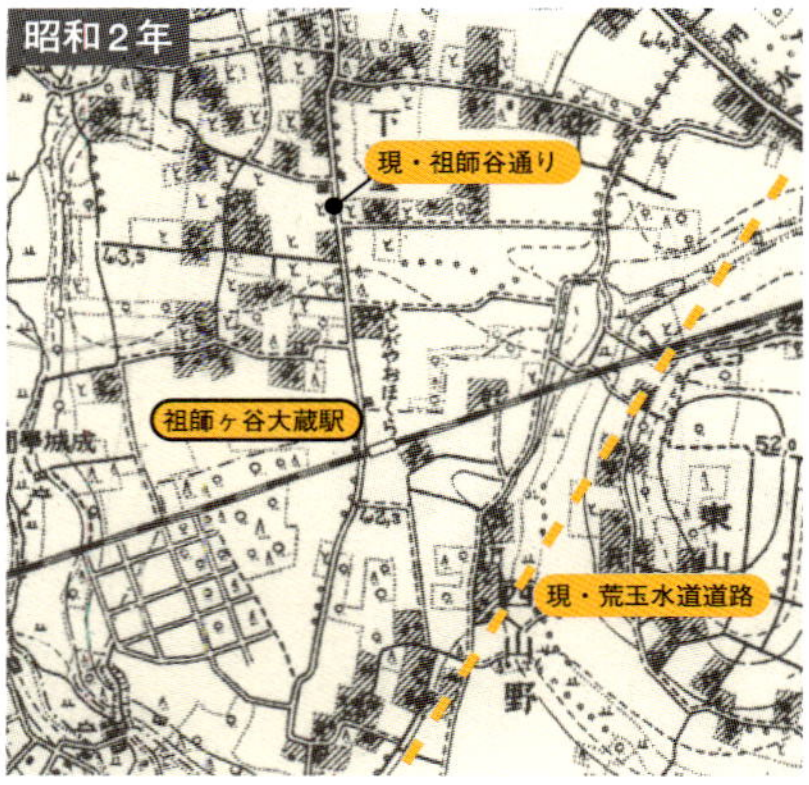

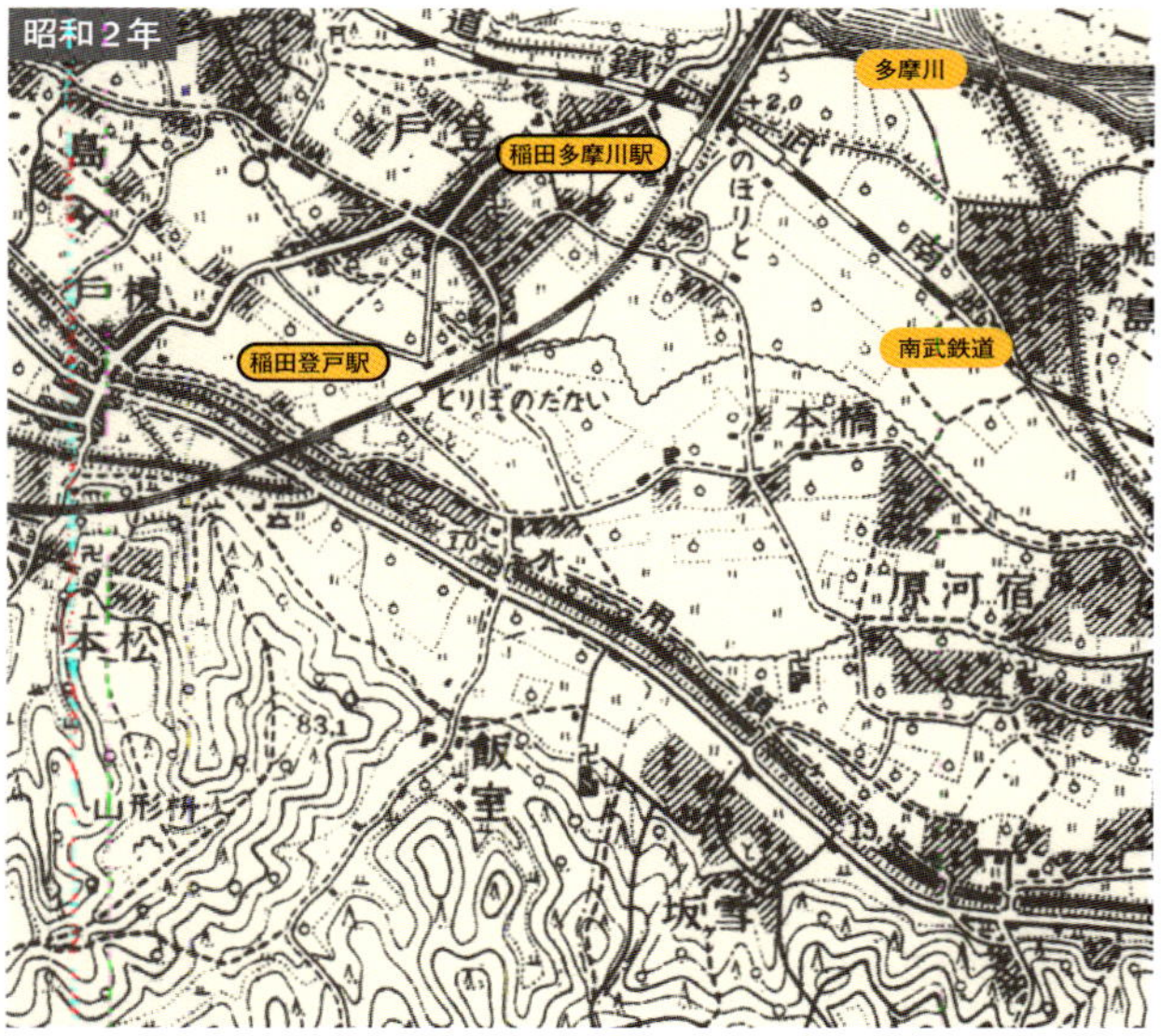

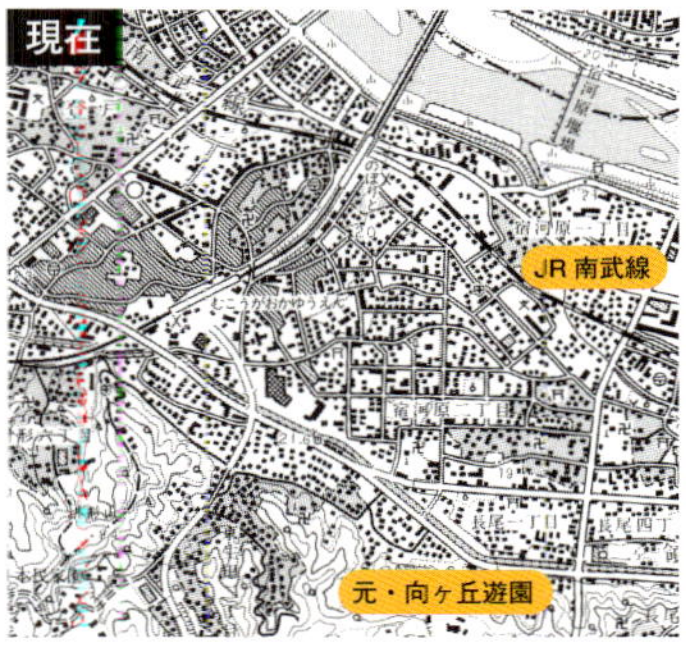

登戸
向ヶ丘遊園

現・登戸駅は「稲田多摩川」の名で開業したが、地図上には南武鉄道の登戸駅のみで、名が省かれている。向ヶ丘遊園駅の開通時の名は「稲田登戸」。両駅の周囲に梨園がひろがっているが、現在は大部分が宅地化されている。向ヶ丘遊園は平成14年に閉園したが、駅名にその名を残している

喜多見

この頃の野川は喜多見駅の南側に回り込むようにして流れ、その周辺に街並みができている。現在の野川は治水されて、直線的に流れている

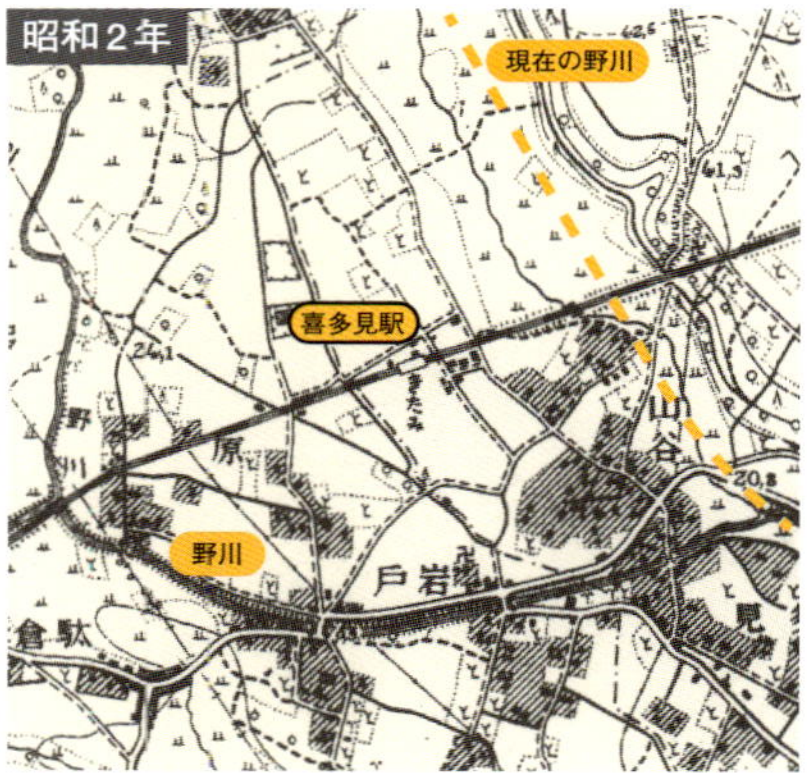

狛江
和泉多摩川

狛江駅北東寄りに六郷用水と旧野川の合流部が見える。和泉多摩川駅南西に登戸の渡しがある

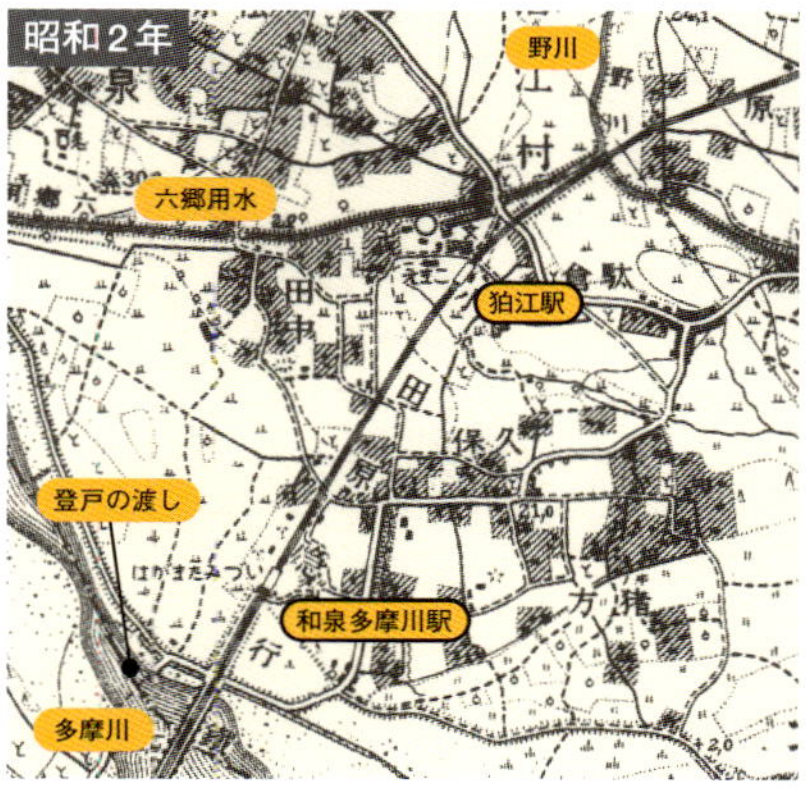

読売ランド前

開通時は「西生田駅」。脱穀機で知られ、西生田駅開設の立役者となった細王舎の工場が見える。駅北西寄りの尾根と谷戸が複雑にからみあった丘陵地に、昭和39年によみうりランドができる

生田

開通時は「東生田駅」。南北に丘陵地がせまった五反田川の谷沿いに線路が走っている

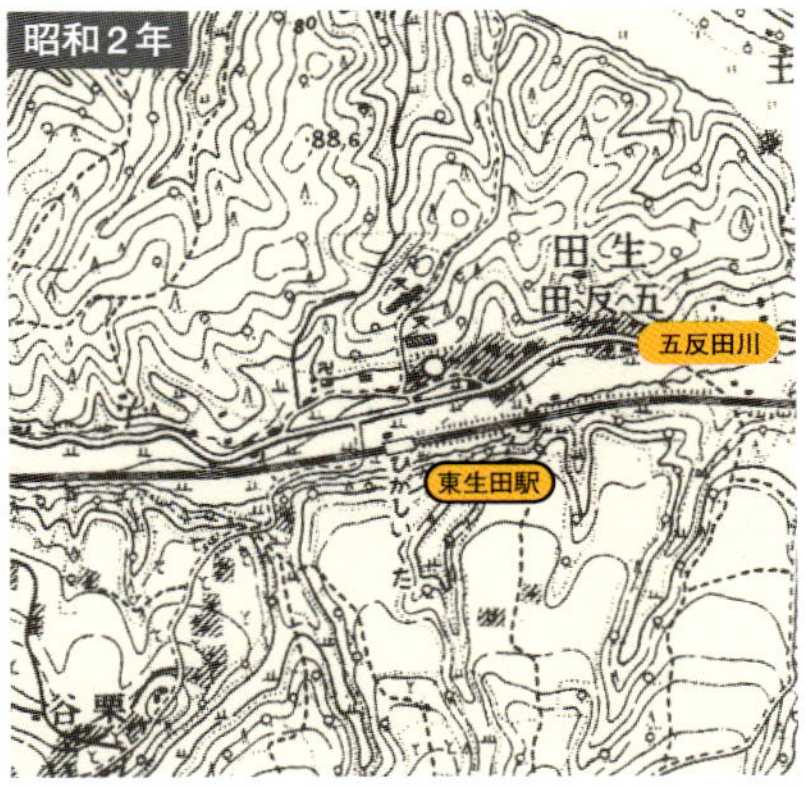

新百合ヶ丘

新百合ヶ丘駅は、丘陵地を切り開いて開設された。振り子実験が行われた、谷に沿ったカーブの線路も直線になり、営業キロも変わる

百合ヶ丘

百合丘第一団地入居にともなって、昭和35年に開業。団地のある駅南方面は、この時代に集落すら見えない

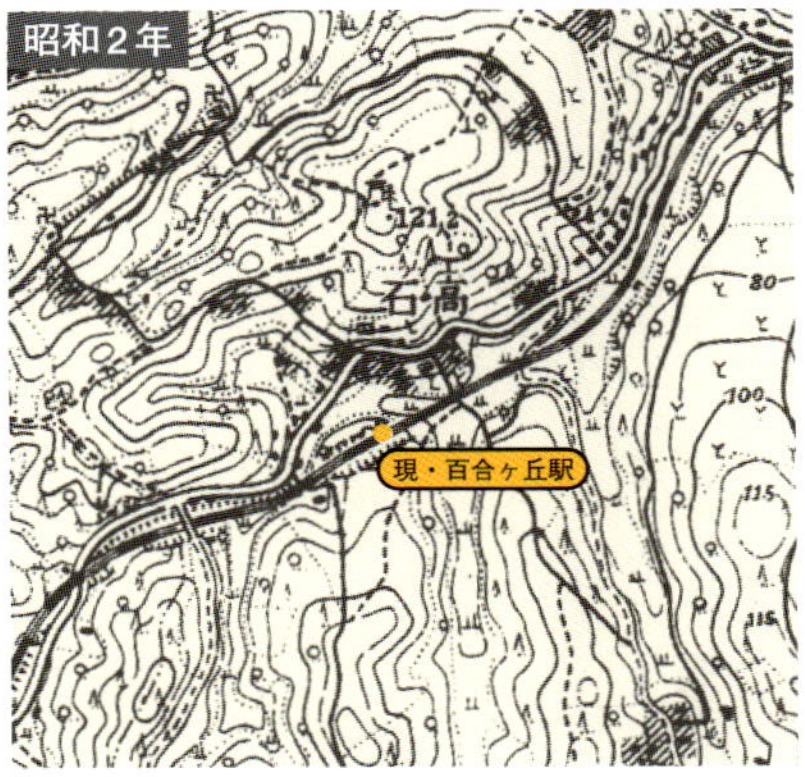

鶴川

開通当時、南北に走る幹線道路の鶴川街道はまだ通っていない。線路は駅を過ぎたところで急カーブをえがいているが、後に緩やかになった

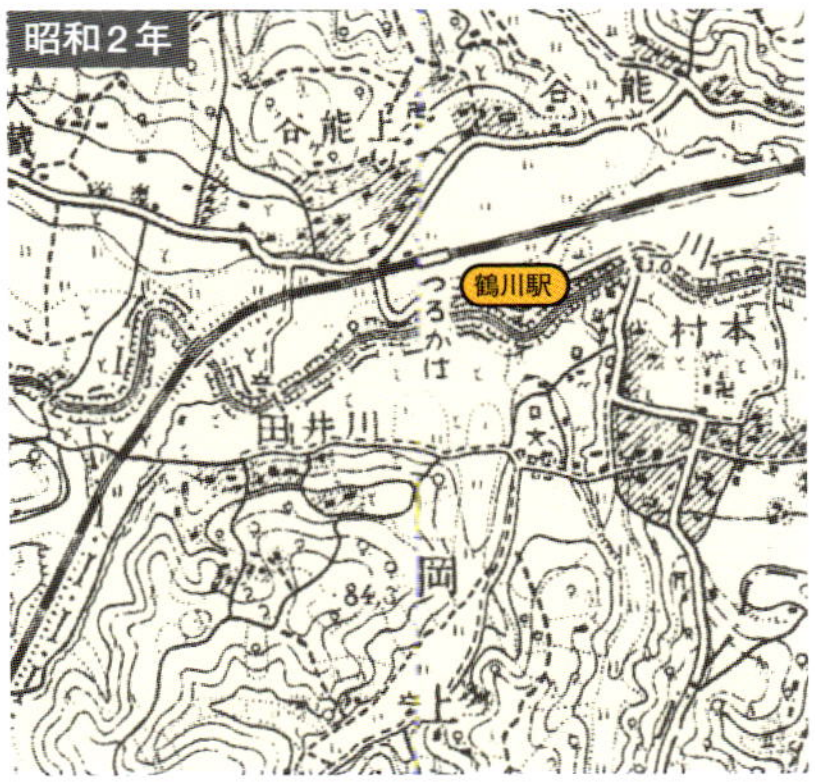

柿生

開通当時、線路の東側が主要道路。後に津久井道（世田谷町田線）が西側を通り、幹線道路となる

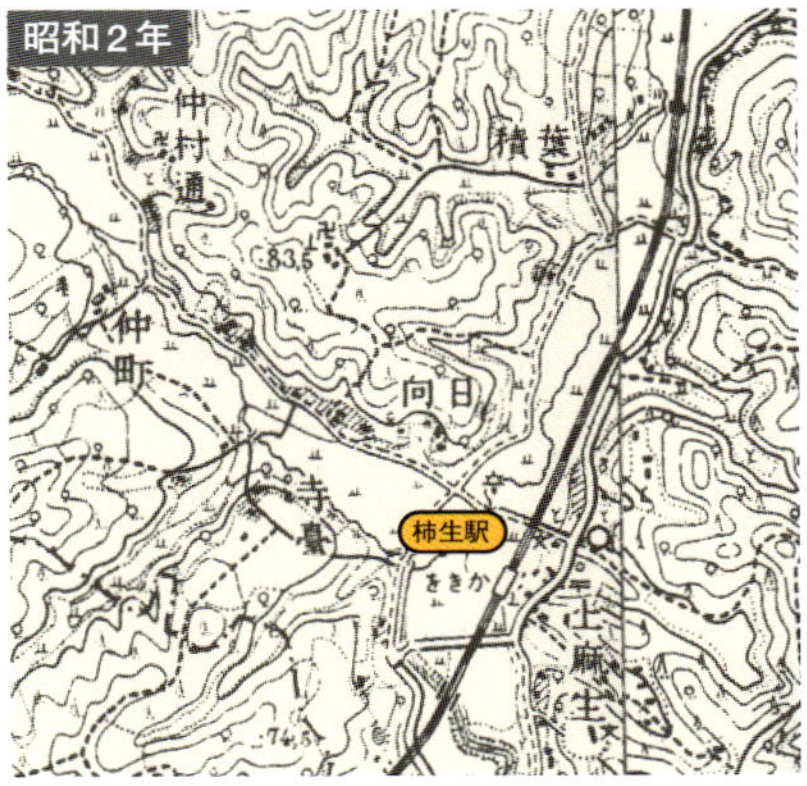

町田

原町田以外はまだ周囲に民家がまばら。この町外れに「新原町田駅」として開業した。後に現・JR横浜線の町田駅が小田急側に歩み寄った形になるが、それまでは乗り換え客が「マラソン通り」を走った

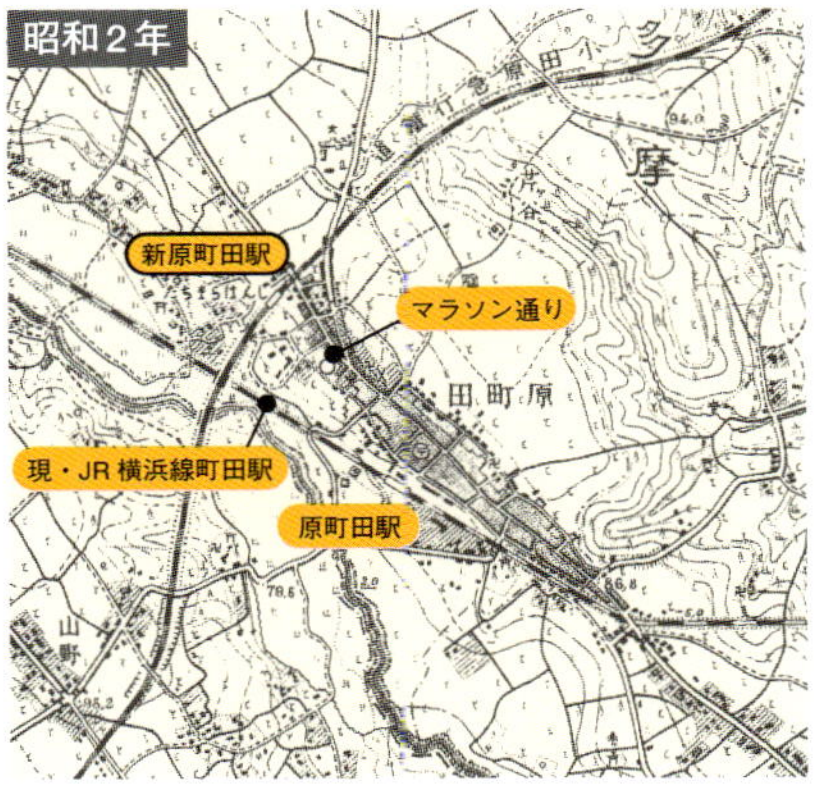

玉川学園前

玉川学園と駅が創設されるのは2年後で、この時代は丘陵地にトンネルがあるのみ。現在は玉川学園キャンパス周辺の宅地化も著しい

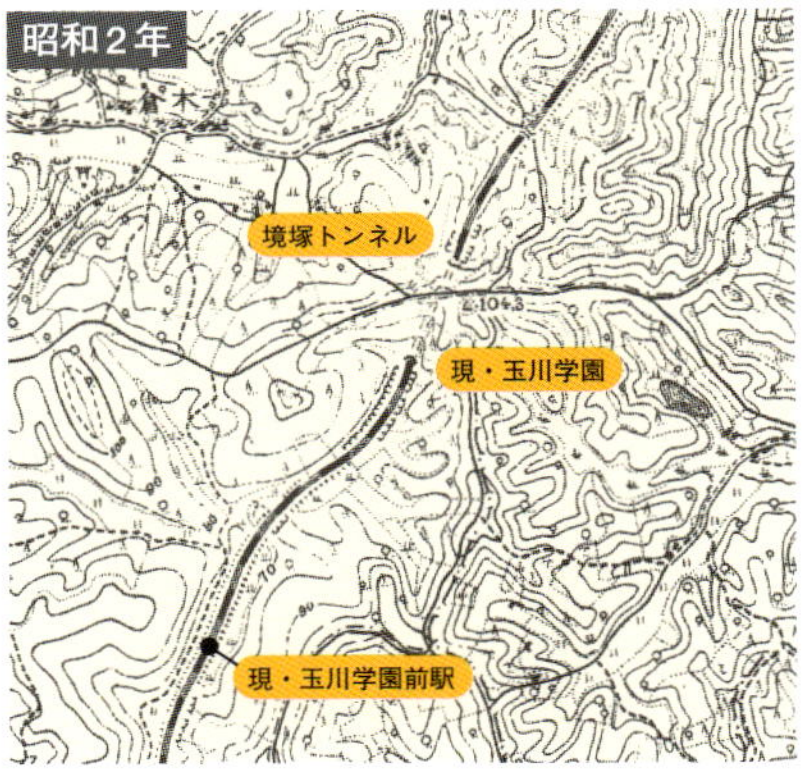

小田急相模原

開通当時は相模野の田畑がひろがり、わずかな集落があるはかり。現在は駅の北西寄りに米軍相模原住宅の広大な敷地がひろがる

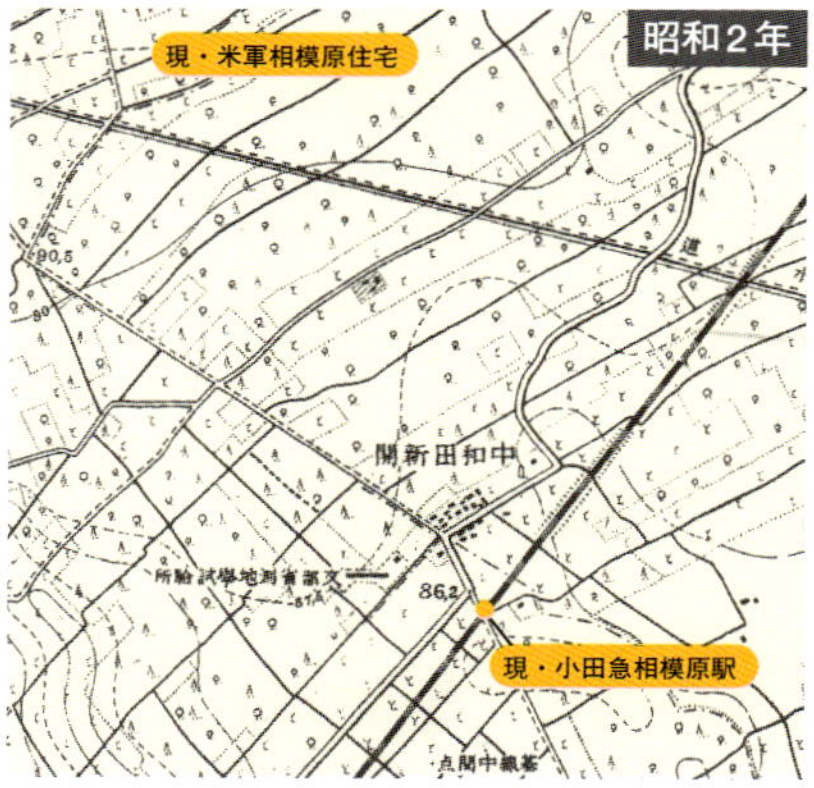

相模大野

江ノ島線の立体交差ができているが、相模大野駅はこの頃まだ信号所のひとつ。戦後間もなく相模女子大学が移転

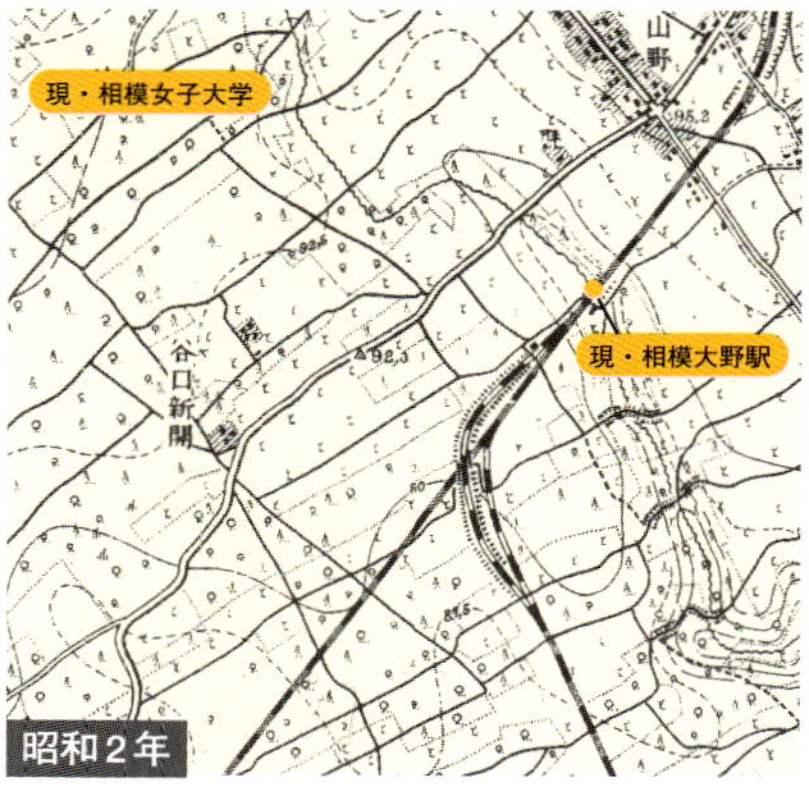

座間

この時代、まだ駅は開設されていない。線路の東側の丘陵地に座間遊園の建設計画があった

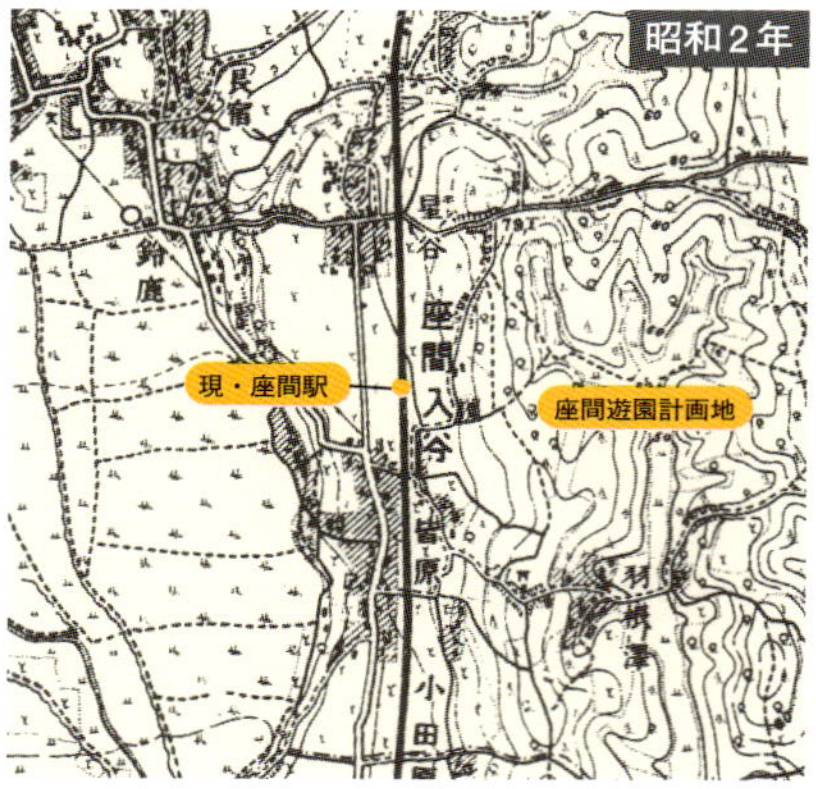

相武台前

開業時は「座間駅」の名でスタート。長閑な駅周辺も軍都化で間もなく様変わりする。駅の西寄りに陸軍士官学校、後の米軍キャンプ座間ができる

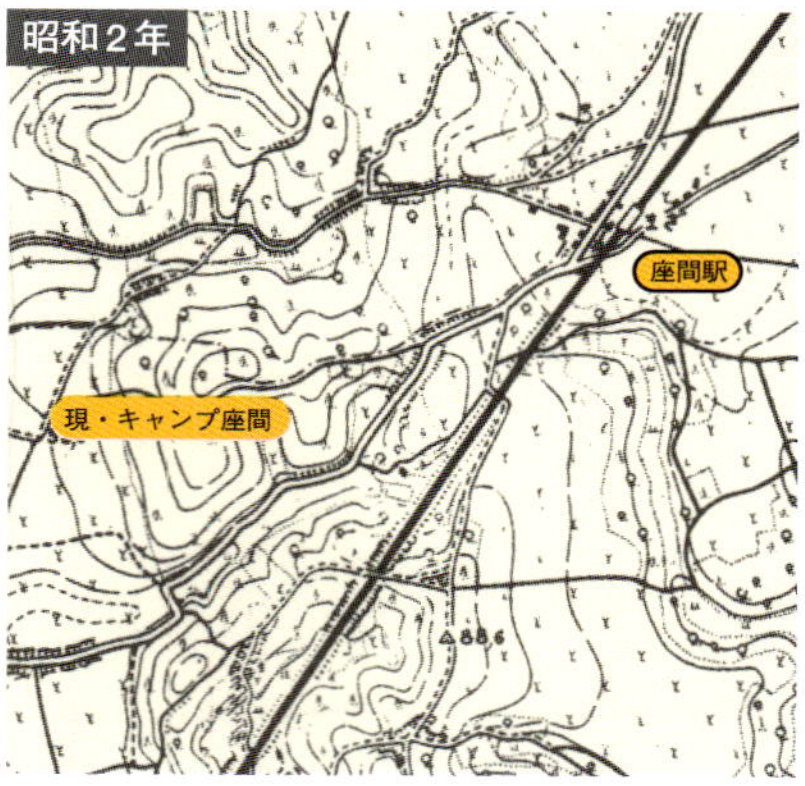

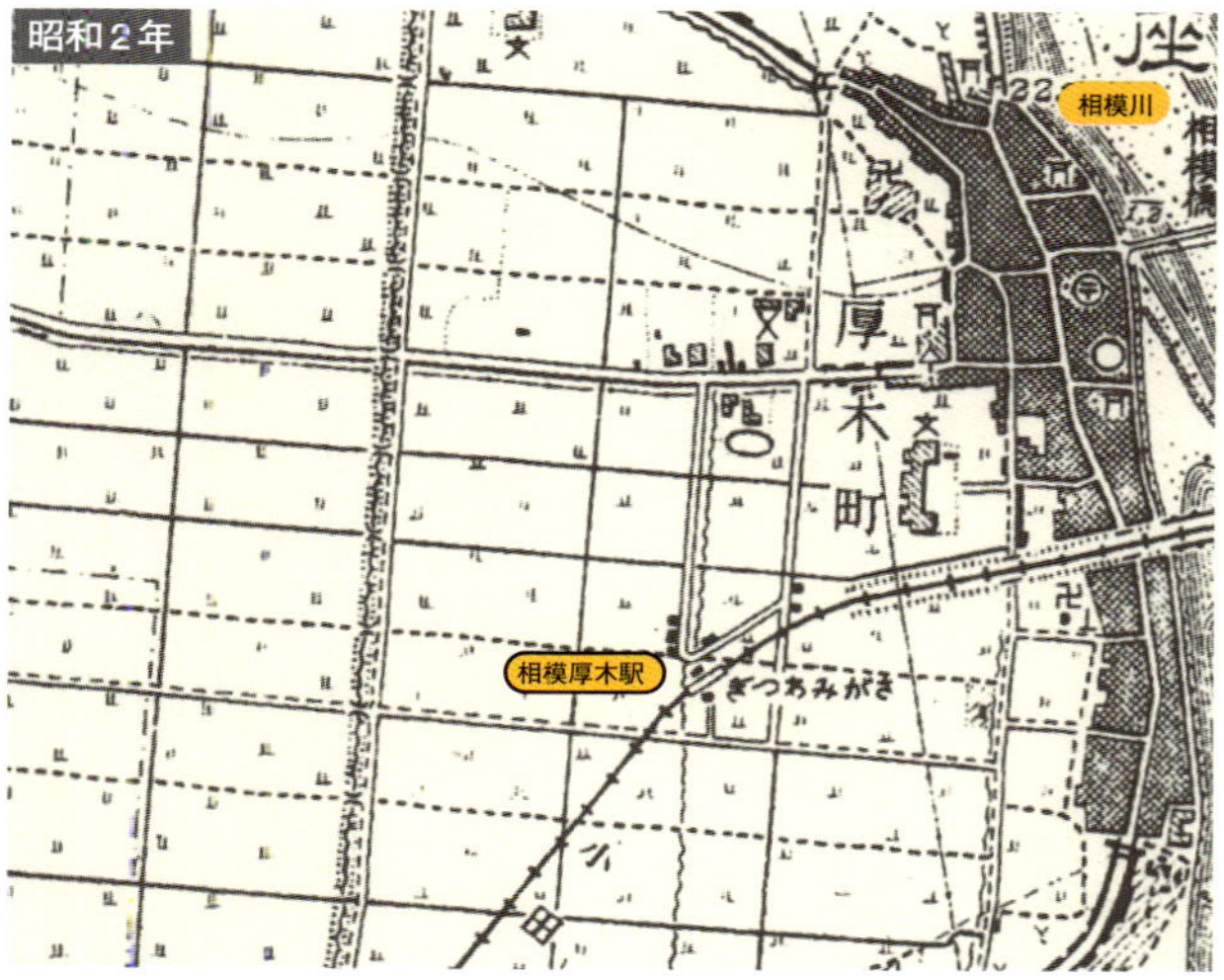

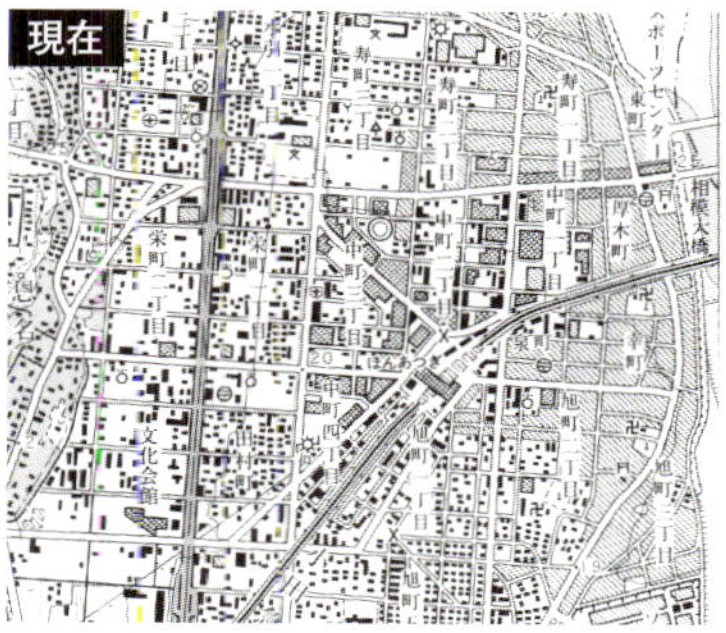

本厚木

「相模厚木駅」の名で開業した。相模川沿いで賑わう厚木町をあえて避けるかのように、駅は一面の田んぼの中。そして不思議なことに、街の賑わいが北東寄りにあるにもかかわらず、開設当時は南口が表口になっていた

海老名

「海老名国分駅」として現在よりもかなり北寄りに開設された。周囲には条里田がひろがっている。この時代はまだ神中鉄道（現・相鉄線）と接続されていない

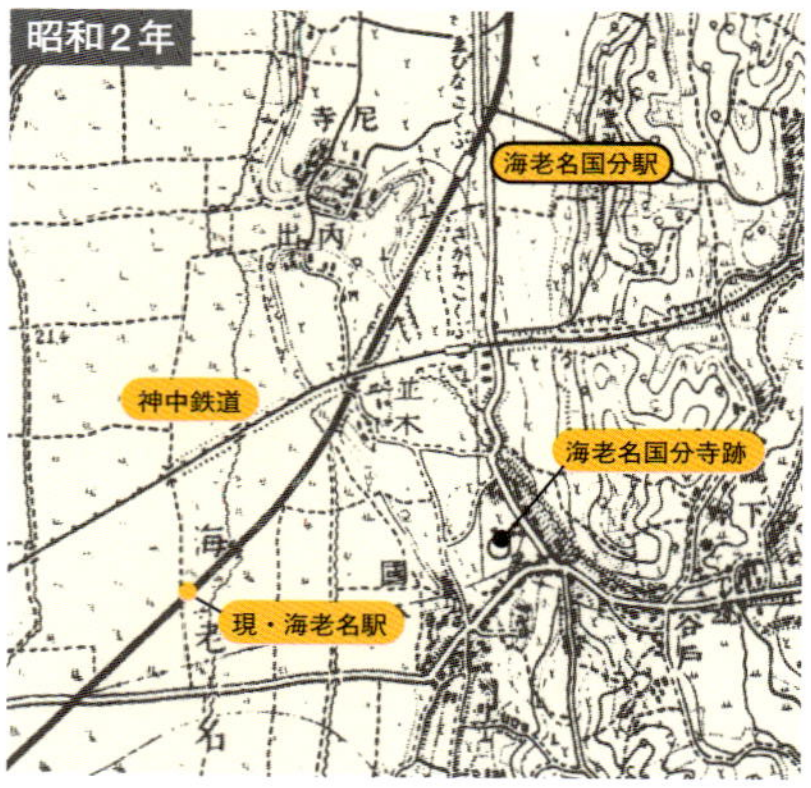

厚木

「河原口駅」の名で開業。神中鉄道・相模鉄道（現・JR 相模線）の厚木駅が北寄りに先に存在していた

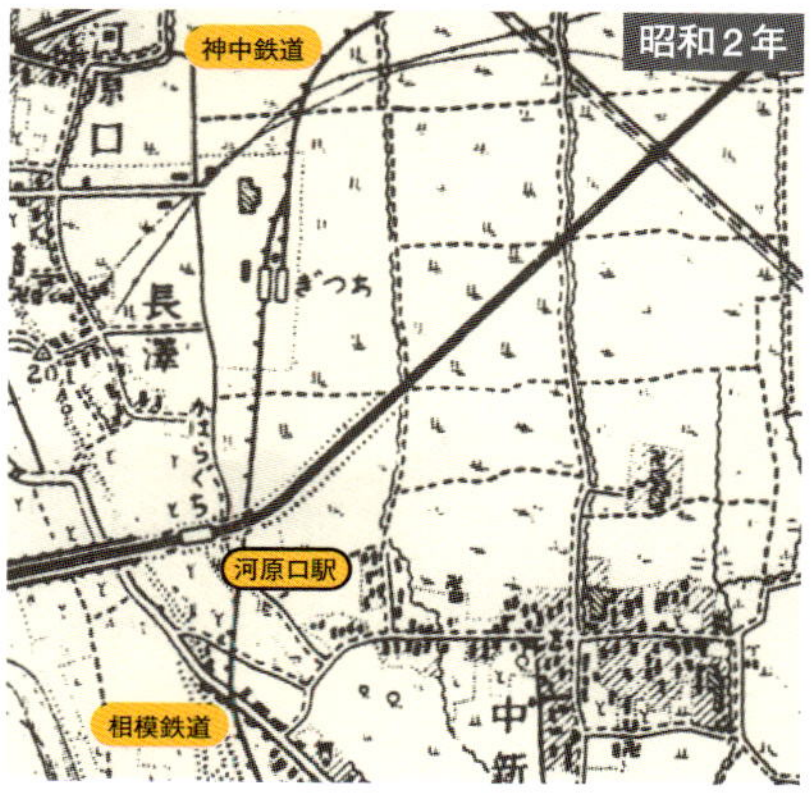

伊勢原

大山への参道にもあたり、賑わいを見せる伊勢原町の外れに駅が敷設された。周囲は田畑が目立つ

愛甲石田

当初の駅予定地は小金塚付近。南毛利村愛甲と成瀬村石田の協議の末、境目に開設することになった

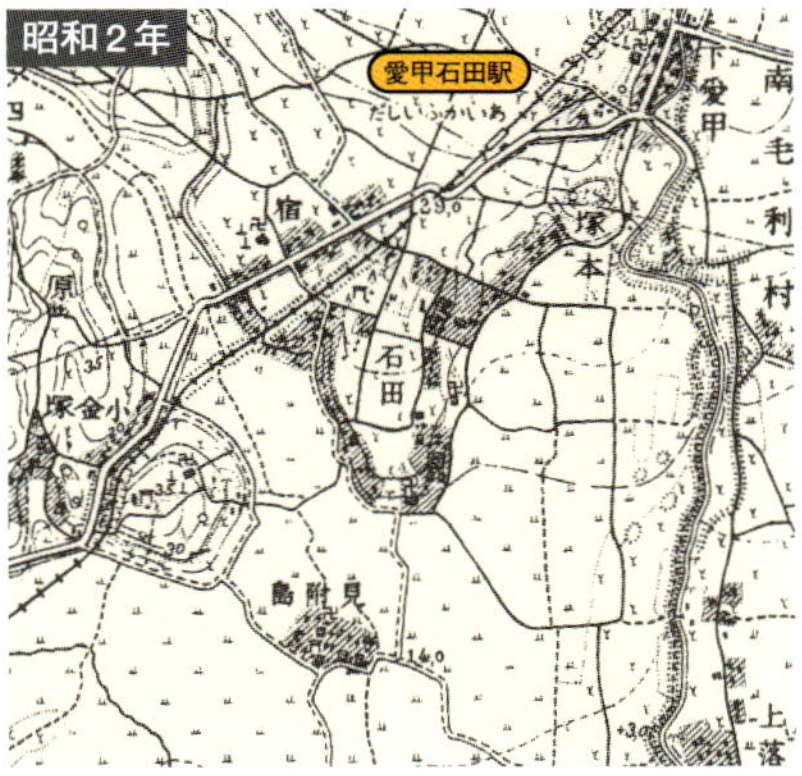

東海大学前

「大根駅」の名で開業。東に北金目の大きな集落が見えるが、駅周辺は人家もまばら。南寄りの丘陵地に、後に東海大学湘南校舎ができる

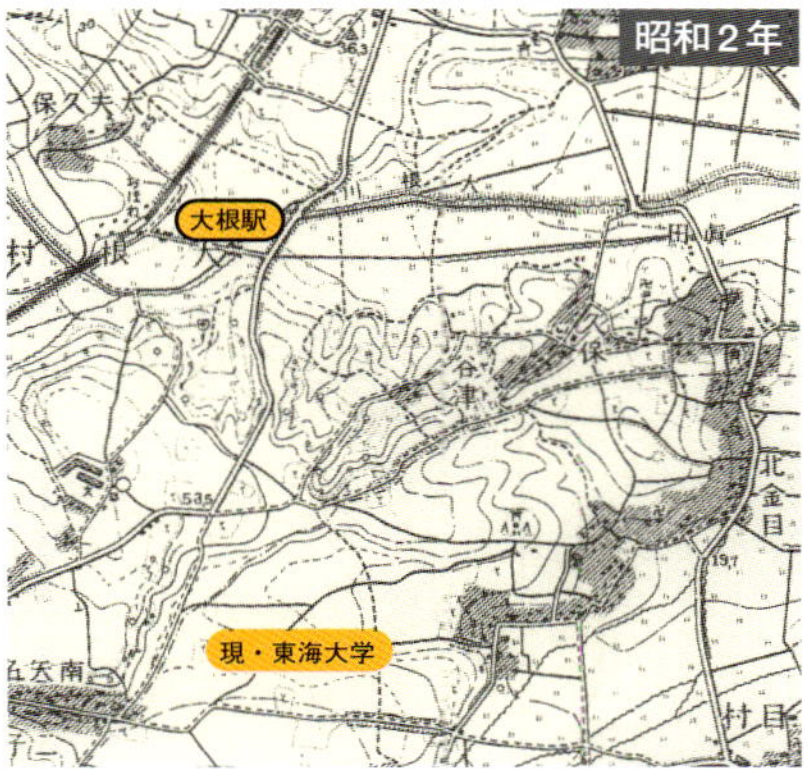

鶴巻温泉

開業当時は「鶴巻駅」の名。ここから勾配が始まることが、等高線から見てとれる

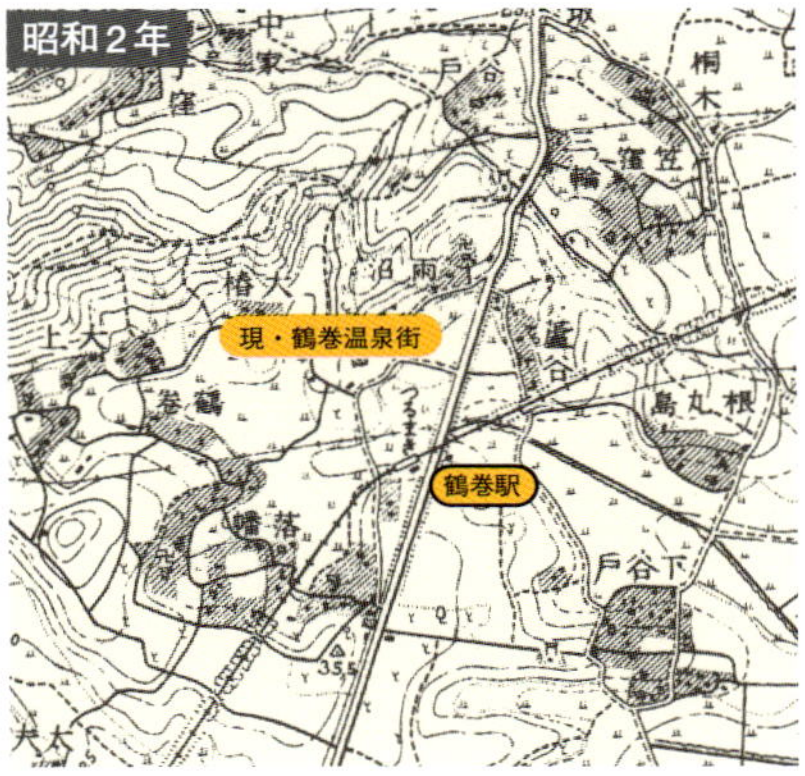

渋沢

周囲は田畑と丘陵地。当初は北口はなく、丹沢登山のバスも南口を発着した

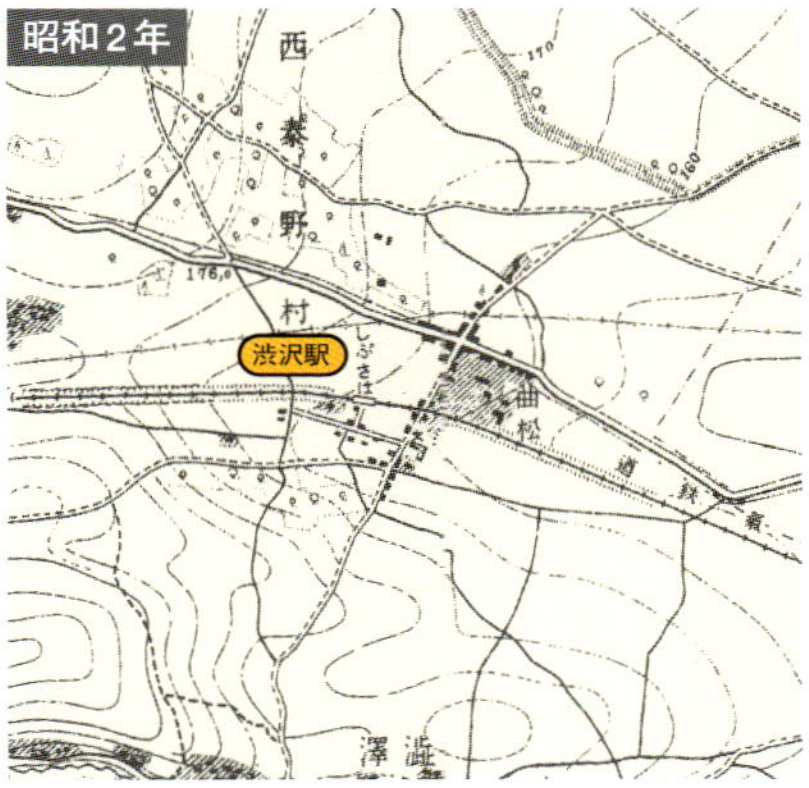

秦野

「大秦野駅」の名で開業した。線路は煙草栽培で賑わいを見せる秦野町と水無川を隔てた反対側に敷設されている。十字路付近は今でも古い街並みが残り、賑やかな時代を偲ばせている

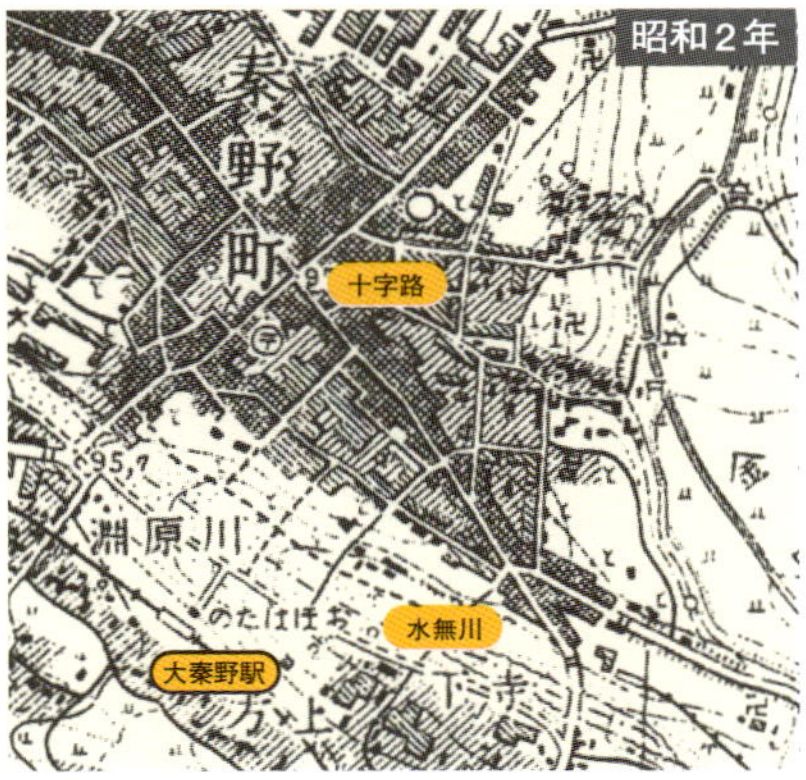

開成

吉田島の集落からやや離れ、田んぼの中に一直線に線路が走る。所要時間短縮の稼ぎどころでもあった

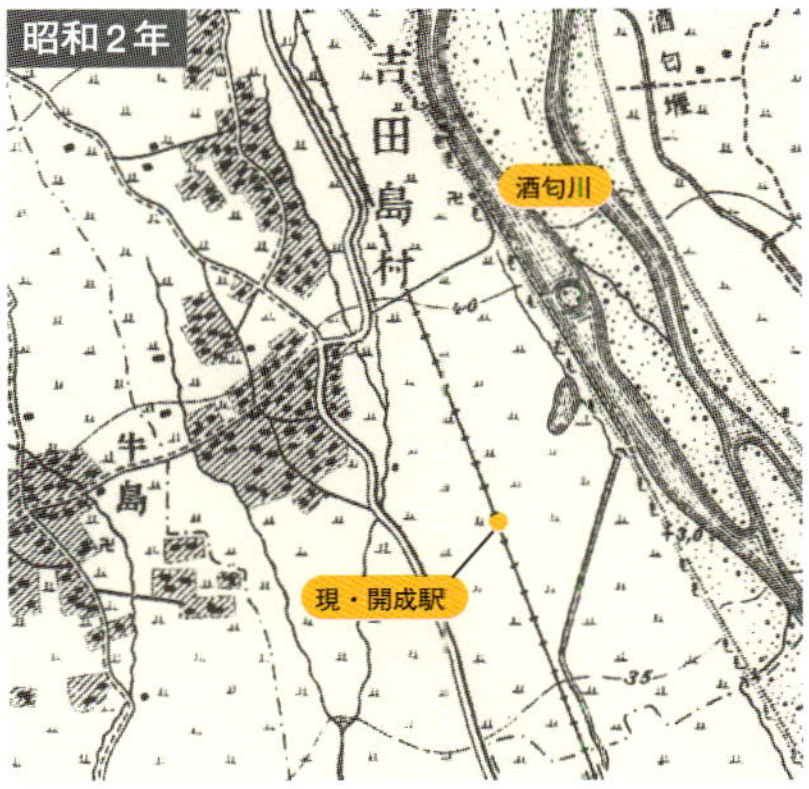

新松田

東海道本線の文字が見える。国鉄松田駅のホームは現在より西寄りにしかなく、街も西側に発達しているのがわかる

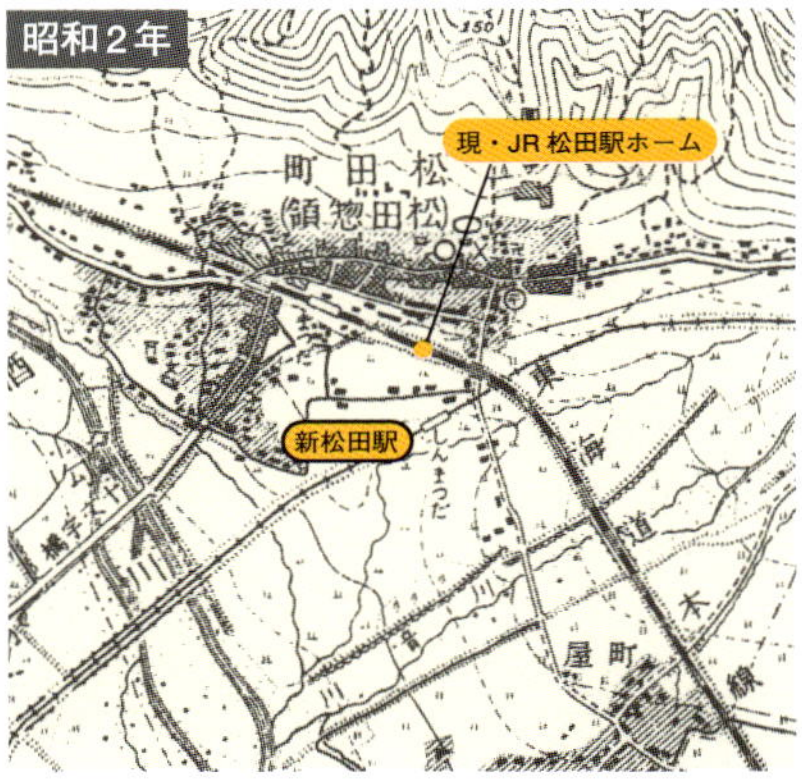

富水

「とみづ」の表記が古めかしい。名が示す通り、周囲には疎水が多い

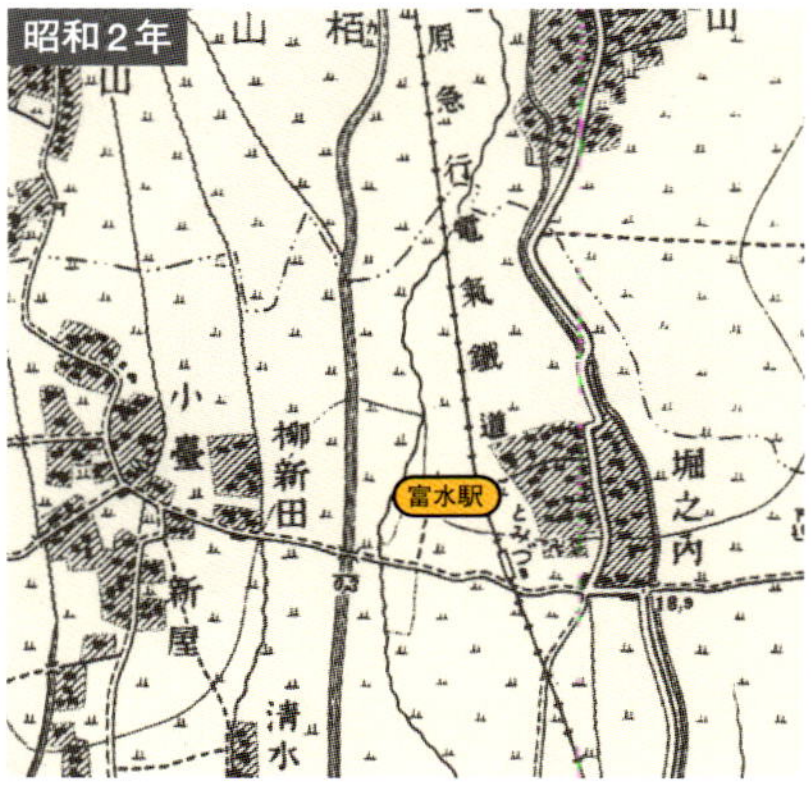

栢山

田んぼの中に開業。二宮尊徳の生家は駅の東南寄り

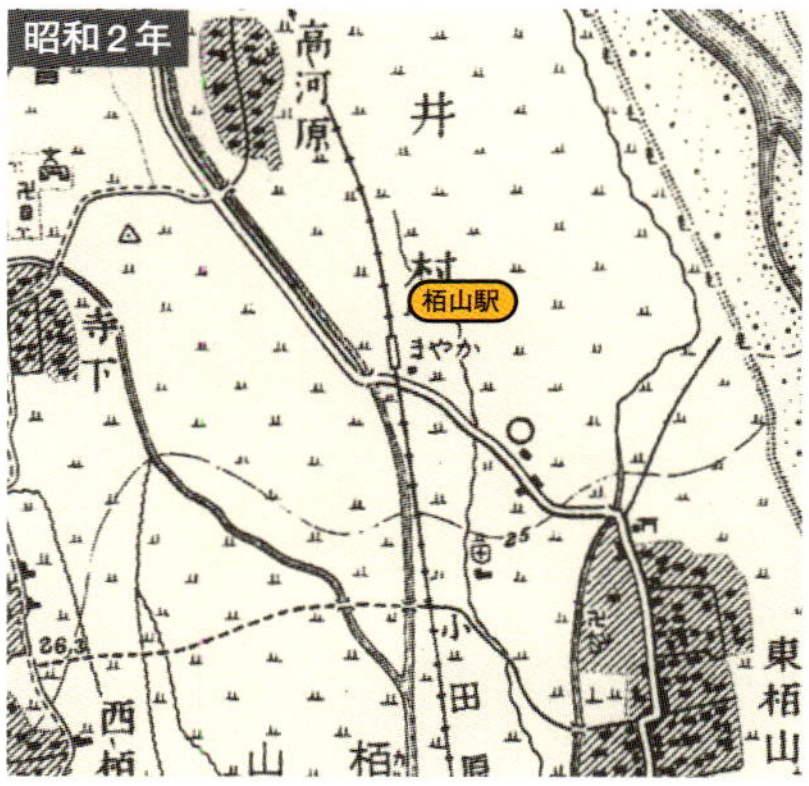

足柄

大雄山鉄道（現・伊豆箱根鉄道大雄山線）とクロス。当初の駅名候補だった多古の地名が見える。後に煙草工場から資材製品運搬用の引き込み線が敷かれる

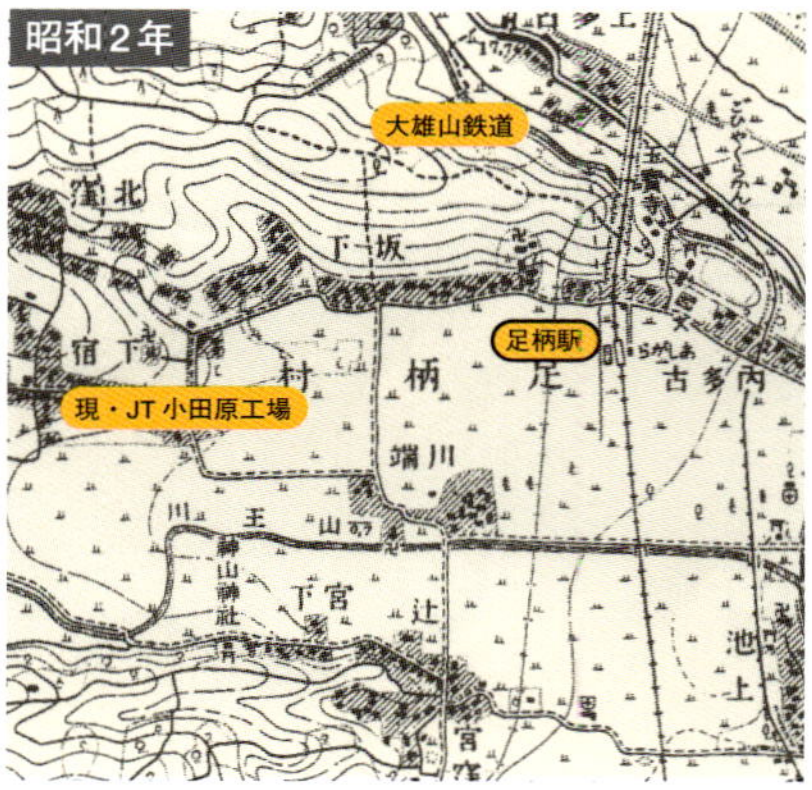

螢田

当初、駅名の候補だった蓮正寺の集落が田んぼの中に見える。駅ができるのは昭和 27 年

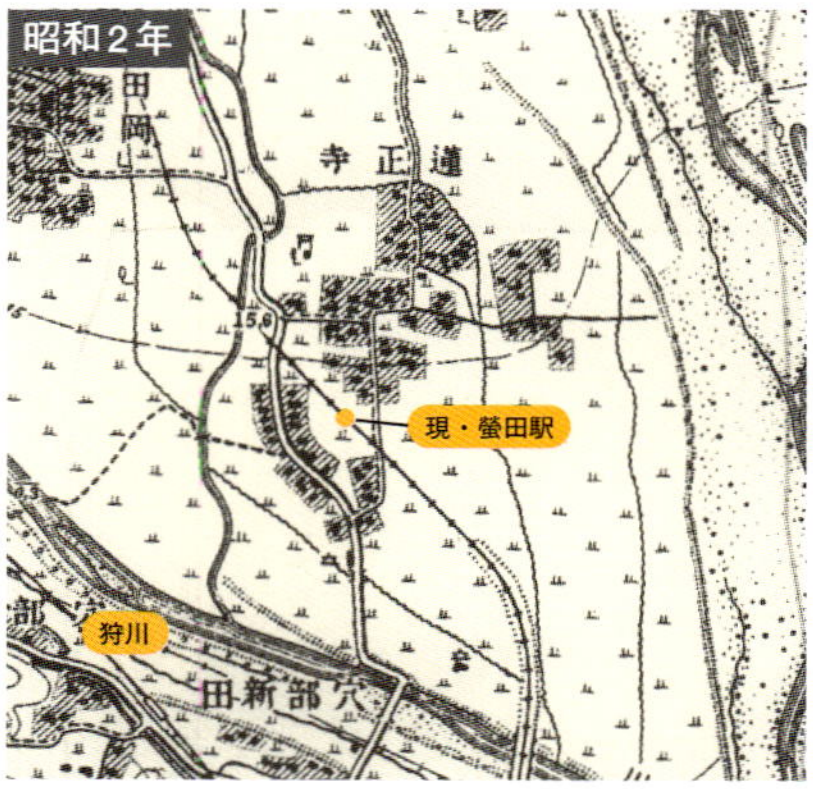

箱根登山鉄道

箱根板橋

箱根登山鉄道は、この時代には板橋の旧街道を走っていた。箱根板橋駅の開業は昭和 10 年

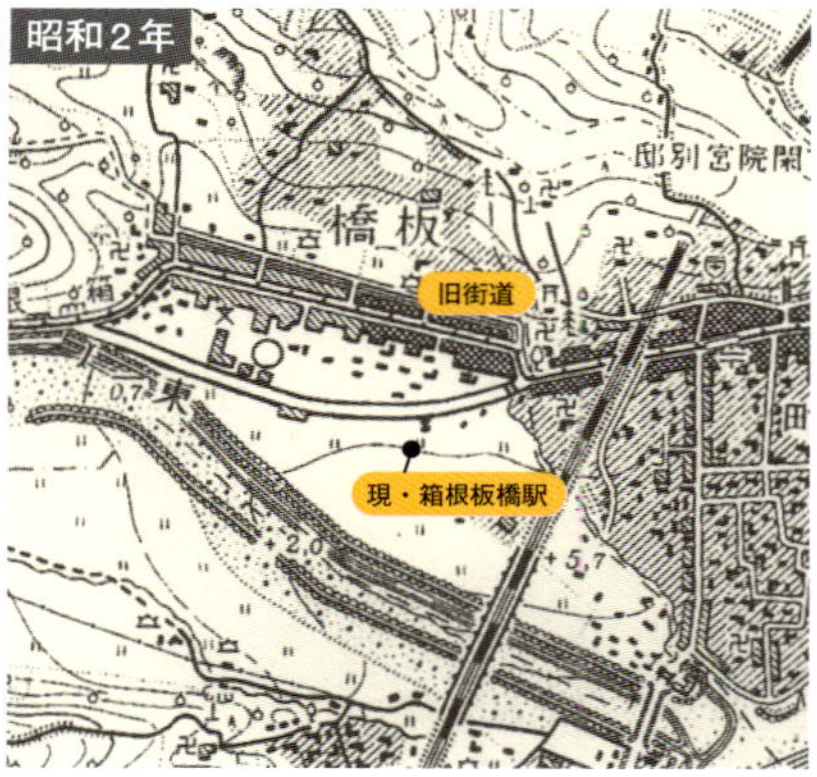

風祭

この時代には信号所があるのみ。風祭駅は昭和 10 年に登場

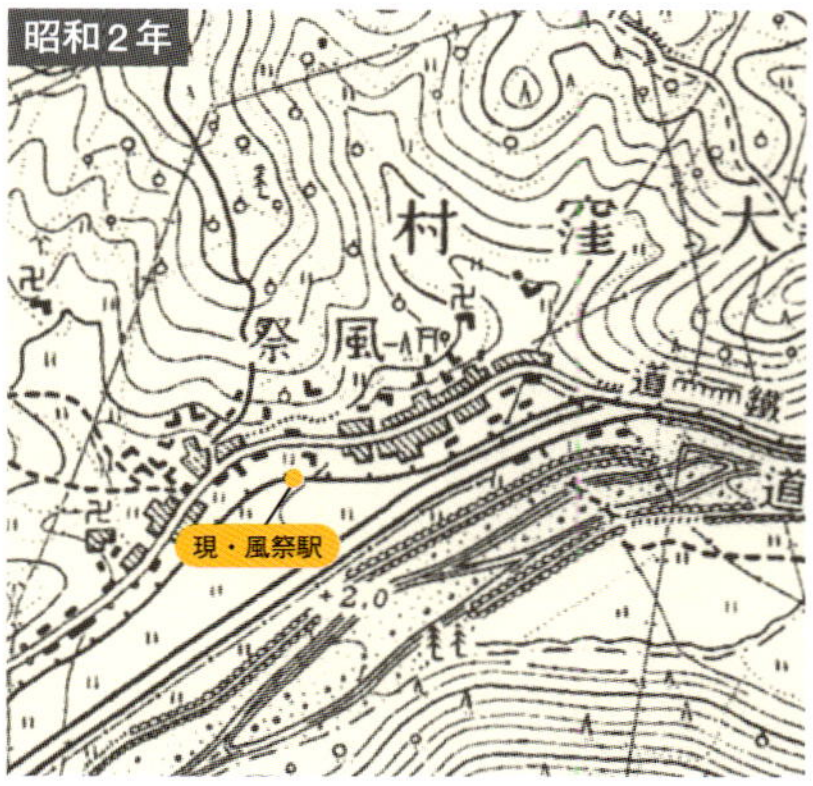

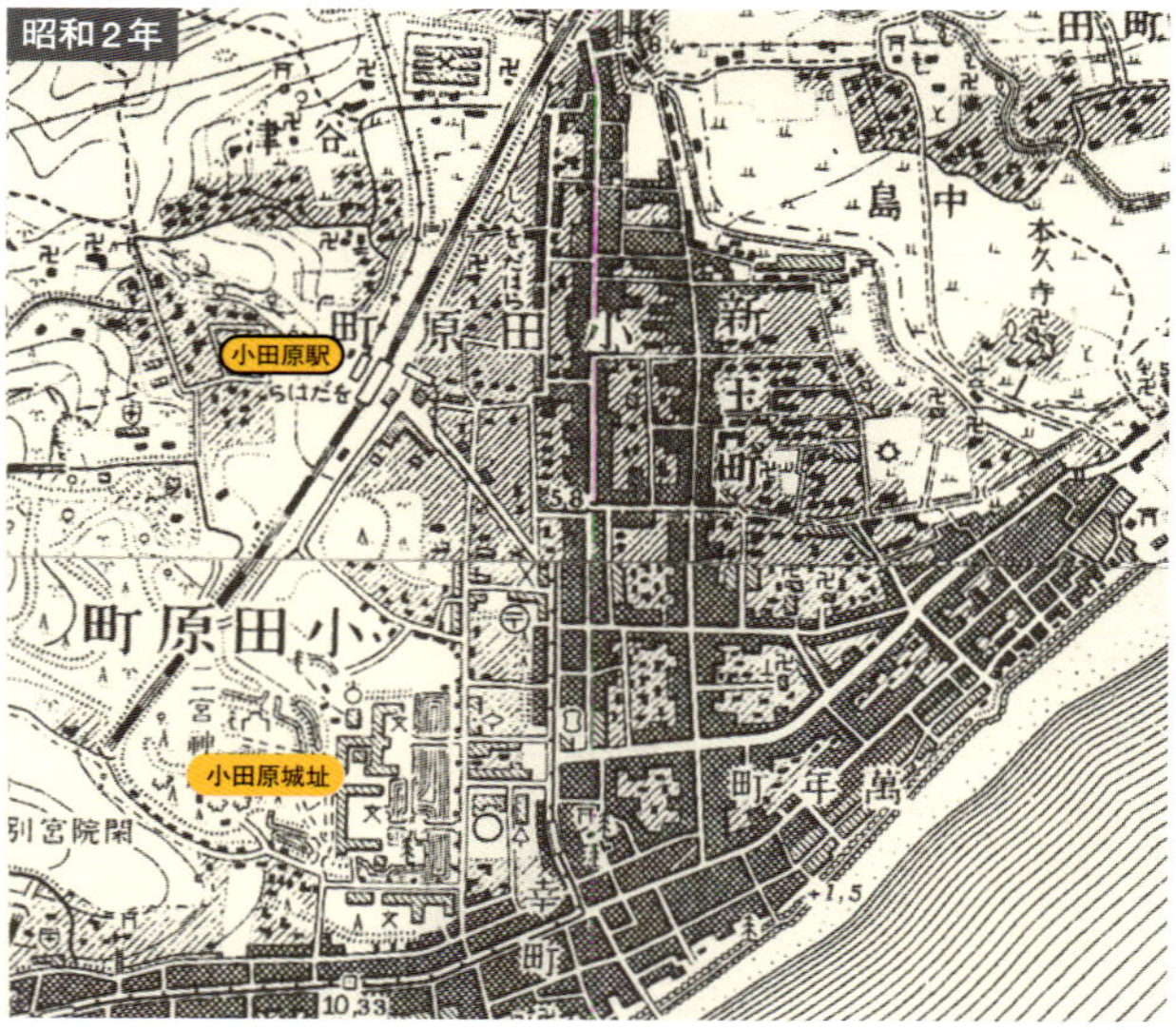

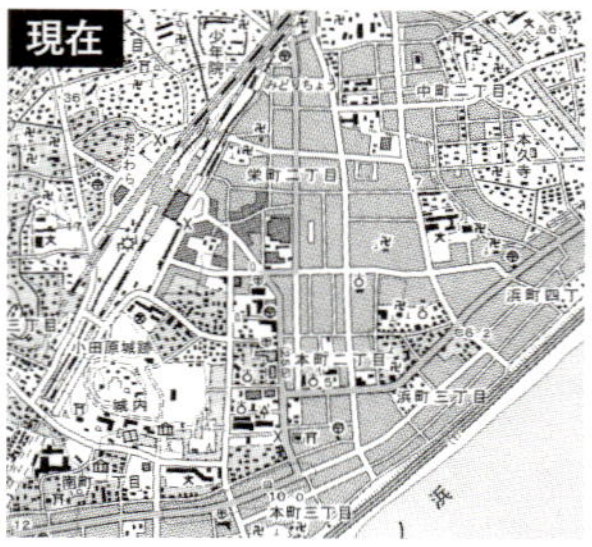

小田原

この時代の箱根登山鉄道は、国鉄小田原駅東口を出て、城郭を回って箱根湯本に向かう市内線。昭和 10 年に現在のルートになる。開業時は小田原城は天守再建前で、城址を示す記号があるのみ。天守復元は昭和 35 年。39 年には東海道新幹線が開業

箱根湯本

湯本の湯場、塔ノ沢の賑わいが見える。三枚橋対岸の箱根旧街道早雲寺あたりは人家もまばら

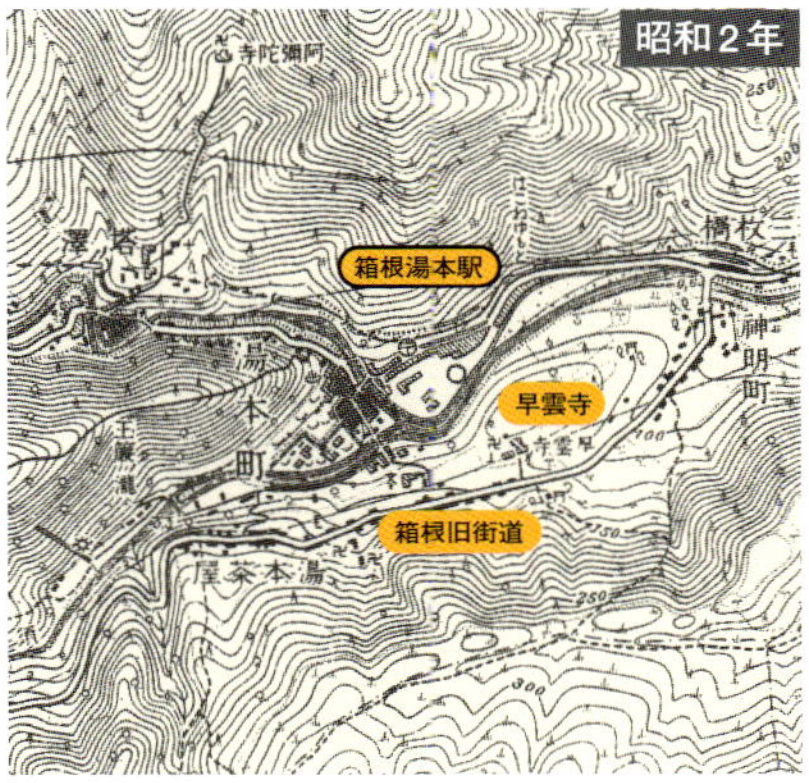

中央林間

「中央林間都市駅」の名で開業。人家はほとんど見えない。一大林間都市はここを中心に構想された

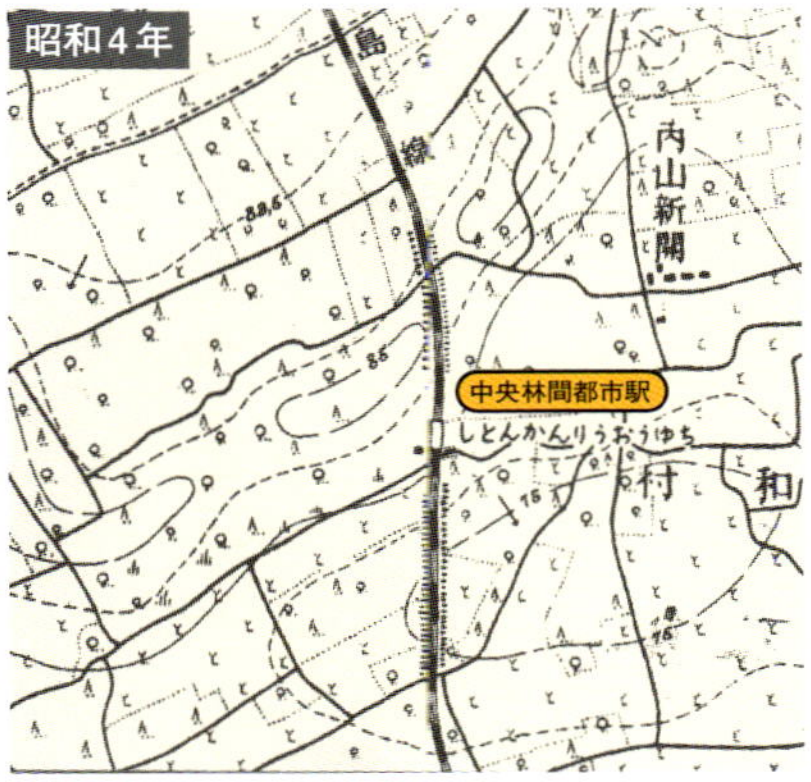

大和

神中鉄道（現・相鉄線）の大和駅があったため、「西大和駅」として開業。昭和19年に大和駅が西に移動して乗り換え駅になったことで改称

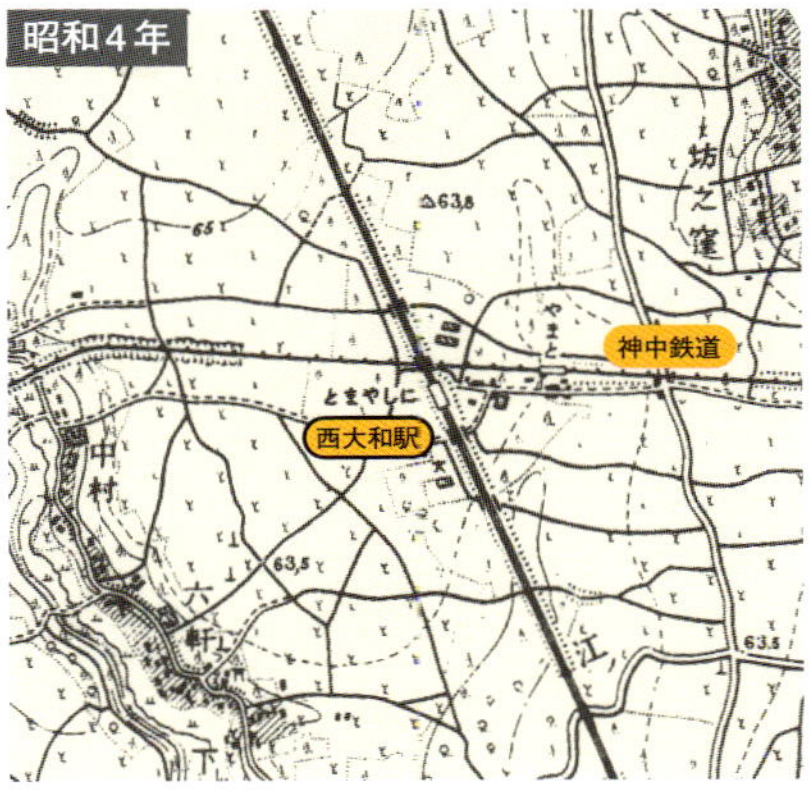

高座渋谷

東西が賑わっているが、駅周辺には集落がなく、閑散としている。桜ヶ丘駅開業にともない、昭和27年に駅舎を、600mほど南寄りの現在の位置に移動。昭和39年に東海道新幹線が開業し、この駅の下を通る

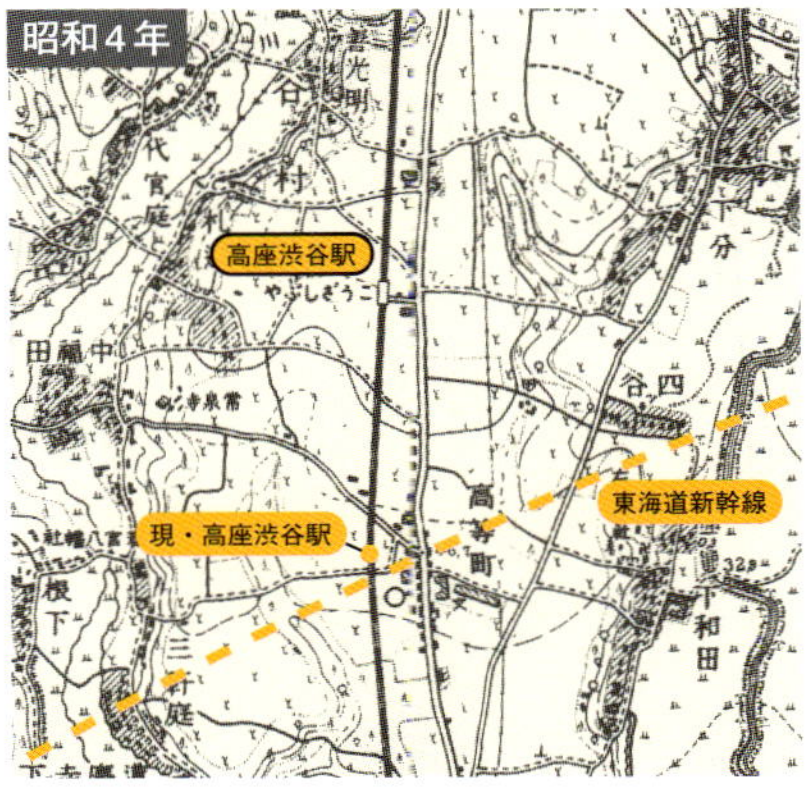

入生田

早川の両岸に山が迫っている。駅の北側に紹太寺があり、背後の山腹に長興山のしだれ桜がそびえる

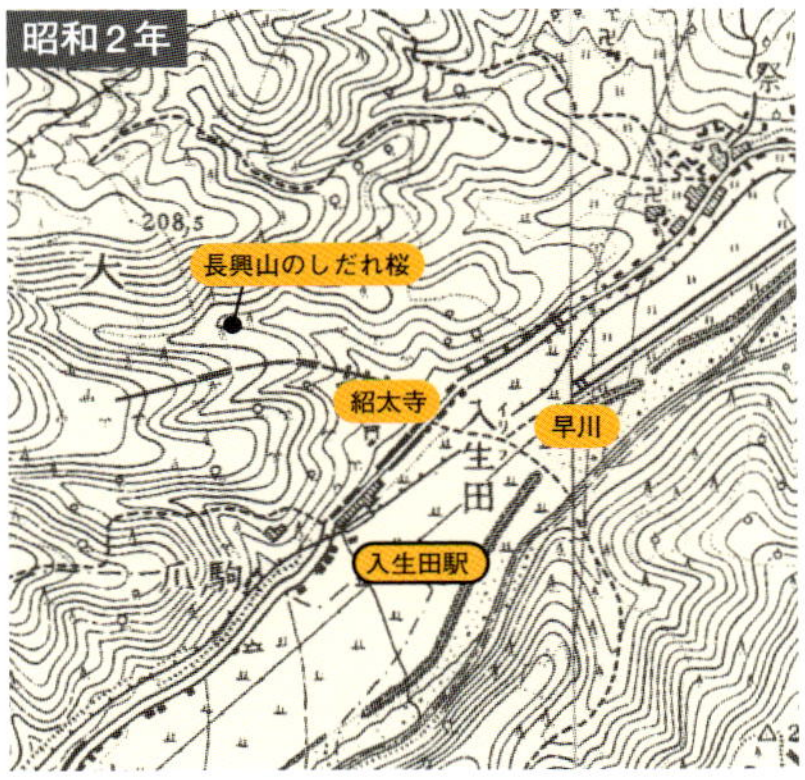

江ノ島線

東林間

「東林間都市駅」の名で開業。南寄りの横浜水道沿いに集落が見えるが、あとは田畑また田畑

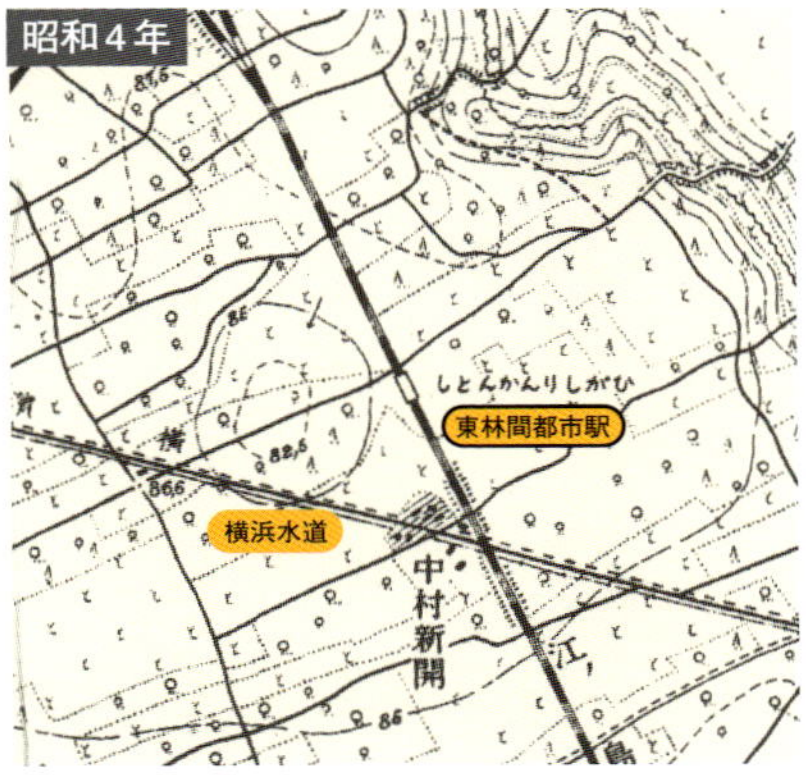

南林間
鶴間

北東寄りに鶴間宿の賑わいが見える。両駅周辺はほとんど田畑

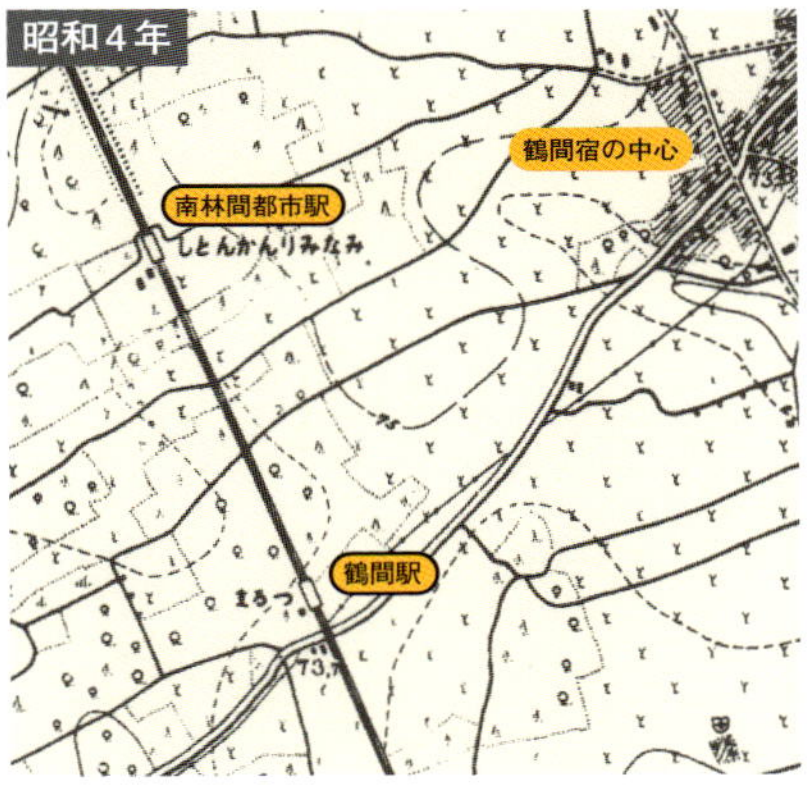

桜ヶ丘

後に駅名の由来となった櫻株の地名が見える。桜ヶ丘駅の開業は昭和27年

湘南台

昭和 41 年に開業。後に相鉄いずみ野線、横浜市営地下鉄 1 号線が延伸して乗換駅となる

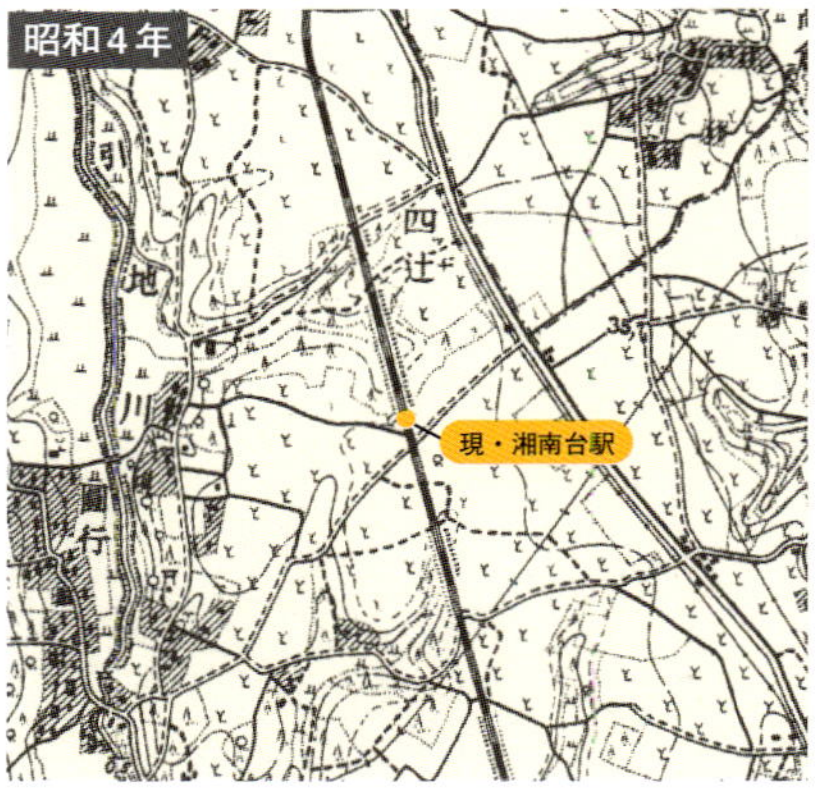

長後

「藪鼻」と呼ばれた賑やかな街の近くに、新長後駅として開業

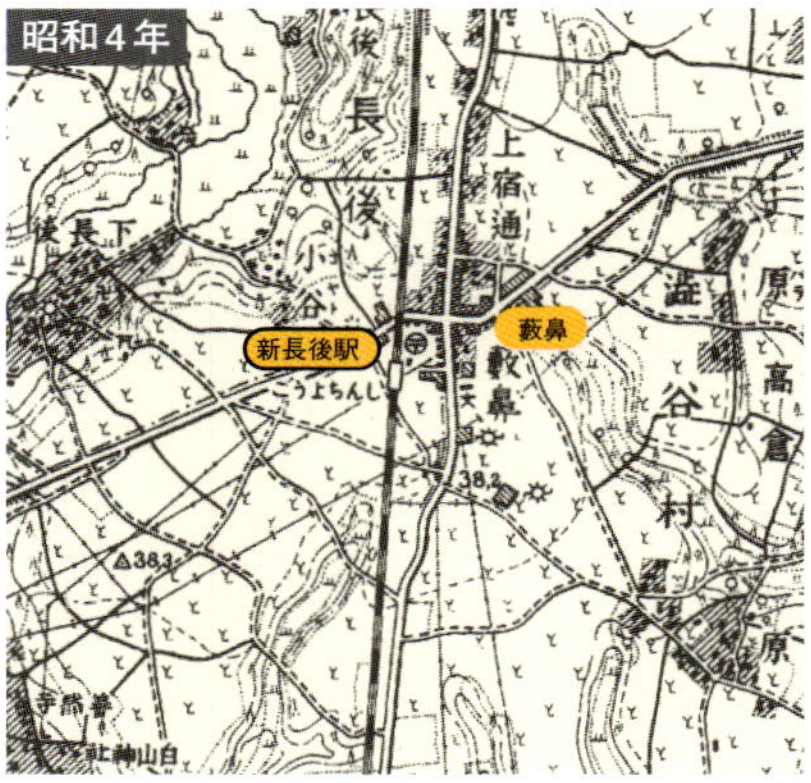

善行

昭和 35 年、善行団地の開発が始まるのに伴って開業。丘陵地にできた藤沢カントリー倶楽部は、現在の県立体育センターに

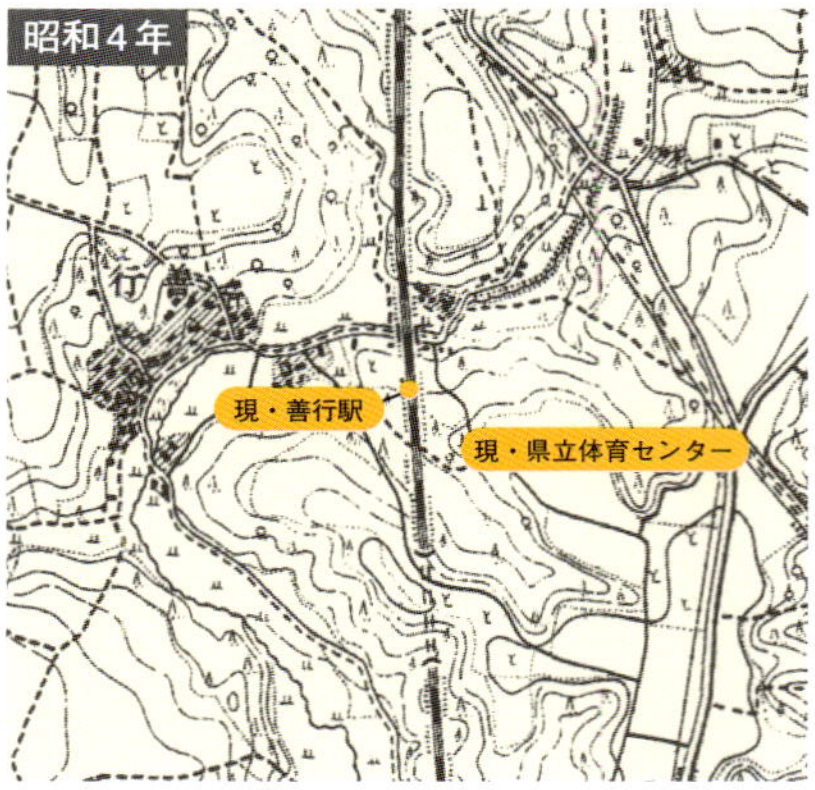

六会日大前

田畑と果樹園がひろがるばかりで、駅周辺に集落は見えない。昭和 18 年に日大農学部が進出。現在は生物資源科学部に

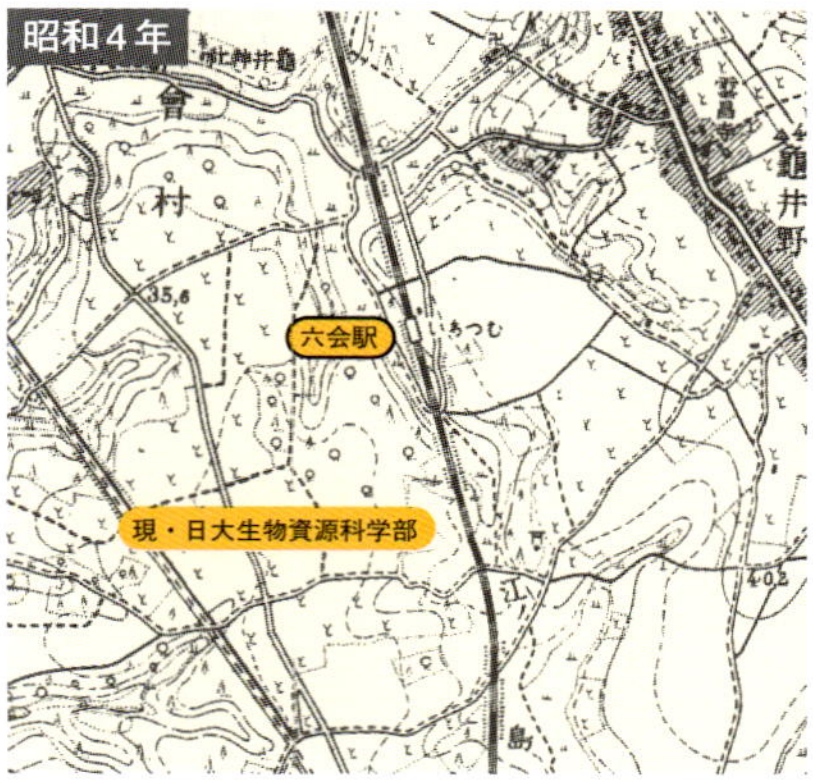

本鵠沼

西寄りに鵠沼の街がひろがっているが、東寄りはほとんど松林

鵠沼海岸

この時代から住宅地の区画が進んでいるが、街の多くは松林に覆われている

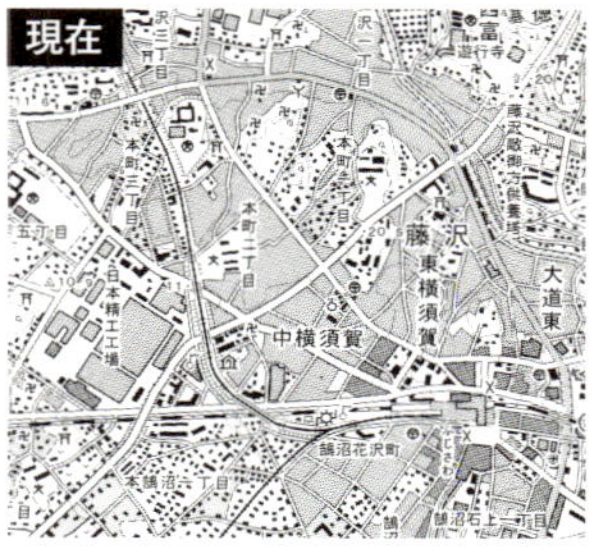

藤沢本町
藤沢

藤沢本町駅の東に藤沢宿の賑わいが見える。玄関口に遊行寺がある。この時代、藤沢駅方面に向かって街が発展する途上にある

多摩線

五月台

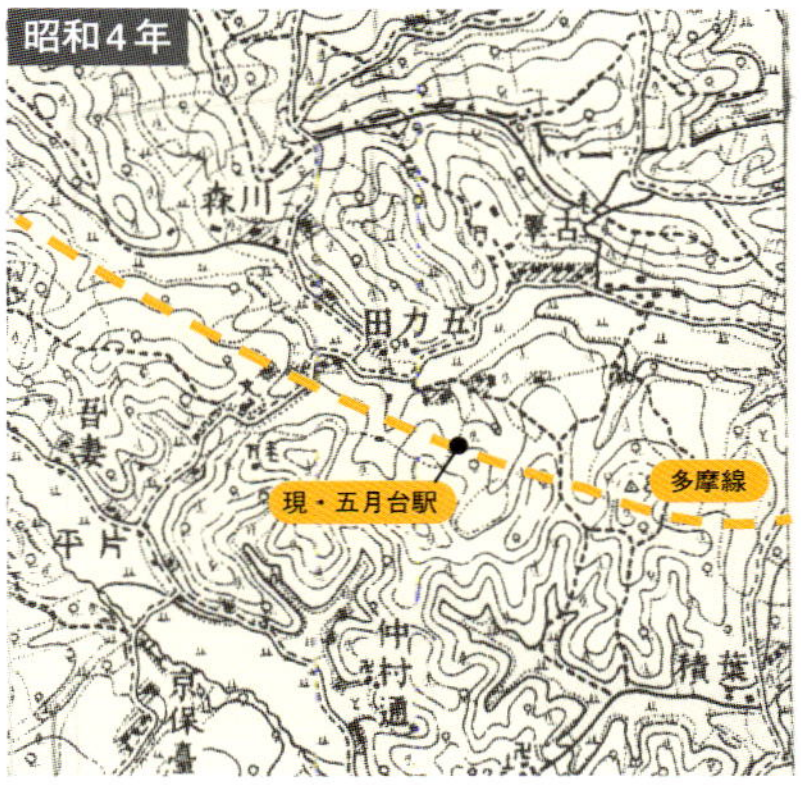

谷筋にぽつんぽつんと集落が見える。当初は谷にある地名をとって「五カ田駅」となる予定だった

栗平

駅名の由来となったといわれる「栗木」と「片平」の地名が見える

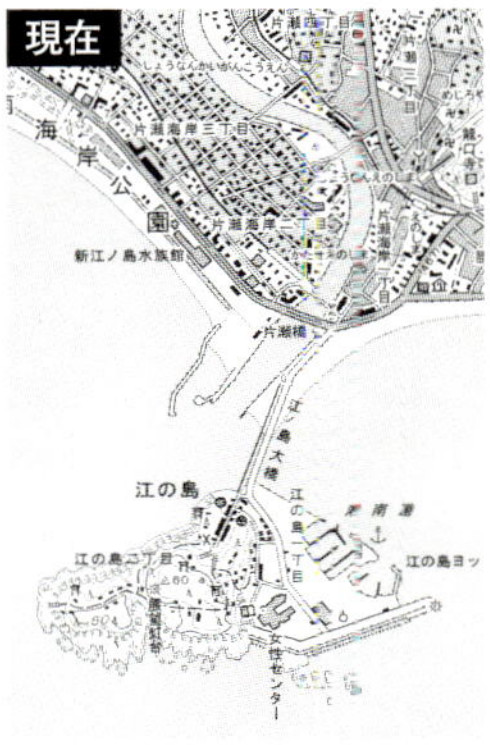

片瀬江ノ島

開通時、片瀬から江の島参道にかけての街の賑やかさが際だつのに対し、片瀬江ノ島駅周囲はまだ閑散としている。港やヨットハーバーができる前は、江の島は四方が切り立った崖になっている。橋の西側には砂州が見える

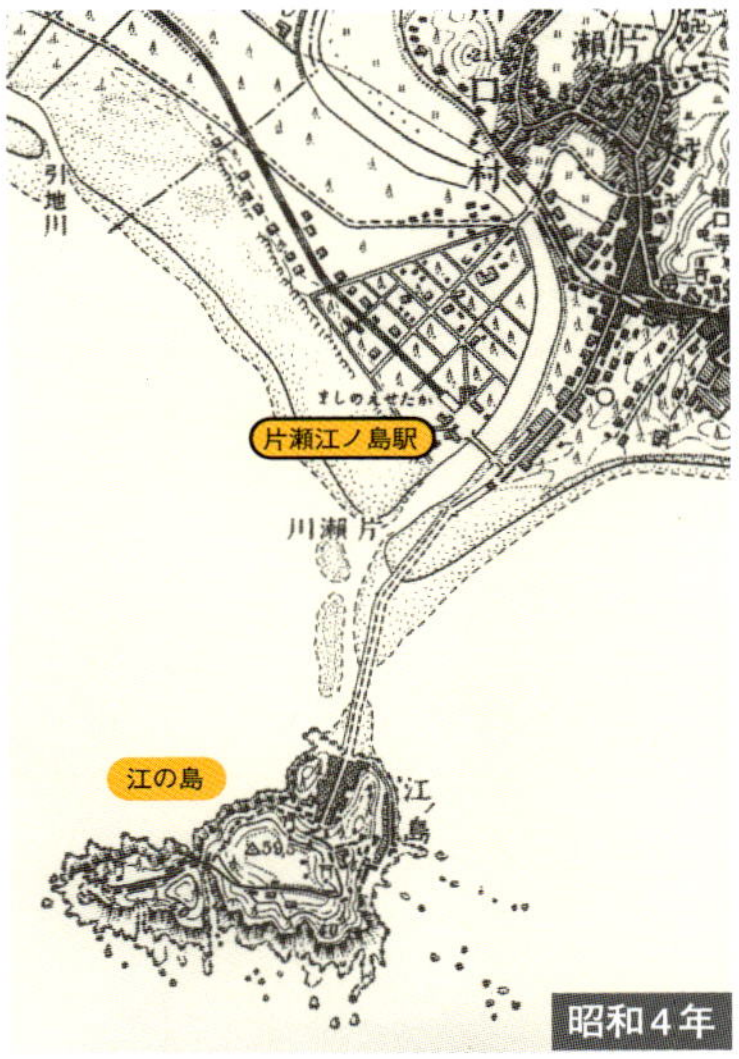

小田急永山

幾筋も尾根と谷戸が入り組む急峻な地形。馬引沢などの地名が土地柄を物語る

黒川 はるひ野

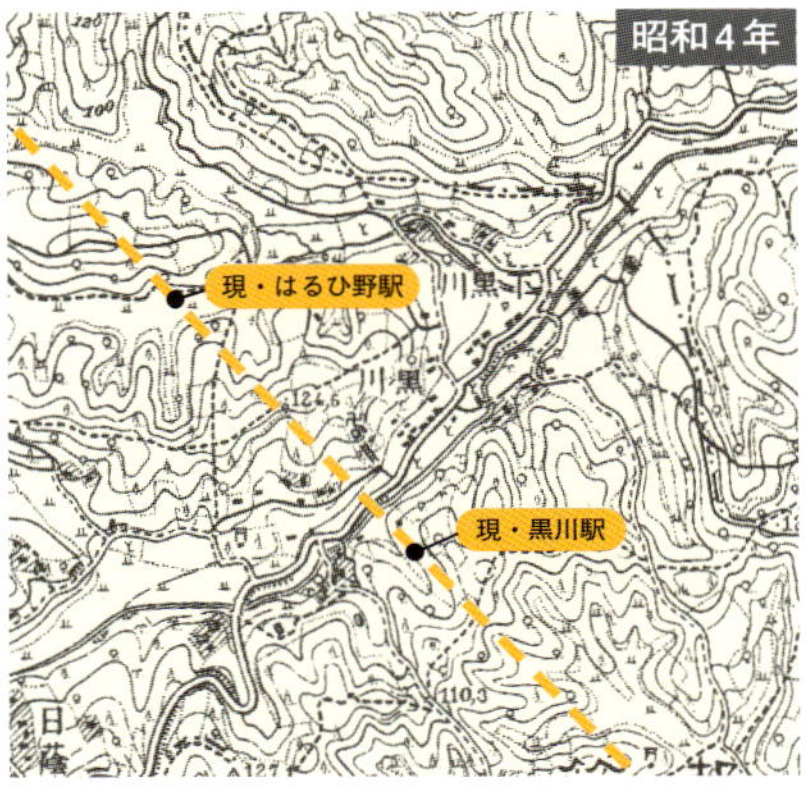

沢筋に黒川、下黒川の集落が見える。はるひ野駅ができる場所にはほとんど人家は見えない

唐木田

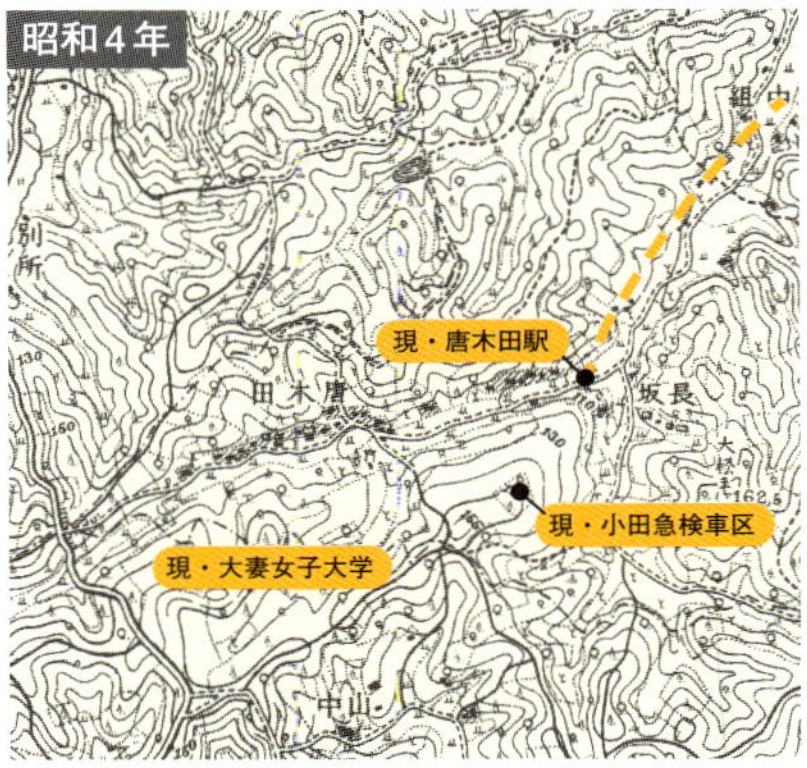

平成2年に唐木田の集落への入口にあたるところに開業。駅南寄りに小田急の喜多見検車区唐木田出張所や大妻女子大学多摩キャンパスがある

小田急 多摩センター

開業は昭和50年。乞田川上流域の谷が狭まったところに開設された

小田急線略年表

年号（西暦）	小田急電鉄関連	世相・沿線の出来事など（最寄り駅）
明治18（1885）年		日本鉄道品川線新宿停車場開業（新宿）
22（1889）年		東海道線国府津～静岡間開通
31（1898）年		淀橋浄水場竣工（新宿）
43（1910）年	鬼怒川水力電気設立	日本初の航空機試験飛行（代々木八幡）
大正9（1920）年		明治神宮創建（参宮橋）
12（1923）年	小田原急行鉄道設立	関東大震災
14（1925）年	上野精養軒で起工式・小田原線着工	成城学園移転（成城学園前）
昭和2（1927）年	小田原線全線開通（四月一日）・狛江駅開業（五月）・新座間駅（現・座間駅）開業（七月）・全線複線化（十月）	向ヶ丘遊園開園（向ヶ丘遊園） 紀伊國屋書店・中村屋喫茶部開店（新宿）
3（1928）年		この頃、新宿武蔵野館が大盛況（新宿）
4（1929）年	江ノ島線開通・玉川学園前駅開業	玉川学園開校（玉川学園前） この頃、『東京行進曲』が大ヒット
8（1933）年	渋谷～井ノ頭公園間で帝都電鉄開通	
9（1934）年	梅ヶ丘駅開業	丹那トンネル開通・この頃、相模野が軍都化
10（1935）年	週末温泉特急運転開始	
13（1938）年	通信学校駅（現・相模大野駅）・相模原駅（現・小田急相模原駅）開業	
15（1940）年	帝都電鉄を合併	
16（1941）年	小田急電鉄に改称・海老名駅開設（旅客営業は18年開始）	太平洋戦争突入
17（1942）年	東京横浜電鉄・京浜電鉄と合併し、東京急行電鉄となる	
18（1943）年	江ノ島線（藤沢～片瀬江ノ島間）の一線を撤去	日本大学農学部開校（六会日大前）
19（1944）年	京王電軌を併合（大東急時代に入る）	南武鉄道・相模鉄道相模線国有化
20（1945）年	世田ヶ谷中原駅（現・世田谷代田駅）を空襲で焼失	東京大空襲・終戦
21（1946）年	山谷駅廃止	東京農業大学世田谷に移転（経堂）
23（1948）年	東急電鉄解体、小田急電鉄独立・新宿～小田原間に復興整備車走る	
24（1949）年	ロマンスカーに「走る喫茶室」登場	

25（1950）年	箱根湯本乗り入れ開始	
26（1951）年	1700形ロマンスカー登場・私鉄初の座席指定制を採用	
27（1952）年	螢田駅・桜ヶ丘駅開業	
30（1955）年	国鉄御殿場線乗り入れ開始	
32（1957）年	3000形ロマンスカー（SE）登場・試運転で時速145キロメートルの狭軌世界記録達成	
34（1959）年		箱根ロープウェイ開通（早雲山〜大涌谷間）
35（1960）年	百合ヶ丘駅・善行駅開業	小田原城天守復元（小田原）
36（1961）年		鵠沼プールガーデン開業（鵠沼海岸）
37（1962）年		小田急百貨店開店
38（1963）年	3100形ロマンスカー（NSE）登場。ロマンスカーに初の展望車	東海大学湘南校舎開校（東海大学前）
39（1964）年		東海道新幹線開通・東京オリンピック開催
41（1966）年	湘南台駅開業・向ヶ丘遊園モノレール線開業	新宿駅西口広場が完成（新宿）
46（1971）年		多摩ニュータウン第一次入居
49（1974）年	新百合ヶ丘駅開業・多摩線（新百合ヶ丘〜小田急永山間）開通	
50（1975）年	多摩線延伸・小田急多摩センター駅開業	
51（1976）年	町田駅ビル完成	
53（1978）年	地下鉄千代田線との相互乗り入れ開始	
55（1980）年	7000形ロマンスカー（LSE）登場	
57（1982）年	新宿駅第二次改良竣工、現在の形になる	
59（1984）年		東急田園都市線延伸（中央林間）
60（1985）年	開成駅開業	
62（1987）年	10000形ロマンスカー（HiSE）登場。ロマンスカーにハイデッカー車	
平成2（1990）年	多摩線全通・唐木田駅開業	
3（1991）年	20000形ロマンスカー（RSE）登場。御殿場線に乗り入れ	東京都庁が西新宿に移転（新宿）
8（1996）年	30000形ロマンスカー（EXE）登場。ロマンスカーも通勤客に対応	
13（2001）年	向ヶ丘遊園モノレール線廃止	
14（2002）年		向ヶ丘遊園閉園
16（2004）年	はるひ野駅開業	
17（2005）年	50000形ロマンスカー（VSE）登場	
20（2008）年	60000形ロマンスカー（MSE）登場。ロマンスカーが地下鉄を走る	

監修者・著者プロフィール

生方良雄

大正14年東京牛込生まれ。昭和23年に東京急行電鉄入社。小田急電鉄で運輸部長、車両部長、箱根ロープウェイ専務取締役を歴任。『小田急ロマンスカー総覧』（大正出版）、『懐かしの小田急線　昭和30～40年代を偲ぶ』（エリエイ）、『小田急おもしろ運転徹底探見』（JTBパブリッシング）、『小田急ロマンスカー物語』（弊社刊）など、著書多数

鎌田達也

昭和33年静岡県生まれ。出版社勤務を経て、写真撮影・ブックデザインを兼ねたフリーライターとして、地域の出版や児童書などを手がける。『ウォーキング東京』（河出書房新社）、『電車大集合1338点』（講談社）、『辞書びきえほん 日本地図』『辞書びきえほん 世界地図』（ひかりのくに）、『井の頭線沿線の1世紀』（生活情報センター）など

参考文献

『小田急五十年史』（小田急電鉄）『小田急75年史』（小田急電鉄）『小田急ロマンスカー総覧』生方良雄（大正出版）『小田急 車両と駅の60年』吉川文夫（大正出版）『新宿文化絵図』新宿区地域文化部文化国際課 『鉄道と街・新宿駅』三島富士夫 生方良雄（大正出版）『一枚の古い写真』小笠原清編（小田原市立図書館）『おだわらの歴史』（小田原市立図書館）『小田原の原風景 交通編』杉山博久（伊勢治書店）『F ベアト幕末日本写真集』（横浜開港資料普及協会）『大東京戦災焼失地図』（日地出版）『キネマの楽しみ』新宿区教育委員会 『東京地名考』朝日新聞社会部編（朝日文庫）『小田急よもやま話 上・下』加藤一雄（多摩川新聞社）『小田急線歴史散歩』円谷真護（鷹書房）『評伝 黒澤 明』堀川弘通（毎日新聞社）『母の影』北杜夫（新潮文庫）『風の男 白洲次郎』青柳恵介（新潮文庫）『雨滴抄』白洲正子（世界文化社）『あの名作の舞台』（椎出版社）『藤沢の地名』藤沢市 『秦野の近代交通』秦野市教育研究所 『写真集 厚木市の昭和史』千秋社 『幾山河』古賀通人 『狛江市の民俗』狛江市教育委員会 『本厚木駅と厚木駅』厚木市教育委員会 『わたしの向ヶ丘遊園』向ヶ丘遊園の緑を守り、市民いこいの場を求める会 『玉川教育』玉川大学出版部 『市制50周年記念歴史写真集 ふじさわ』藤沢市 『座間の地名』座間市教育委員会 『相模原市 市制50周年記念要覧』相模原市 『かわさきのあゆみ』川崎市 ほか

左写真・昭和12年経堂駅にて　撮影／荻原二郎

本書では、国有鉄道、日本国有鉄道などを含め、昭和62（1987）年のJR発足以前を基本的に「国鉄」と表記しています。小田急のロマンスカーに関しては、座席指定となった1700形を最初の本格的なロマンスカーと位置づけています。

JASRAC 出1710954-701

※本書は、2009年に株式会社世界文化社から刊行された『小田急線 沿線の1世紀』を底本に、一部情報に加筆・修正を加え初版時のデザインを活かし縮刷版として復刊するものです。掲載の車両や路線、沿線の施設などのデータは、すべて2009年6月当時のものです。

※関係者の中に、一部連絡の取れない方がいらっしゃいました。お心当たりの方は、大変お手数ですが、復刊ドットコム編集部（03-6800-4538）までご一報ください。

●監修　生方良雄
●装丁・レイアウト　造本工房K
●編集（初版時）　古谷尚子（世界文化社）

小田急線 沿線の1世紀

2017年11月20日　復刻版初版発行

著　者　**鎌田達也**
発行者　**左田野渉**
発行所　株式会社**復刊ドットコム**
〒105-0012
東京都港区芝大門2-2-1　ユニゾ芝大門二丁目ビル
電話 03-6800-4460（代表）　http://www.fukkan.com
印刷・製本　中央精版印刷株式会社

ISBN 978-4-8354-5535-8　C0065
